Für Olivia, Emma & Henry

Thomas Pohl

Absender Ost-Berlin

Grenzgänger

Roman

© 2020 Thomas Pohl

Herausgeber: Department Studios Frankfurt
Autor: Thomas Pohl
Umschlaggestaltung, Illustration: Nicklas Freund & Thomas Pohl
Lektorat: Matthias Jügler

Verlag und Druck:
tredition GmbH,
Halenreie 40-44, 22359 Hamburg

ISBN: 978-3-347-05778-4 Hardcover
ISBN: 978-3-347-06938-1 Paperback
ISBN: 978-3-347-06939-8 eBook

Das Werk, einschließlich seiner Teile, ist urheberrechtlich geschützt. Jede Verwertung ist ohne Zustimmung des Verlages und des Autors unzulässig. Dies gilt insbesondere für die elektronische oder sonstige Vervielfältigung, Übersetzung, Verbreitung und öffentliche Zugänglichmachung.

Bibliografische Information der Deutschen Nationalbibliothek:
Die Deutsche Nationalbibliothek verzeichnet diese Publikation in der Deutschen Nationalbibliografie; detaillierte bibliografische Daten sind im Internet über http://dnb.d-nb.de abrufbar.

Inhaltsverzeichnis

1. Berlin 7
2. Der Jagdausflug 12
3. Anna 18
4. Ost-Berlin 23
5. Alexanderplatz 27
6. Genosse Telemann 30
7. Die Hausarbeit 33
8. Im Einstein 37
9. Der Führungsoffizier 43
10. Nach der Liebesnacht 46
11. Transitautobahn 51
12. Bonner Presseball 63
13. Perestroika 70
14. Abflug 73
15. Hamburg 78
16. Ost-Berliner Wind 85
17. Und wieder Alfred 89
18. Beim Friseur 93
19. Geröntgte Bananen 103
20. Das Fernsehinterview 112
21. Im Politbüro 117
22. Die Verfolgung 121
23. Der Ministersturz 128
24. Der KGB 134
25. Fußball 140
26. Pullach 147
27. Der BND 151
28. Der Deal 164
29. In der Werkstatt 167

29. Hohenschönhausen 172
30. Hamburg Plaza 181
32. Der unveröffentlichte Bericht 187
33. Geisterbahnhöfe 192
34. Der BND im TV 203
35. Direktive 1/67 213
36. Soljanka 216
37. BND versus CDU 221
38. Leipzig 224
39. Auf dem Hochstand 231
40. Das Lager 235
41. Marlene übernimmt 238
42. Tempelhof 242
43. Die Offenbarung 246
44. Sitzung der Bezirkseinsatzleitung 252
45. Held wider Willen 256
46. Butter 258
47. Momper 262
48. Die Nacht 265
49. Erfurt 278
50. Das Archiv 284
51. Zurück 287

1. Berlin

Die Wohnungstür im dritten Stock der Dresdner Straße Nummer 24 in Berlin-Kreuzberg stand bereits seit zwei Stunden sperrangelweit offen. Es war einer der wenigen Abende der Woche an denen Michael nicht den Verführungen der Stadt erlag. Üblicherweise genoss er die stillen Sonntagabende in seiner Berliner Wohnung. Doch seit sich die Straßen der Dunkelheit ergeben hatten, fand er an diesem Abend keine Ruhe. Auf dem Esstisch stand noch ein Teller mit Lasagne. Unangetastet und seit Stunden kalt.

Michael saß auf der Fensterbank und schaute hinunter auf das regennasse Pflaster. Sein Daumen bohrte sich unbewusst in das Nagelbett von Finger zu Finger. Wenn er sein Gesicht an die Fensterscheibe presste, konnte er von hier aus sogar einen Teil der Mauer sehen, die sich an der nächsten Straßenecke abzeichnete. Die Graffitis auf dem Beton gehörten zu den einzigen farbigen Nuancen der grauen Umgebung. Wenige Meter von ihm entfernt, lag drohend ein Stapel unsortierter Papiere auf seinem Schreibtisch. Sie waren Teil einer angefangenen Hausarbeit, die schon seit einigen Wochen auf ihre Fertigstellung wartete. Er schaute auf die Schreibmaschine. Ein leeres Blatt steckte noch in der Walze und Michael musste innerlich über seine eigene Faulheit schmunzeln. Der Abgabetermin war bereits in drei Tagen und er hatte noch nichts Nennenswertes zu Papier gebracht. Die drohende Frist interessierte ihn jedoch in diesem Moment am wenigsten. Er wartete auf etwas ganz Anderes. Die Dämmerung, der Regen, der Wochentag, die Uhrzeit. All dies waren klare Indizien dafür, dass es heute, wenn nicht sogar in diesem Moment ein weiteres Mal passieren würde. Michael richtete seinen Blick zurück auf die Straße. Ein leichter Luftzug blies aus dem Treppenhaus durch die offene Wohnungstür. Wenn es soweit sein sollte, wollte er diesmal nicht zu spät sein. Beim letzten Mal hatte er sogar noch seinen Schlüsselbund suchen müssen. Das sollte ihm heute nicht wieder passieren. Selbst seine Jacke hatte er bereits seit zwei Stunden an. Durch die offenstehende Tür würde er bis in den dritten Stock seiner Wohnung hören, wenn jemand den Hausflur betrat. Und diesmal war er darauf vorbereitet.

Noch vor wenigen Minuten hatte seine alte Nachbarin verstohlen durch die offene Wohnungstür in seinen Flur geschielt. Er ignorierte sie, schlürfte weiter seinen Tee und betrachtete die wenigen Gestalten auf der Straße. Einige liefen mit Regenschirmen über das glänzende Pflaster. Andere hatten ihre Kragen hochgeschlagen und trugen Mützen. Wirklich erkennen konnte Michael von hier niemanden. Noch nicht einmal sein Hauseingang war von dieser Position aus zu erblicken. Seine Observationsversuche von der gegenüberliegenden Kneipe oder anderen Positionen durchzuführen, waren bislang immer gescheitert. Als würden der oder diejenigen, jeden Schritt von ihm im Voraus wissen. Nur wenn er hier im Fenster saß, würden sie — würde er — wer auch immer — würde jemand kommen.

Die Minuten verstrichen. Er hörte nichts als das Prasseln des Regens an den Fensterscheiben. Vier Zimmer, Küche, Bad. Eigentlich viel zu groß für ihn. Und dann. Ein entferntes Geräusch im Erdgeschoß ließ ihn aufhorchen. Sein Blick wandte sich in Richtung der offenstehenden Wohnungstür. Er vernahm das unverkennbare Zusammenspiel der dicken Eichentür mit den altertümlichen Beschlägen. Michael schreckte hoch. Noch auf dem Weg zum Flur vernahm er das blecherne Klappern seines Briefkastens. Als er bereits die Treppe hinunterrannte und fast ein Stockwerk hinter sich hatte, schnappte die Haustür zurück in ihr Schloss. Michaels schnelle Schritte auf der hölzernen Treppe schallten durch das Haus. Im Erdgeschoss angekommen, richtete er nur im Vorbeirennen seinen Blick auf seinen Briefkasten. Seine Hand drückte bereits wie von alleine die schwere Klinke der Haustür herunter. Ohne die Tür komplett zu öffnen, schob er seinen schmalen jugendlichen Körper durch den Spalt auf das Trottoir. Michael spürte den Regen auf seinen Haaren. Er drehte sich um seine eigene Achse. Er war bereit zu rennen. Nur in welche Richtung? Suchend drehte er seinen Kopf um die eigene Achse. Auf der gegenüberliegenden Straßenseite lief eine alte Frau mit ihrem Dackel von Baum zu Baum. Ansonsten war in der Nähe niemand zu sehen. Michaels Rufen schallte durch die abendliche Stille:

„Ist hier eben jemand herausgekommen?"

Die Frau sah ihn erschrocken an. Sie musste etwas gesehen haben. Michael fragte nach.

„In welche Richtung ist er gelaufen?"

Die Frau deutete in Richtung der Mauer. Der Hund zog hysterisch an der Leine und kläffte ihn an. Michael rannte los. Diesmal würde er — würden sie — ihm nicht entkommen. Wenigstens die leise Spur eines Hinweises erhoffte er sich. Doch bereits an der nächsten Straßenecke beschlich ihn der vertraute Verdacht, dass er wieder erfolglos sein würde. Er lief trotzdem weiter. Er war noch nicht bereit aufzugeben. Sein Körper hatte noch genügend Energie. Also rannte er. Die Richtung war ihm inzwischen egal. Er ließ sich von der Mauer auf der leeren Straße leiten. Die Graffitis huschten in seinen Augenwinkeln an ihm vorbei. Sich der Sinnlosigkeit seiner Verfolgungsjagd inzwischen bewusst, steuerte er auf den hölzernen Aussichtsturm zu. Er verlangsamte seinen Gang und stieg die rutschigen Stufen empor. Der Regen bildete eine glatte nasse Oberfläche auf dem Holz. Oben angekommen, wurde ihm bewusst, dass seine Verfolgung hier schon wieder endete. Michael fasste an das nasse Geländer und schaute über die Mauer. Erst jetzt spürte er seinen durchnässten Kragen. Seine nasse Hose. Die Panzersperren und der Stacheldraht hinter der Mauer waren hell erleuchtet. Die Grenzer auf dem nächsten Wachturm richteten ihre Ferngläser auf ihn und Michael schaute ihnen mit unverblümt strengem Blick entgegen. Ihn beschlich das ihm bekannte Gefühl. Als würden sie ihn kennen. Als hätten sie ihn hier erwartet. Als hätte er genau das getan, was man von ihm verlangt hätte. Er fühlte sich abermals an der Nase herumgeführt. Fühlte sich eigenartig unterlegen. Er fühlte sich manipuliert.

Michael schlenderte durch den Regen zurück zu seiner Wohnung. Vorbei an der Mauer, die ihm den Weg wies und zugleich mit ihren fast vier Metern Höhe wie ein einseitig bemalter Fremdkörper durch die Stadt schnitt. Obenauf die hohle Betonrolle, die den entkräfteten Flüchtlingen beim Überklettern den letzten Halt versagen sollte. Vorausgesetzt sie wären überhaupt bis dorthin gekommen. Hätten die Selbstschussanlagen, den Stacheldraht, die scharfen Hunde und den Schießbefehl der Grenzer überlebt. Die Perfektion der Abschirmung schuf dennoch ein kurioses Bild. So diente sie den unzähligen

Künstlern mit ihren Sprühdosen als Leinwand aus Beton. Wenn auch nur von westlicher Seite.

Die Regentropfen liefen über sein Gesicht. Und selbst die Nässe unter seiner Kleidung nahm er billigend in Kauf. Die Straßen waren inzwischen wie leergefegt. Beim Aufschließen der Haustür fragte er sich wieder, wie der — wie diejenigen — an den Schlüssel dieses Schlosses gekommen waren. Wie sonst könnten sie so einfach hier hereinkommen? Er schaute sich das Schloss genauer an. Wie immer waren keine Aufbruchspuren zu erkennen. Michael ging mit langsamen Schritten auf seinen Briefkasten zu. Er fixierte lange sein Namensschild. Michael Wiesner. Was machte ihn für den — für diejenigen — so wichtig? Warum er? Er schloss seinen Briefkasten auf und öffnete die Klappe. Der Anblick des Umschlages überraschte ihn nicht. Das raue Pergament hatte er in keinem westdeutschen Bürobedarfsgeschäft je entdecken können. Er nahm ihn heraus und war lediglich verwundert über das deutlich höhere Gewicht als sonst. Er drehte seinen Kopf für einen prüfenden Blick in das Treppenhaus. Es war niemand zu sehen und zu hören. Dann riss er den Umschlag auf und zog einen Papierstapel heraus. Auf der ersten Seite stand in Großbuchstaben:

„INOFFIZIELLES GESPRÄCHSPROTOKOLL
FRANZ-JOSEF STRAUSS
(MINISTERPRÄSIDENT VON BAYERN)
MIT ERICH HONECKER
(STAATSRATSVORSITZENDER DER DDR)"

2. Der Jagdausflug

Der Wald lag weit entfernt von der nächsten Ortschaft. Nahezu abgeschirmt. Die Wege, die in ihn hineinführten waren breiter, als man es von üblichen Waldwegen gewohnt war. So breit, dass sich die Radstände der großen Limousinen mühelos in das tiefe Grün schieben konnten, ohne ihre Insassen auf unbequeme Art durchzurütteln. Überhaupt machte es den Eindruck, dass alles in diesem Wald überdimensionaler, größer und gewichtiger war. Die Bäume schienen auf diese eigenartige Szenerie mit ihrer urtypischen Gelassenheit zu schauen. Vielleicht auch deshalb, weil dieser sandige Wald bereits seit Jahrhunderten dieses besondere Publikum gewohnt war.

Kein Zittern. Keine Nervosität. Seine Hand war erstaunlich ruhig. Der kalte, hölzerne Griff des Gewehres berührte seine Wange. Langsam erwärmte er sich durch den Hautkontakt. Karl atmete noch einmal tief, kniff das rechte Auge zu, wirkte ruhig. Trotz des kalten Entzuges. Er spürte nicht einmal den Hauch eines Bedürfnisses nach Alkohol. Vielmehr forderte die Waffe seine volle Aufmerksamkeit. Obwohl das Gewehr zur Spitzentechnologie dieses Systems gehörte, war seine Beschaffenheit, seine Materialien, sein komplettes Design Abbild des Ostblocks. Irgendwie hässlich. Nur seine Zielgenauigkeit stellte er nicht in Frage. Sein Blick richtete sich kurz nach oben. Der Wind bewegte sanft die Blätter in den Baumwipfeln. Zu schwach, um die Flugbahn der Kugel auf dieser Distanz zu beeinflussen. Ein letztes Einatmen. Ausatmen. Karl verharrte, spürte seinen eigenen Puls. Fokussierte durch das Zielfernrohr. Unterdrückte den Reflex der nächsten Einatmung. Es war ein Moment der Stille. Ein Moment, der nur ihm gehörte. Ihm und seinem Ziel. Dann drückte er den Abzug. Der Schuss zerschnitt die Stille des Waldes. Gefolgt von dem Echo. Das Raunen der umherstehenden Männer verwandelte sich langsam in einen anerkennenden Applaus. Die Blicke wanderten in die Richtung des getroffenen Hirsches. Gut 150 Meter lag er von Karl entfernt im Dickicht des Waldes. Nur seine Augen zeigten den Ansatz eines Lächelns. Karl verstand nicht, warum ihm die Ehre zuteil wurde, diesen Schuss abzufeuern. Immerhin hatte er sich zuvor mehrmals vergewissert. Ihm lag überhaupt nichts am Töten. Doch als selbst sein oberster Dienstherr ihm mit einer wohlwollenden Geste den Schuss freigab, war er der einladenden Aufforderung gefolgt.

Die vielen grünen Gummistiefel setzten sich in Bewegung und stapften über den feuchten Untergrund. Es waren jene in Volkseigenen Betrieben produzierte unbequeme Treter, die das tiefe Gras platt traten und sich nach einigen Dutzend Schritten wieder im Halbkreis anordneten. Die Gruppe der Männer stand um das leblose Tier. Karl schaute in die weit aufgerissenen Augen des toten Hirsches. Als würden die Pupillen des Wilds für einen letzten Moment tief in seine schauen. Fingerdick quoll der Blutstrom aus dem Einschussloch. Er konnte seinen Blick einfach nicht von dem leblosen Körper lösen. Eine fremde Hand legte sich fest auf seine Schulter.

„Donnerwetter, grandioser Schuss. Erstaunlich gut dafür, dass sie nie bei der Nationalen Volksarmee gedient haben."

Die Stimme mit dem Berliner Akzent verriet Karl sofort, wer hinter dieser Äußerung steckte: Erich Mielke. Er drehte sich um und zwang sich zu einem Lächeln:
„Anfängerglück."
Mielke wandte sich mit einem jovialen Lacher in die Runde:
„Und jetzt stapelt er auch noch tief."
Wie choreographiert übernahm die Jagdgesellschaft das Lachen ihres Vorgesetzten. Zwei Helfer sprangen herbei, um den Kadaver auf einen zum Jeep umgebauten Trabant zu laden. Der kleine Wagen ging unter der Last des mächtigen Hirsches in die Knie. Mielkes Hand auf Karls Schulter drückte ihn sanft in Richtung des Waldweges. Karl beugte sich der wortlosen Aufforderung und setzte sich in Bewegung. Ihm war klar, dass die kommende Intimität zwischen ihm und Mielke etwas Besonderes für ihn bedeuten würde. Als sie etwas Distanz zu den anderen Männern aufgebaut hatten, zog Mielke einen Flachmann aus der Tasche und hielt ihn Karl hin.
„Schlückchen?"
„Nein, danke. Ich trinke nicht."
„Gar nicht? Wie langweilig."
Mit einer kräftigen Bewegung setzte Mielke selbst zum Schluck an und wischte sich den Mund am Ärmel.
„Telemann — Sie haben mich nicht nur mit Ihrem präzisen Schuss beeindruckt."
Karl schwieg.
„Ihre Bilanz zur Grenzbefestigung hat unser gesamtes Ministerium aufgewühlt."
„Danke."
Noch einmal fiel Karl keine andere Reaktion ein.
„Ziemlich mutig von Ihnen — als Neuling — oder wie sagt man bei Ihnen? Greenhorn? — die Dinge so direkt beim

Namen zu nennen. Gerade in diesen Zeiten. Diese dumme Plapperei über unseren sogenannten Anti-Imperialistischen Schutzwall muss endgültig aufhören. Insbesondere nach dem Treffen unseres Staatsratsvorsitzenden mit dem bayrischen Ministerpräsidenten. Das Abkommen über den Milliardenkredit mit Franz-Josef Strauß war ein echter Glücksgriff. Eine bessere Steilvorlage konnten Sie Honecker kaum geben. Auch wenn wir wegen Ihnen unsere schönen Selbstschussanlagen an der Grenze abbauen mussten."

Mielke unterbrach seinen Monolog mit einem kehligen Lacher. Dann wurde er wieder ernst.

„Leute von Ihrem Schlag brauchen wir mehr in unserem Ministerium."

Karl spürte, dass er etwas darauf sagen musste.

„Danke."

Gleichzeitig ärgerte er sich über seine Wortwiederholung.

„Hören Sie auf sich ständig zu bedanken. Das passt nicht zu Ihnen. Telemann, ich will, dass Sie mir zukünftig direkt Bericht erstatten."

„Danke … äh … ich meine natürlich … sehr gerne."

Mielke blieb stehen und schaute Karl für einen Moment tief in die Augen. Karl wusste nicht, ob er dem Blick ausweichen sollte. Gerade als er seinen Kopf abwenden wollte, unterbrach Mielke die Sprechpause.

„Haben Sie sich eigentlich Ihren neuen Namen bei uns selbst ausgedacht — Telemann?"

Karls Antwort kam unerwartet präzise.

„Nein, ganz bestimmt nicht."

Diesmal war es Mielke, der dem Blick auswich. Sich zu der Gruppe wendend rief er mit seinem dominanten Duktus:

„Ich glaube, wir haben jetzt alle Hunger!"

Es dauerte nur wenige Sekunden, bis Mielke wieder im Mittelpunkt der Gruppe durch den Wald stolzierte.

Karl hatte sich in der hinteren Reihe eingeordnet. Die Sonne schimmerte von Zeit zu Zeit zwischen den Blättern des dichten Waldes hindurch. Er trabte still hinter den anderen Jägern hinterher, als eine weibliche Stimme ihn aus seinen Gedanken riss:

„War das Ihr Ritterschlag?"

Er wich der Frage aus und reichte der Frau seine Hand.

„Karl Telemann. Angenehm."

„Ich weiß. Nur das ist nicht die Antwort auf meine Frage."

„Mein Ritterschlag? Vielleicht, ja, irgendwie schon." Er hatte die Frau bislang nicht bemerkt. Zugleich fühlte er sich überrumpelt und ärgerte sich über seine unkontrollierte Offenheit. Doch die Stimme der Frau hatte etwas Beruhigendes. Einen Tonfall, den er lange nicht mehr im Ohr hatte. Karl schaute ihr ins Gesicht und blickte in zwei dunkelbraune, dezent geschminkte Augen. Sie glänzten im männlichen Umfeld der Jagdgesellschaft.

„Karl Telemann. Innere Sicherheit — Abteilung …" Weiter kam er nicht.

„Ich weiß. Wenn der Chef das weiß, dann wissen das alle hier."

Karl kam sich wie ein dummer Schuljunge vor.

„Marlene Wittmann. Ich gehöre auch zu diesem Verein."

Karl lächelte. Innerlich amüsierte ihn die Bezeichnung weit mehr, als er es nach außen hin zugab.

Mit einem Ruck hielt die Jagdgesellschaft kurz vor einer Lichtung an. Die Blicke richteten sich in eine neue Richtung. Unvermittelt begannen die Männer enthusiastisch zu winken.

Als selbst Marlene neben ihm ihre Hand nach oben reckte, folgte Karl dem choreografierten Rudelverhalten. Trotz seiner langen Statur konnte er aus der hinteren Reihe nicht erkennen, wem oder was dort eigentlich gewunken wurde. Aber es erschien ihm besser, dem allgemeinen Treiben zu folgen und erst hinterher nachzufragen. Das Rauschen des Waldes wurde durch ein tief frequentes Brummen gestört. Der Klang des entfernten Motors passte so gar nicht zum Zweittakt-Gestotter der üblichen DDR-Fahrzeuge. Als ein Range Rover an ihnen über den breiten Waldweg vorbei rauschte, fuhr es Karl spontan über die Lippen:

„Westbesuch?"

Marlene drehte sich Karl zu.

„Nein! Der Staatsratsvorsitzende!"

Karl stutzte.

„Erich Honecker?"

Sein Blick folgte dem inzwischen hinter einer Kurve im Wald verschwundenen britischen Geländewagen.

„In einem Range Rover?"

Marlene ließ den Abstand zu den Vordermännern etwas größer werden, bevor sie leise antwortete.

„Wir sind alle gleich hier, aber manche sind nun einmal etwas gleicher."

3. Anna

„Herrschaften, ich möchte Sie bitten, den S.T.A.R.T.-Abrüstungsvertrag zur Verminderung der strategischen Atomraketen bis zum nächsten Mal zu lesen — wenigstens zu überfliegen."

Der Kopf des Professors senkte sich. Der alternde Mann schaute über seine Lesebrille in Richtung der sich meldenden Hand auf der rechten Seite des Hörsaals.

„Ja, bitte?"

Die hölzernen Klappstühle des Auditoriums waren noch nicht einmal zur Hälfte besetzt. Die Augen der Studierenden folgten unwillkürlich dem Blick des Professors. Die Blickrichtung bot eine besonders attraktive Aussicht. Vielleicht hatte sie ihren Arm ein wenig zu hoch nach oben gestreckt. Vielleicht war es auch die Haltung ihres Oberkörpers. Es vermittelte den Eindruck von Übermotiviertheit. Mag sein, dass dies der Auslöser dafür war, bei Michael das Gefühl von Argwohn in sich aufsteigen zu lassen.

„Streberin."

Das Urteil über die gut aussehende Studentin nuschelte Michael kaum hörbar vor sich hin. Selbst wenn er seine Beschimpfung lauter ausgesprochen hätte, wahrgenommen hätte sie hier wohl niemand. Dafür war die Erscheinung der jungen Frau in diesem politischen Seminar viel zu schillernd. Und vielleicht war es auch genau diese kollektive Aufmerksamkeit, die Michael in diesem Moment so missfiel. Ihr Name war Anna. Das wussten wahrscheinlich alle in diesem Hörsaal.

Michael kannte ihren Namen bereits seit der ersten Vorlesung, in der er sie gesehen hatte. Er hatte heimlich auf ihren Ordner geschielt. Anna Blaschke. Anna strich mit der rechten Hand ihr langes Haar hinter ihr Ohr, bevor sie zu ihrer Frage ansetzte. Das tat sie immer so. Immer wenn sie tief Luft holte, sich ihr Oberkörper luftholend wölbte und ihre etwas zu tiefe Stimme den Raum zum Klingen brachte. Zwischen ihr und den anderen Kommilitonen war immer mindestens ein Sitz frei. Als würde ihre Aura die Anderen auf Distanz halten.

„Ich habe eine Frage zur militärischen Strategie der Verhandlungen."

„Na, dann mal raus damit", sagte der Professor.

„Liegt bei diesen Abrüstungsverhandlungen nicht der Verdacht nahe, dass die USA damit nur ihre veralteten Waffensysteme entsorgen will?"

Die Antwort des Professors erfolgte prompt.

„Frau Blaschke, ich denke, Sie greifen da etwas vorweg. Lassen Sie uns doch erst einmal den Vertrag an sich diskutieren. Eins nach dem anderen."

Der Professor wandte sich auf die andere Seite des Hörsaals: „Ja, bitte?"

Michael hatte sich gemeldet. Mit einem Kopfnicken erteilte ihm der Professor das Wort.

„Schon möglich, dass die amerikanischen Atomraketen der Minuteman II als veraltet tituliert werden. Klar ist aber auch, dass dieser Raketentyp technologisch auf dem gleichen Stand des größten Teils des sowjetischen Arsenals ist. Insofern wäre das ein atomares Abrüsten auf Augenhöhe."

Der Professor atmete hörbar aus und verschränkte seine Arme. Lautlos bewegte er seine Lippen. Ein innerer Monolog, den das Auditorium nicht hören sollte. Erst dann wurde er laut.

„Ihr Hintergrundwissen in allen Ehren, Herrschaften. Das ist jetzt noch nicht das Thema. Für alle anderen gilt: Lesen Sie sich bitte bis zur nächsten Woche in die Verträge ein. Vielen Dank."

Daraufhin schritt der Professor hinter sein Podium, schaltete den Overheadprojektor aus und steckte seine Unterlagen in seine Aktentasche. Die Aufbruchsstimmung unter den Studenten erzeugte im Auditorium das vertraute Gemurmel und Geraschel. Während um ihn herum ihre Blöcke, Ordner, Stifte und Bücher einpackten, saß Michael immer noch unbeweglich auf seinem Platz. Einzupacken hatte er nichts. Es gehörte zu seinem gepflegten Merkmal, einen freien Arbeitsplatz vor sich zu haben. Ohne mitzuschreiben. Bloß nicht in irgendwelcher Literatur nachschlagen. Anna hatte da schon einiges mehr zu verstauen.

Auf dem Flur vor dem Hörsaal trafen sie aufeinander. Zumindest hatte Michael bewusst einen Umweg einkalkuliert, um ihr gezielt über den Weg zu laufen. Der Blickkontakt war unvermeidlich. Sie schaute mit einem knappen Lächeln auf, das Michael bereitwillig aufnahm. Gerade als sie ihm schon wieder den Rücken zuwandte, fuhr es ihm über die Lippen: „Anna?"

Zugleich ärgerte er sich über seine unüberlegte Äußerung. Sie hatten sich bislang noch nicht einander vorgestellt. Der Umstand, dass er ihren Namen kannte, entlarvte sein Interesse an ihr. Und doch war er froh, die Unachtsamkeit begangen zu haben.

„Hallo!"

Ihre Stimme fuhr ihm bis unter die Haut. Sein eloquenter Redefluss funktionierte nicht wie sonst.

„Ich wollt` nur sagen …"

„Ja?"

„Deine Frage war … durchaus berechtigt."

„Welche Frage?"

„Na das mit den veralteten Waffensystemen und so."

Ihr Blick war skeptisch.

„Ach?"

Die Kürze ihrer Antworten irritierte ihn. Sie gab ihm einfach keine Chance. Doch irgendetwas sagte ihm, dass es noch zu früh war, klein beizugeben. Anna verschränkte ihre Arme. Es sah aus, als wolle sie wieder zum Angriff übergehen.

„Kannst du auch was Anderes als große Töne spucken?"

Obwohl Annas Tonfall das Gegenteil einer Einladung ausdrückte, war es genau das, was Michael aus der Bodendeckung aufstehen ließ.

„Kann ich. Aber dafür bedarf es einer …"

Michael legte eine Kunstpause ein.

„… einer kleinen Entführung."

Er bemerkte ein kurzes Funkeln in ihren Augen. Die Katze zog für einen Moment ihre Krallen ein.

„Und wann meint der Klugscheißer, mich meiner Freiheit berauben zu wollen?"

Michael lächelte.

„Samstag? So um elf?"

Anna lächelte für einen Moment zurück. Noch bevor Anna wieder etwas Schnippisches entgegnen konnte, schloss er seine Rede ab und ging rückwärts von ihr weg.

„Café Kranzler. Nimm deinen Personalausweis mit."

Dann drehte sich Michael um.

Er bildete sich ein, ihren verwirrten Blick auf seinem Rücken zu spüren. Ihr immer noch abgewandt rief er laut in den Flur:

„Du hast mich schon verstanden. Denk` an deinen Ausweis!"

Es war ein eigentümliches Grinsen, das sich um Annas Mund legte. Doch in diesem Moment war Michael bereits um die Ecke verschwunden.

4. Ost-Berlin

Es hatte aufgehört zu regnen. Der große Mercedesstern auf dem Hochhausdach neben der Gedächtniskirche drehte sich regennass in der Vormittagssonne. Anna klappte ihren Taschenspiegel zusammen und verschloss ihren Lippenstift. Die Spiegelwand des Cafés reflektierte das Rot ihrer Lippen im farblosen einerlei zweckmäßiger Kleidung der umgebenen Rentner. Vielleicht ein wenig zu rot. Anna war klar, dass ihre Anwesenheit hier den Altersdurchschnitt drastisch senkte. Ihr Blick fiel unwillkürlich auf den dampfenden Asphalt des Ku'damms.

Ihren Kaffee hatte Anna bereits seit einiger Zeit ausgetrunken. Mit dem Löffel kratzte sie die Reste der aufgeschäumten Milch aus der Innenseite der Tasse. Dann schob sie das leere Geschirr von sich weg. Die belanglose Konversation von plauderten Touristen und Pensionären mischte sich mit dem Klappern von Porzellan und Kuchenkabeln. Annas Blick wechselte zwischen der Aussicht durch die Scheiben auf die Stadt und der Eingangstür des Cafés. Michael ließ auf sich warten. Anna hatte sich absichtlich in das Rondell im ersten Stock des Café Kranzlers gesetzt. Von hier hatte sie den besten Blick auf das emsige Treiben. Die breite Fußgängerpromenade füllte sich nach dem Regen langsam mit Menschen. Unübersichtlich durcheinander laufend drängten sich die Passanten mit Einkaufstüten auf dem noch nassen Asphalt. Bis auf einen. Angelehnt an die Fußgängerampel stand er vor dem Café Kranzler und schaute mit verschränkten Armen in ihre Richtung. Sein breites Grinsen war bis in den ersten Stock des Cafés zu erkennen. Sie bemerkte Michael auf den ersten Blick. Anna hob instinktiv ihre Hand. Michael winkte zurück. Ein klares Zeichen, zu ihm heraus zu kommen.

Es war eine kurze und zugleich unbeabsichtigt zärtliche Berührung ihrer Wangen. Das leise schmatzende Geräusch der begrüßenden Luftküsse traf nahezu zeitgleich ihre Ohren. Und dann gingen beide mit höflicher Distanz schlendernd nebeneinander her. Vorbei an Läden mit billigen Berliner Souvenirs, Wechselstuben, schrillen Boutiquen und Pornokinos auf der Joachimsthaler Straße. Ohne ihr Ziel zu thematisieren näherten sie sich langsam dem Bahnhof Zoo. Anna folgte bereitwillig Michaels einladender Handbewegung und ging in Richtung der Bahnsteige im Obergeschoss.

Die S-Bahn schob sich quietschend über die metallene Hochbahntrasse. Anna war klar, dass Michael sie mit einem originellen Ausflugsziel beeindrucken wollte. Und sie begriff schnell, wohin die kleine Reise führen sollte. Doch sie machte das Spiel mit und thematisierte nicht die Richtung in die der Zug steuerte. Währenddessen versuchte Michael so unverfänglich und zugleich charmant wie möglich zu sein. Er erzählte von vermeintlich profanen alltäglichen Details, deren beobachtender Scharfsinn jeden einigermaßen intellektuellen Menschen unterhalten hätte. Nur Anna durchschaute seine Rhetorik.

„Michael, hör` auf damit."

Michael konnte seine Irritation nicht verbergen.

„Was meinst du?"

Annas Antwort schnitt wie ein Messer in Michaels Selbstbewusstsein.

„Hör` auf zu versuchen mich zu beeindrucken."

Michaels Redefluss stockte. Sein Herzschlag beschleunigte die Frequenz. Als würde sie es spüren, blieb ihr Blick unverhohlen auf ihn gerichtet. Unterstützt von einem langsam sich abzeichnenden Lächeln, legte sie langsam ihre Beine übereinander. Es entstand eine Kunstpause, die die Wirkung ihres letzten Satzes in nahezu unübersehbaren Lettern vor ihr schweben ließ. Anna untermauerte ihren nächsten Satz mit einem reizenden Hochziehen ihrer Augenbrauen.

„Außerdem müssen wir ohnehin gleich aussteigen."

Michael fühlte sich gleich doppelt ertappt. Anna hatte seine intellektuelle Koketterie aufgedeckt und zugleich völlig unbeeindruckt sein bislang geheim gehaltenes Ziel sicher entlarvt. Annas Tonfall wurde versöhnlicher.

„Ich finde deine Idee übrigens sehr süß."

Ihr anhaltender Fokus in seine Augen durchbrach den Moment der üblichen Diskretion. Michael grinste verlegen. Die Angespanntheit der letzten Sekunden löste sich wieder aus Michaels Körper. Sein Blick blieb hilfesuchend auf ihre braunen Augen gerichtet. Er spürte ihre warme Hand auf seinem Knie. War dies bereits die bestätigende Antwort auf sein Verlangen nach ihr? Michael traute sich noch nicht, sich dem aufsteigenden Glücksgefühl hinzugeben. Zu stark war sein Bedürfnis nach dieser Berührung und die Hoffnung auf mehr. Das Gefühl der Überraschung überdeckte für einen kurzen Moment seinen Wunschgedanken.

Durch die Lautsprecher der S-Bahn ertönte eine Durchsage: „Reisende und Tagesbesucher nach Ost-Berlin werden gebeten, an der nächsten Station auszusteigen. Nächster Halt — Bahnhof Friedrichstraße."

Das Bremsen brachte die Bahn zum Zittern. Es war nicht nur die abrupte Verringerung der Geschwindigkeit, die Annas

Griff fester um sein Knie fassen ließ. Das Quietschen verdichtete sich zu einem alles dominierenden Schreien in dem Fahrgastraum. Michael spürte ein Zittern in sich aufsteigen.

Noch bevor der Zug zum Stillstand kam, standen die Fahrgäste auf und gingen in Richtung der Türen. Nur Anna und Michael blieben für einen unendlichen Moment voreinander sitzen. Als gälte die Aufforderung zum Verlassen des Zuges allen — nur nicht ihnen. Ihre Augen konnten nicht voneinander lassen. Das laute Kreischen der Bremsen erreichte ihre Sinne nicht. Sie waren gefangen. Gefangen voneinander und nicht bereit loszulassen. Und selbst als sich die Türen mit dem lauten Pressluftgeräusch öffneten und die Reisenden auf den Bahnsteig trieben, waren Anna und Michael nur zu einem fähig: Zu ihrem ersten Kuss.

5. Alexanderplatz

Das Eis schmeckte bei weitem nicht so gut wie im Westen. Es war schlecht gekühlt, viel zu süß, entbehrte jeglicher Geschmacksherkunft und tropfte aus der Waffel. Und doch aßen Anna und Michael bereits ihre zweite Portion. Die Schlange vor dem einzigen Eisstand am Alexanderplatz war inzwischen viele Meter lang. Doch die Menschen genossen geduldig die warmen Sonnenstrahlen unter dem wolkenlosen Himmel von Ost-Berlin. Der Sozialismus zeigte sich von seiner besten Seite. Auch Anna und Michael hatten sich bereits ein zweites Mal in der langen Reihe angestellt. Die Warterei machte auch ihnen nichts aus. Sie hatten alle Zeit der Welt. Selbst die Weltzeituhr unter dem Alex schien sich im Rhythmus ihres Herzschlages zu drehen.

„Wie bist du auf die Idee gekommen, mich hierher zu entführen?" fragte Anna. Wohlweislich den Begriff der Entführung wiederholend. Sie hatte ihren Kopf auf Michaels Schulter gelehnt und schaute den Ostberliner Funkturm von unten an. Die silbrige Oberfläche glänzte vor dem wolkenlosen Maihimmel.

„Ich bin gerne hier."

Nach einer kurzen Pause in der Michael versuchte sein inzwischen weichgewordenes Eis, komplett in den Mund zu stopfen, fuhr er fort: „… schon als Kind."

Anna hob leicht verwundert ihren Kopf von seiner Schulter: „Als Kind? Wie geht das? Du bist doch nicht hier in der DDR aufgewachsen?"

„Doch, irgendwie schon."

Annas irritierter Gesichtsausdruck ließ ihn lächeln. Er nutzte das Gegenlicht, um sein linkes Auge charmant zuzukneifen. Annas Blick wurde etwas ernster.

„Spielst du wieder dein rhetorisches Spielchen?"

Michaels Kopfschütteln vertrieb zugleich das Lächeln aus seinen Mundwinkeln.

„Nein, nein, keine Sorge. Ich bin ganz bei dir."

Er richtete seinen Blick in Richtung des plätschernden Neptunbrunnens. Auch dort saßen die Menschen entspannt auf der Sitzfläche der Sandsteinumrandung. Kinder liefen umher und bespritzten sich mit Wasser.

„Als Kind war ich oft in der DDR. Zu Besuch. Ich mochte es hier. Und das hat sich nicht geändert."

„Weil du nicht hier sein musstest!"

„Klar — diese Freiheit hatte ich natürlich. Aber schon als kleiner Junge fand` ich die Jungen Pioniere toll."

Anna schaute skeptisch. Doch Michael ließ sich nicht ablenken.

„Doch wirklich. Später die FDJ. Bei uns im Westen gab es ja so etwas nicht."

Annas Blick wurde weicher. Michael spürte ihre innere Zustimmung.

„Genau hier habe ich gesessen. Mit sechs Jahren zur Erste-Mai-Feier. Mit meiner gesamten Familie. Ich hatte sogar eine rote Nelke an meiner Jeansjacke."

Anna lachte leise.

„Als Westler mit einer roten Nelke …"

„Mein Vater ist in der DDR aufgewachsen und ging dann in den Westen, als es gerade noch so ging. Wurde so zu einem der vaterlosen Gründerväter der Bundesrepublik. Und doch hat er seine Heimat nie vergessen. Er hat mir viel über dieses Land im Osten erzählt. Er war wie besessen von der Zonengrenze. Im Westen schien er nie wirklich angekommen zu sein. Vielleicht auch ein Grund dafür, dass uns meine Mutter so früh verließ. Zu zweit sind mein Vater und ich an vielen Wochenenden die Grenze entlanggefahren und haben sie genau beobachtet. Den Grenzstreifen, die Selbstschussanlagen, das Verhalten der Grenzsoldaten. Er hat viele Zeitungsartikel darüber geschrieben. Vielleicht hast du sogar etwas von ihm gelesen."

Es war kurz still zwischen den beiden. Nur das leise Plätschern der Fontäne und das Getrappel der Schritte auf dem Boden mischte sich mit dem Geplapper der Passanten. Anna brach die Stille: „Schreibt dein Vater immer noch?"

Michael senkte seinen Blick auf den Betonasphalt. Anna spürte, dass ihm die Antwort auf ihre Frage plötzlich schwerer fiel. Dann hob er seinen Blick in Richtung des leuchtenden Metalls des Fernsehturms.

„Nein, … er ist tot."

Anna spürte ein Räuspern in ihrem Hals: „Wann …"

Michaels Unterbrechung erfolgte sanft.

„Noch nicht lange her. Kurz nach meinem Abitur. Er starb an Krebs."

Anna legte ihren Arm um Michael und schwieg.

6. Genosse Telemann

„Genosse Telemann?"

Karl fühlte sich in seinem neuen Ost-Berliner Büro noch wenig heimisch. Ihm war nicht klar, ob er in diesem massiven Stasi-Bau eigene Bilder an die Wände hängen durfte, geschweige denn eigenes Mobiliar mitbringen. Folglich harrte er der Dinge, bis ihn irgendein non-informeller Hinweis innerhalb des Systems diese Frage beantworten würde.

„Genosse Telemann?"

Bis dahin würde er wohl oder übel noch auf den nüchternen Einheitsrequisiten ausharren müssen. Zudem gab es in seinem Arbeitsalltag nur wenige Momente, in denen er sich tatsächlich dem undekorierten Ambiente seines kleinen Büros zuwenden konnte.

„Genosse Telemann?"

Karl blickte hoch. Er schaute auf den untersetzten Mann, der im Türrahmen seines Büros stand. Sein Haar war streng nach hinten gekämmt. Der Blick nicht minder streng. In der rechten Hand hielt er einen jener grauweißen Umschläge aus schlecht gebleichtem Papier. Obwohl Karl sich der Ursache der mangelnden Papierqualität durchaus bewusst war, ließ seine westdeutsche Vergangenheit für einen kurzen Moment das Gefühl einer arroganten Missachtung in ihm aufsteigen. Und zum selben Zeitpunkt verabscheute er sich selbst für diesen primitiven Gedanken. Karl versuchte die Oberflächlichkeit dieses westlichen Gedankengutes aus seinem Gehirn zu verbannen. Doch im gleichen Moment übermannte ihn ein neues abwertendes Gefühl. Es galt der Erscheinung jenes untersetzten Mannes in Uniform, der wie eine lächerliche Imitation seines Chefs aussah. Zu offensichtlich war der Versuch, in die optischen Fußstapfen seines offenkundigen Idols zu treten. Erich Mielke. Selbst der Tonfall orientierte sich an ihm. Karl schüttelte innerlich den Kopf, gemischt mit einer gehörigen Portion Amüsiertheit. Wann nur würden diese staatsfeindlichen Gedanken endlich nicht mehr sein Denken dominieren? Er schüttelte sich, als würden damit seine politischen Zweifel zerstreut.

Der kleine dicke Eindringling unternahm einen weiteren Versuch der Kontaktaufnahme.

„Genosse Telemann?"

„Ja, bitte?"

„Hab` ich Sie gestört, Genosse Telemann?"

Das Männlein verlor in seiner Stimmlage an Schärfe. Zu groß schien der Respekt gegenüber Karl zu sein. Vielleicht beruhte die vermeintliche Hochachtung auch nur auf Anordnung seines Vorgesetzten Erich Mielke. Zumindest erschien er mit seinem imitatorischen Auftritt so, als hätte er sein Leben dem Chef der Staatssicherheit gewidmet. Selbst Mielkes Berliner Akzent schien er nachzueifern. Karl musste wieder innerlich lächeln. Nach außen machte seine Mimik jedoch das Spiel mit.

„Nein, keinesfalls. Ich war nur in Gedanken."

„Wegen des neuen Grenzkonzepts oder haben Sie einen neuen Plan bezüglich des Nachrichtenmannes?"

Ohne die Frage zu beantworten nahm Karl den Umschlag entgegen. Das hatte er als erstes innerhalb dieses Systems gelernt. Schweigen, wenn du nicht reden willst. Eine Tugend, die nur wenige innerhalb dieses Gebäudes mit seinen unübersichtlichen Gängen beherrschten. Karl verstand es,

Information pointiert und nur dann an den Mann zu bringen, wenn ihm danach verlangte. Seine Taktik: Wenig reden und damit Aufmerksamkeit erzeugen. Spannung. Und wenn er dann seinen Mund aufmachte, galt ihm die ganze Aufmerksamkeit. Damit schuf er eine Aura um sich, die selbst seine Vorgesetzten beeindruckte.

„Richten Sie Genosse Mielke aus, dass das Protokoll zwischen dem bayrischen Ministerpräsidenten und Genosse Honecker sein Ziel erreicht hat."

„Sehr wohl."

Der Untersetzte zog die Tür hinter sich zu. Doch Karl lag noch etwas auf der Seele.

„Und noch etwas."

Die Tür öffnete sich erneut. Der Kopf mit der Mielke-Frisur lugte erwartungsvoll durch den Spalt.

„Ja, Genosse Telemann."

„Nennen Sie ihn nicht Nachrichtenmann."

7. Die Hausarbeit

Michael konnte sich an keine Umarmung seines Vaters erinnern. Eigentümlicherweise hatte er sie auch nie vermisst. Bis eines Tages sein Lieblingsonkel ihn fest mit beiden Armen umschlang. Michaels Wange wurde fest an den dicken Bauch des Verwandten gedrückt. Angenehm war es nicht. Zudem ungewohnt. Michael war damals nicht in der Lage, die Zärtlichkeit zu erwidern. Die Verwunderung seines Onkels über die Passivität des kleinen Jungen würde Michael sein Leben lang begleiten. Diese profane Situation schien ihm wie der Beginn des Bruchs mit seinem Vater.

„Kannst du nicht umarmen?"

In der Frage seines Onkels schwang ein deutlicher Vorwurf. Nicht gegenüber dem Knaben. Michael war sofort klar, wem die Anschuldigung galt. Von da an begann Michael seinen Vater mit zunehmender Skepsis zu betrachten. Dieses Gefühl verlor sich nur in den kurzen Momenten, in denen sein Vater ihm die Welt und die Menschen erklärte. Als seine Schulkameraden noch keinen Gedanken an Rassismus, den Ost-West-Konflikt und andere gesellschaftliche Phänomene verschwendeten, war Michaels Blick bereits geschärft. Vielleicht zu früh. Doch wenn Michael für kurze Augenblicke innehielt, wenn er mitten auf dem Kurfürstendamm in der Masse stehen blieb, um sich umzusehen, wenn er in dem Geplapper der Kneipe sich unwillkürlich auf eine benachbarte Konversation konzentrierte. Wenn er auf die Balkendiagramme der ersten Wahlhochrechnungen starrte, spürte Michael so etwas wie

Dankbarkeit in sich aufsteigen. Und in diesen Momenten konnte er fast die vielen fehlenden Umarmungen seines Vaters verzeihen. Dann wurde ihm bewusst, dass die Zuwendung, die ihm widerfuhr, auf anderer Ebene stattgefunden hatte. Doch jetzt war sein Vater tot und konnte ihm keine seiner Beobachtungen mehr mitteilen. Die geteilte Auffassungsgabe war mit ihm gestorben. Michael fühlte sich als alleiniger Erbe einer Bürde, die sein Vater nicht mit ins Grab genommen hatte. Und so gerne er wenigstens mit seinem Lieblingsonkel darüber geredet hätte, so sehr war das inzwischen ebenfalls unmöglich. Kurze Zeit nach der eindringlichen Umarmung hatte sich sein Onkel das Leben genommen.

Der glänzende Linoleumboden reflektierte das tief einfallende Licht am Ende des langen Ganges. Michael hasste das Warten. Dabei saß er erst wenige Minuten auf einem der orangefarbenen Klappstühle, die in Reihen an den Wänden seines Uni-Instituts angeschraubt waren. Ihm war der Muff dieser Räume vom ersten Tag seiner Immatrikulation unangenehm gewesen. Diese Art der Umgebung entsprach so gar nicht seiner Vorstellung von modernem Journalismus. Hier regierte vielmehr Bürokratie und Stagnation. Der große Zeiger der bahnhofsartigen Wanduhr erzeugte ein minütiges Vibrieren, das die unnatürliche Stille deutlich wahrnehmbar unterbrach. Als würde sie jedem Wartenden in diesem Gang die Systematik empirischen Lernens einreden wollen. Doch das war so gar nicht Michaels Herangehensweise. Er kokettierte lieber mit seiner Faulheit, seinem Chaos auf dem Schreibtisch, seinen ständigen Verspätungen, mit seiner vermeintlichen Genialität. Schräg gegenüber hing der Glaskasten, in dem die Ergebnisse der Klausuren ausgehängt wurden. Sein Name tauchte auf diesen Listen bislang leider viel zu selten auf. Doch seit Anna mit ihm gemeinsam lernte, war seine Trefferquote auch hier gestiegen. Michael musste bei diesem Gedanken grinsen. Zugleich durchströmte ihn dieses sanft-warme Gefühl der frischen Verliebtheit. Diese wunderbare Einigkeit zwischen Herz, Kopf und seinen Lenden. Tief in sich spürte er, dass das mit Anna richtig war.

„Herr Wiesner?" Michael hob leicht erschrocken seinen Kopf. Vor ihm stand in der halb offenen Tür sein Professor. Die altmodische Kleidung und sein vernachlässigter Haarschnitt verrieten die innere Immigration, in die sich der ehemals engagierte Politologe geflüchtet hatte. Zumindest bildete sich Michael ein, dies daraus ableiten zu können. Mit einem offensichtlich wohlwollenden Blick streckte er seine Hand mit einer einladenden Geste in Richtung des offenstehenden Büros. Michael erwiderte das höfliche Lächeln, erhob sich und folgte der freundlichen Aufforderung. Die Tür noch hinter sich schließend, begann der Professor bereits mit seinem Wortschwall.

„Herr Wiesner. Normalerweise lade ich aufgrund einer gewöhnlichen Hausarbeit keinen Studenten in mein Büro."

Während der Professor den Stuhl an seinen Schreibtisch heranzog, griff er bereits Michaels Hausarbeit und hielt sie nahezu drohend über die Tischplatte.

„Aber das hier ist etwas anderes."

Trotz Michaels Selbstbewusstsein beschlichen ihn plötzlich Zweifel. Und auch der nächste Satz des Professors verwirrte Michael zunehmend.

„Und da Sie diesbezüglich auch noch Wiederholungstäter sind, habe ich Sie zu diesem Gespräch gebeten."

Michael war selten sprachlos. Doch dieser war einer dieser wenigen Momente.

„Herr Wiesner. Sie machen den zweiten vor dem ersten Schritt. Genau genommen machen Sie sogar den fünften vor dem ersten."

Michael ahnte worauf das Ganze hinauslaufen würde.

„Herr Wiesner. Wenn ich es nicht besser wüsste, würde ich annehmen, sie wären dabei gewesen."

„Wobei?"

„Also bitte! Bei dem Treffen zwischen Franz-Josef Strauß und Erich Honecker. Ihre Analyse dieses Besuches ist in jedem Punkt substantiiert, scharfsinnig und absolut nachvollziehbar. Ich habe zwar keine Ahnung, was das mit meiner eigentlichen Aufgabenstellung zu tun hat — aber Ihre Kombinatorik ist in diesem Zusammenhang herausragend. Ich sage so etwas nicht häufig. Glauben Sie mir."

„Vielen Dank."

Der Professor schaute Michael für einen kurzen Moment schweigend an, bevor er zu einer Reaktion ansetzte. Michael spürte in seinem Blick so etwas wie Wehmut und Traurigkeit. Das Gefühl vertaner Chancen und ein daraus resultierendes Wohlwollen ihm gegenüber. Trotz des väterlichen Ausdrucks in den Augen des Professors setzte er mit scharfem Ton seinen Vortrag fort.

„Danken? Danken Sie mir nicht für Ihre Qualitäten. Danken können Sie mir für das Telefonat, das ich gerade mit dem Chef der Nachrichtenredaktion des 1. Programmes geführt habe. Dr. Dieter Plank. Ich habe ihm von Ihnen erzählt. Er will Sie kennenlernen. Hier ist seine Telefonnummer."

Der Professor schob einen handschriftlichen Zettel über den Tisch.

„Sehen Sie zu, dass Sie so schnell wie möglich von hier wegkommen. Sie müssen raus hier. Die Uni ist nichts für Sie."

8. Im Einstein

Es waren nur wenige Stufen, die in das Hochparterre des Café Einsteins in der Kurfürstenstraße führten. Michael war sie schon einige Male emporgestiegen. Immer zwei auf einmal. Und dieser kurze Aufstieg führte ihn in sein journalistisch-politisches Paradies. Bereits am ersten Tag seines Umzuges von Frankfurt nach Berlin trieb es ihn hierher. Es fühlte sich wichtig, seinem Studium angemessen und ungeheuer aufregend an. Michael öffnete die schwere Tür in das Foyer der Jugendstilvilla. Sein Blick folgte kurz der hölzernen Treppe zu der über dem Café befindlichen Bar. Doch die Ablenkung währte nur einen kurzen Moment und seine Schritte führten ihn zielstrebig in Richtung des Gastraumes. Die hölzerne Täfelung an den Wänden und das Ambiente erinnerten mehr an ein Kaffeehaus in Wien — eben nur in Berlin. Bereits die Kellner mit ihren langen weißen Schürzen versprühten eine Autorität, die in Sekundenbruchteil wichtige von belanglosen Gästen unterschied. Sie trugen ihre Livrees wie die Orden über den Sieg der Gestapo, die einst die Intellektuellen aus diesen Räumen jagten. Als müsse man sich seinen Status als Gast im Einstein durch sie erst legitimieren, durch sie an Wichtigkeit gewinnen.

Nur heute fühlte sich Michael entgegen der anderen Male weitaus wichtiger als sonst. Heute wurde er hierher bestellt. Heute war er mehr als nur ein Zaungast, der mit verstohlenen Blicken auf die Meinungsführer aus Politik, Gesellschaft und Medien schielte. Genau beobachtete, was sie aßen, tranken und vor allem wie sie sich hier verhielten. Das Kalbsschnitzel mit warmen Kartoffelsalat galt als die Wahl des Insiders. Dazu Grauburgunder. Michael hatte überhaupt nichts übrig für lauwarmen Kartoffelsalat. Im Café Einstein aß er ihn trotzdem. So fühlte er sich dem bedeutsamen Journalismus einfach näher.

„Sie haben reserviert?"

Der Tonfall des Kellners am Eingang war wie üblich unterkühlt und abschätzig. Als wäre er hier selbst einer der bedeutendsten politischen Akteure. Doch wahrscheinlich las er noch nicht einmal die F.A.Z.. Umso selbstbewusster raunzte Michael zurück:

„Nein!"

Michaels autoritärer Bass in seiner Stimme verfehlte nicht seine Wirkung. Zugleich tat ihm sein überlegenes Getue leid. Bewusst vermied er den Blickkontakt mit dem Concierge und schaute suchend zu den Gästen im Saal.

„Ist Dr. Plank schon da?"

Der Kellner wechselte seinen Tonfall.

„Ja gewiss."

Mit einer professionellen Drehbewegung veränderte sich zudem seine Körperhaltung.

„Bitte folgen Sie mir. Bitte hier entlang."

Michael folgte dem Mann, nicht ohne über die devote Dopplung des Wortes „Bitte" lächeln zu müssen. Im Gänsemarsch schritten sie zwischen den Tischen hindurch, bis die beiden vor einem Vierertisch mit einem einzelnen Gast zum Stehen kam.

„Herr Dr. Plank, Ihre Verabredung."

Es folgte zunächst eine Verbeugung gegenüber der Zielperson und kurz darauf in Michaels Richtung, der den

Gesinnungswandel des Kellners innerlich tief genoss, bevor dieser sich diskret entfernte.

Vor Michael saß ein grauhaariger Mann Mitte Fünfzig. Die flinken stahlblauen Augen verrieten bereits seinen Scharfsinn, bevor er noch ein einziges Wort an Michael gerichtet hatte. Er deutete ein begrüßendes Aufstehen an und reckte Michael seine Hand entgegen.

„Ich bin der ohne Nelke im Knopfloch. Guten Abend Herr Wiesner, nehmen Sie Platz."

„Guten Abend Herr Plank. Ich bin der, der keinen lauwarmen Kartoffelsalat mag."

„Sehr sympathisch. Was trinken wir?"

Michael blickte über die gestärkte Tischdecke. Dieter Plank hatte nur ein Glas Wasser und eine leere Espressotasse vor sich stehen.

„Das würde ich gerne von unserem Essen abhängig machen."

„Sie scheinen mir ein echter Bourgeoise zu sein. Suchen Sie sich was aus. Heute zahlt der zwangsverpflichtete GEZ-Zahler."

„Dann esse ich sozusagen auf eigene Kosten."

„Wenn Sie zehn Fernseher und fünf Autoradios in Ihrer Villa angemeldet haben, kommt das ja fast hin."

Während Michael seinen Blick auf die Speisekarte richtete, musterte er heimlich sein Gegenüber. Die Ärmel des Sakkos waren dünn gewetzt. Der Rollkragenpullover ausgeleiert. Für den Nachrichtenchef des ersten Deutschen Fernsehens kam Michael die Kleidung alles andere als standesgemäß vor. Er selbst hatte seinen besten Anzug angezogen. Das einzige, auf das er verzichtet hatte, war eine Krawatte. Michael fühlte sich nicht wohl in seinem Aufzug. Trotzdem spürte er eine geistige

Verwandtschaft mit dem älteren Mann, die sämtliche Aufregung verfliegen ließ.

„Sie kommen aus einem Journalisten-Elternhaus?"
Michael nickte, schob den leeren Teller zurück und tupfte sich den Mund.
„Ja, mein Vater war beim STERN."
„Wiesner, der Grenzgänger?"
„Das war wohl unter Kollegen sein Spitzname."
„Sie scheinen ja zu Hause mächtig die Ohren gespitzt zu haben."
„Wie meinen Sie das?"
„Na ja — journalistischer Sachverstand fällt nicht vom Himmel. Ich habe Ihren Aufsatz über das Strauß-Honecker-Treffen gelesen. So etwas habe ich selbst von meinen langjährigen Kollegen noch nicht in die Finger bekommen. Auch Ihre Abhandlung über die Finanzierung der Transitautobahnen spricht Bände."
„Dann sind Sie wohl der einzige, der das wirklich gelesen hat."
„Herr Wiesner, dass was ich Ihnen gerade sage, ist bereits so etwas wie ein Eigentor."
„Wie meinen Sie das?"
„Ich schwäche meine Position, bevor wir überhaupt die Verhandlungen begonnen haben."
„Wir sind uns also handelseinig?"
„Ich denke nicht, Herr Wiesner."
Der Gesichtsausdruck des Nachrichtenchefs gewann an Härte.
„Was wollen Sie im Fernsehen?"

„Verzeihen Sie, wenn ich auf ihre Frage nicht direkt antworte. Die Frage ist vielmehr, was braucht das öffentlich-rechtliche Fernsehen?"

„Etwa Sie?"

Michael beantwortete die Reaktion des Nachrichtenchefs zunächst mit einer kurzen Pause und einem anschließenden selbstbewussten Augenaufschlag. Dann nahm er einen Schluck aus dem Weinglas und fuhr mit leisem Ton fort.

„Herr Dr. Plank, mir ist durchaus die Wertigkeit dieses Treffens mit Ihnen bewusst. Ich habe Ihnen kein Bewerbungsschreiben geschickt, ich habe noch nicht einmal ein Volontariat in Ihrem Sender absolviert, geschweige denn einen einzelnen Moderationsbeitrag geleistet. Und trotzdem sitze ich mit Ihnen hier. Ich werde nicht über Geld oder Positionen feilschen. Ich denke, wir wissen beide was wir voneinander haben können. Mit mir können Sie ihren Nachrichtenkanal nicht nur ein neues Gesicht geben. Zusammen können wir Ihr erfolgreiches Format ändern, bevor sie in die Verlegenheit kommen, dazu gezwungen zu werden."

Es war, als würde der Nachrichtenchef die zuvor verwendete dramaturgische Pause von Michael aufgreifen. Er schaute Michael mit einem übertriebenen Atmer an.

„Die Herren, ein Dessert?"

Die zwei Männer am Tisch taten so, als hätten sie die Frage des Obers überhört. Hilflos wartend pendelte der Blick des Kellners zwischen den beiden, bevor er ohne Antwort wieder von dannen zog. Dieter Plank begann zu lächeln, griff nach seinem Glas und erhob es zum Anstoßen.

„Ich denke, Sie können mich ruhig duzen."

Michael erhob ebenfalls sein Glas und prostete.

„Herr Dr. Plank, sehr gerne. Sie mich auch."

Auf dem Gesicht des Nachrichtenchefs machte sich ein Grinsen breit. Die Ironie, die Eloquenz und Michaels Frechheit waren so ganz nach seinem Geschmack.

9. Der Führungsoffizier

„Dir ist schon klar, dass du gegen klare Anweisungen verstoßen hast?"

„Ging nicht anders."

Anna vermied den Blick auf ihr Gegenüber. Ihre Hand umfasste ihr gekreuztes Knie.

„Nochmal! Das Betreten des Gebietes der DDR ist für dich streng untersagt."

„Ich sagte doch bereits. Es ging nicht anders!" Anna konnte ihre Genervtheit nicht mehr unterdrücken.

„Genossin Blaschke. Wenn du dich nicht an die Anweisungen hältst, ziehen wir dich von dem Fall ab. Derartiges ..."

Sie fiel dem hageren Mann ins Wort. „Ich hab` ihn!"

Die linientreuen Augen des Mannes entspannten sich.

„Wie weit?"

„So weit, wie ich gehen sollte."

Anna war froh, ihr Gegenüber endlich zum Schweigen gebracht zu haben. Die magere Figur stand von dem kleinen Küchentisch auf und schritt zum Fenster. Das Gegenlicht der einfallenden Sonne ließ seine Silhouette noch schmächtiger aussehen. Die Sonnenstrahlen trafen auf die vergilbte Tapete und warfen lange Schatten des einfachen Mobiliars auf den abgewetzten Holzboden. Eine verbeulte Kanne klapperte mit kochendem Wasser über der Flamme des altertümlichen Gasherds. Anna schob ihren Stuhl zurück und ging zu der Küchenzeile hinüber.

„Kamille oder Pfefferminz?"

„Wirst du bei ihm einziehen?"

„Wahrscheinlich in drei bis vier Wochen."

Der dürre Mann drehte sich Anna zu und hob anerkennend seine Augenbrauen.

„Kamille."

Sie begann die beiden einzigen Tassen der Küche unter dem dünnen Wasserstrahl zu spülen, kramte zwei Teebeutel aus einer orangfarbenen Plastikdose und übergoss den Tee.

„Immer noch der Magen?"

Ihr Gegenüber nickte unmerklich. Anna wusste um die Vorgeschichte des unterernährten Mannes. Obwohl schon längst im Pensionsalter, ließ Alfred nicht von seiner Position als Führungsoffizier ab. Zu tief waren die Wunden in seiner kommunistischen Seele. So viel gab es noch zu tun, um das große Ziel zu erreichen. Das Unrechtssystem des Kapitalismus durfte einfach nicht siegen. Alfred war ihr Protegé.

„Du musst ihn nach Bonn bringen."

„Nach Bonn? Aber wie soll ich?"

„Du sollst ihn motivieren. Der Rest ergibt sich."

Anna begriff.

„Der Neue will es so."

Alfred grinste. Sie atmete tief ein.

„Er ist aufgestiegen?"

„Ja. Mielke hat ihn gefressen. Seine Vollmachten haben sich verdoppelt."

Anne stutzte.

„Ungewöhnlich für einen Überläufer."

„Allerdings. Aber seine Pläne dienen unserer Sache. Und sie sind gut."

Alfred verbesserte sich: „Brillant!"

Er wickelte den Faden um den Teebeutel und drückte die Flüssigkeit über der Tasse aus. Seine Hand zitterte leicht. Anna nahm ihm den Beutel ab, hielt ihre Hand darunter und warf ihn in die leere Einkaufstüte neben dem Herd. Sie schaute besorgt in Alfreds Gesicht.

„Soll ich dir noch etwas einkaufen?"

„Danke, ich habe alles. Aber du müsstest etwas anderes für mich übernehmen."

Alfreds Blick senkte sich auf den Tisch. Es war offensichtlich, dass der alternde Agent Schwierigkeiten hatte, weiter zu reden. Anna ging einen Schritt auf den Küchentisch zu. Unsicher, ob sie bereits die notwendige Distanz unterschritt.

„Ja?"

Alfred hielt seinen Kopf gesenkt: „Du musst zukünftig die Dokumente zustellen."

Anna war klar, dass dies ihre Tarnung gefährden würde. Zugleich wusste sie, dass ihr Führungsoffizier ihr nie eine Aufgabe geben würde, deren Tragweite er nicht kalkuliert und sorgfältig durchdacht hätte. Trotzdem verstieß dieser — wenn auch nett formulierte — Befehl gegen alle Direktiven, die sie in ihrer Ausbildung gelernt hatte.

Alfred las ihre Gedanken.

„Ich bin inzwischen eine Gefahr für die Operation. Bei der letzten Übergabe ist er mir fast auf die Spur gekommen. Nur zwei Meter weiter und er hätte mich unter der Aussichtsplattform an der Mauer entdeckt."

Anna schwieg. Ihr ohnehin riskantes Rollenspiel sollte um ein weiteres Risiko gefährlicher werden.

„Kann nicht jemand anderes?"

„Es gibt keinen anderen. Zu viele sind in den Westen übergelaufen."

10. Nach der Liebesnacht

Seine Hand lag direkt vor seinem Gesicht. Der Duft ihres Schoßes haftete noch an seinen Fingern. Michael schob die Hand noch etwas näher an seine Nase und atmete tief ein. Es war der Geruch von Annas Hemmungslosigkeit. Die halbe Nacht hatten sie es miteinander getrieben. Hatten aneinandergeklebt. Waren verschmolzen. Zweimal war er explodiert. So sehr hatte sie ihn gereizt. Michael strich über ihren weichen Oberarm. Anna zeigte keine Reaktion. Er drehte sich auf den Rücken und legte seine Arme unter seinen Kopf. Sein Blick fiel auf die weißen Stuckverzierungen an der Zimmerdecke und seine Mundwinkel formten sich entspannt zu einem Lächeln. Ihre Haut berührte seinen nackten Körper. Eine tiefe Entspannung durchflutete ihn. Nicht nur sexuell. Erstmals spürte er die kompromisslose Verbindung von Liebe und Körperlichkeit. Nicht der Hauch eines Gedankens nach Flucht oder Reue. Es war der Beginn des Verweilens. Das alles fühlte sich richtig an. Michael war glücklich. Ihr ruhiges Atmen lieferte den balladenhaften Rhythmus für den Aufbruch in eine neue Epoche. Unendlich lange Minuten verblieb Michael in dieser neuen Position. Genoss den Gedanken seines Bekenntnisses für Anna. Er fühlte sich hellwach. Sanft küsste er ihre freiliegende Schulter, bevor er aus dem Bett stieg.

Mit leisen Schritten ging Michael auf das große Fenster des Schlafzimmers zu und schob den Vorhang zur Seite. Mit dem Blick auf die Straße und die gegenüberliegende Häuserzeile störte er sich nicht an seiner eigenen Nacktheit. Sollten sie ihn doch alle sehen. Er hatte nichts zu verbergen. Das was er getan hatte und vor hatte zu tun, entbehrte jedes Gedankens der Scham und Unehrenhaftigkeit. Selbst als bei der Erinnerung an die vergangene Liebesnacht wieder die Erregung in ihm aufstieg, blieb er unverändert vor dem Fenster stehen und genoss die Stille dieses Sonntagmorgens. Er blickte auf die Sonne über den Dächern von Berlin, die ihre langen Schatten über das Panorama warfen.

Es war ein ihm wohl bekanntes metallisches Geräusch, das Michael aus seiner friedvollen Gedankenwelt riss. Zunächst noch unsicher gegenüber seiner eigenen Wahrnehmung horchte er genauer hin. Jetzt drang das lautstarke Zufallen der Eingangstür ebenfalls bis in den dritten Stock. Das war zunächst nichts Ungewöhnliches. Doch die Kombination der Eingangstür mit dem metallischen Klappen des Briefkastens passte so gar nicht in diesen Moment. Michael beschlich ein bekanntes, ihm unangenehmes Gefühl. Sich auf die Zehenspitzen streckend, versuchte er einen Blick auf den Bürgersteig vor dem Haus zu erhaschen. Doch der Sichtwinkel durch die geschlossene Scheibe ließ wie immer keinen Ausblick direkt nach unten zu. Würde er die Fensterbank leerräumen und das Fenster öffnen, wäre derjenige, wären diejenigen bereits schon über alle Berge. Also drehte er sich um, griff seine Jeans und sein T-Shirt vom Stuhl und schlich sich dabei anziehend in Richtung Wohnungstür.

Er sah über das Treppengeländer. Nichts. Wenige Sekunden später erreichte Michael das Erdgeschoss. Ihn überkam das inzwischen schon gewohnte Herzklopfen, als er den Schlüssel in das Schloss seines Briefkastens steckte. Das Drehen erzeugte ein unüberhörbares Klacken. Das Fach sprang auf. Doch diesmal war es leer.

Michael hielt für einen Moment inne. Er war sich sicher, dass er das Geräusch der metallischen Briefkastenklappe gehört hatte. Zu häufig schon war es für ihn das Signal gewesen. Zusammen mit der immer gleichen Sequenz der zuschlagenden Eichentür. Er hatte sich nicht geirrt.

Ohne zu zögern, öffnete er die schwere Haustür und rannte los.

„Gibst du mir noch ein Brötchen?"

Anna hatte nur eins seiner bedruckten T-Shirts übergestreift. Das Porträt von Frank Zappa wurde von ihrer Brust leicht verformt. Selbst ungeschminkt und mit zerzaustem Haar übte Anna ihren ungebremsten Charme auf ihn aus. Mit einer langsamen Handbewegung streifte sie eine Strähne hinter ihr Ohr. Eine jener markanten Bewegungen, die sie auf ihn aufmerksam machte. Ein Detail in der Summe so liebenswerter Handlungen, die in ihm das Bedürfnis weckten, so dicht wie möglich an dieser Frau zu sein. Sie zu berühren, zu riechen und zu schmecken. In sie einzudringen und seine Gedanken zu teilen. Ihre Worte erzeugten in ihm ein süchtiges Gefühl nach mehr. Nach mehr Worten. Nach nicht enden wollender Nähe.

„Süß von dir, Brötchen zu holen."

Michael lächelte verlegen.

„Ich war joggen."

„Okay." Durch Annas Reaktion schimmerte so etwas wie Skepsis. Oder bildete er sich das nur ein?

„Wo bist du langgelaufen?"

„An der Mauer." Und das war noch nicht einmal gelogen. Trotzdem versuchte Michael Annas Blick auszuweichen. Zugleich ärgerte ihn diese kleine Lüge. War das eine gute

Voraussetzung für ihre junge Liebe? Wo Anna doch so unverblümt offen ihm gegenüber war. Ihn einließ in ihr Paradies.

Anna schien Michaels Zurückhaltung zu spüren und legte ihre Hand auf seine. Sie schaute ihm tief in die Augen und sagte damit Dinge wie: „Es ist wunderschön mit dir." „Lass uns ewig zusammen sein." „Ich gehöre dir."

Michael fühlte sich durchdrungen von ihrem Blick. Zugleich schämte er sich für seine Unoffenheit.

„Übrigens, es hat jemand was für dich abgegeben."

Michael horchte auf.

„Wie?"

Anna kaute noch und sprach trotzdem:

„Keine Ahnung. So´n Umschlag. Hab` ich auf deinen Schreibtisch gelegt."

„Wer hat ihn abgegeben?"

„Weiß ich nicht. Lag auf der Türschwelle. Du hattest ja die Tür hinter dir sperrangelweit offengelassen."

„Ich …" Michael versuchte sich zu erinnern. „Ich hab` die Haustür hinter mir offen gelassen?"

„Ja. Mann, hab` ich einen Hunger."

Anna biss erneut in ihr Brötchen. Michael reckte seinen Kopf in Richtung seines Arbeitszimmers. Sein Pulsschlag wurde schneller. Durch die offene Tür konnte er den Umschlag auf dem Schreibtisch sehen. Der Einband verriet Michael sofort, um was es sich handelte. Hatte er — hatten sie das Schema geändert? Warum nicht mehr in den Briefkasten? Hoffentlich würden sie — würde er — Anna da nicht mit reinziehen.

„Hast du … ich meine … weißt du, was drinnen ist?"

„Nein! Was denkst du von mir. Schau doch selbst nach."

Michael griff ebenfalls nach einem Brötchen.

„Das ist bestimmt von einem Kommilitonen von der Uni. Ich schau später rein."

Anna setzte die Kaffeetasse zum Trinken an. Ihr Augenaufschlag verströmte etwas Versöhnliches. Sie legte ihre Hand auf sein Knie. Michael beruhigte sich. Die Wärme ihrer Hand durchströmte ihn bis in seine Lenden. Als wäre sich Anna der Wirkung ihrer Körperwärme bewusst, ließ sie ihre Hand weiter nach oben wandern.

„Keine Unterhose?

Michaels Entspannung zauberte ein Lächeln auf seine Lippen.

„Wozu?"

Das einladende Vorbeugen ihres Oberkörpers führte ihn dicht an ihren Mund. Annas Hand griff fester zu. Die andere knöpfte seine Hose auf, während Michael ihr langsam das T-Shirt hochzog. Für den kurzen Moment des Ausziehens unterbrachen sie ihren Kuss. Bis sich beide wieder mit ihren Mündern verschmolzen. Ihren blanken Hintern umfassend hob Michael Anna hoch und trug sie eng umschlungen in Richtung des Bettes.

11. Transitautobahn

Die westdeutschen Grenzbeamten standen gelangweilt vor ihrem hell erleuchteten Grenzhäuschen. Sie versprühten einen Hauch von Unbekümmertheit, Vertrauen, vielleicht sogar etwas Familiäres. Michael liebte dieses Zeitfenster kurz nach Sonnenuntergang, die blaue Stunde. Der Zeitpunkt für ihre Abreise war von ihm nicht zufällig gewählt. Er hatte den Wagen rund um die Siegessäule gesteuert, die bereits golden glänzte. Michael beobachtete Annas leuchtende Augen entlang der Straße des 17. Juni, dem Geburtstagsdatum seines Vaters. Unter der S-Bahn-Brücke hindurch, vorbei an ihrer beider Universität, die nunmehr nicht mehr die seine war. Michael steuerte den alten VW-Käfer auf die Stadtautobahn in Richtung Funkturm. Er schien ihnen den Weg zu leuchten, in Richtung des Grenzüberganges, der dem jungen Liebespaar den Weg in den Westen freigab.

„Er grüßt uns!" Anna deutete auf den winkenden westdeutschen Beamten. Ihr Ausruf klang so überrascht wie ungläubig.

„Warum nicht?" Michael konnte sich ein Lachen nicht verkneifen.

„Oder sollten sie Angst haben, dass wir nicht zurückkehren? Republikflucht in den Osten?"

Anna schwieg und begann Michael den Nacken zu kraulen. Die kleine bronzene Statur des Berliner Bären zwischen den Fahrbahnen huschte an ihnen vorbei.

„Gleich beginnt das Rumpeln. Achtung! Drei, Zwei, Eins." Exakt auf seine Ankündigung hin, änderte sich der

Fahrbahnbelag von der glatten Asphaltdecke zu den aneinander gesetzten fünf Meter langen Platten der ostdeutschen Transitautobahn. Die groben Fugen des Betons erzeugten während der Fahrt den galoppierenden Rhythmus, der den gesamten Innenraum des Autos durchflutete.

„Ich liebe diesen Sound. Er erinnert mich an früher, an unsere Besuche in der DDR."

„Wart ihr oft im Osten?"

„Bestimmt drei bis viermal im Jahr. Einmal bin ich sogar alleine gefahren."

Anna schaute ungläubig zu Michael hinüber. „Wie? Als Kind?"

„Ja als Kind. Ich war fünf."

Und dann begann er zu erzählen:

Ich wusste nicht, ob das Kopfschütteln der Frau gegenüber mir immer noch von ihrem Unverständnis oder dem Rütteln des Zuges herrührte. Sie hatte mich so eigenartig ins Visier genommen. Schien so gar nicht zu verstehen, was hier gerade vor sich ging:

„Wie alt bist du?"

„Fünf", sagte ich. Ich spürte trotz meines zarten Alters, dass hier gerade zwei Welten aufeinanderprallten. Und doch war ich von dieser Frau gegenüber eigenartig unbeeindruckt.

„Und dein Vater holt dich dann am Bahnsteig in Frankfurt ab?" fragte sie. Ungläubig.

„Ja. Hab` ich doch schon gesagt. Es sind doch nur fünf Stationen." Abermals schüttelte sie ihren Kopf so eigenartig. Nur diesmal lag die Ursache eindeutig nicht am Rütteln des Zuges. Den Blick von ihr abwendend schaute ich interessiert aus dem

Fenster. Ich kannte die vorbeiziehenden Häuser. Die Umgebung schien mir so viel vertrauter als diese merkwürdige Frau.

„Außerdem übe ich nur."

Mir war in diesem Moment klar, dass ich diesen Satz besser nicht gesagt hätte. Denn das würde die kopfschüttelnde Frau wirklich nie verstehen.

„Wie? Was übst du?"

Ich hatte schon geahnt, dass sie das fragen würde. Eigentlich war ich dieser fremden Person keine Rechenschaft schuldig. Warum stellte sie mir überhaupt so viele Fragen? Konnte sie mich nicht einfach alleine Zug fahren lassen? Und doch spürte ich bereits trotz meiner wenigen Jahre die Brisanz dessen, was ich gerade tat und bald tun würde. Ich haderte kurz, blickte der Frau tief in die Augen und sagte es dann doch: „Ich übe das Zugfahren, damit ich in zwei Monaten alleine in die DDR fahren kann. Aber dann bin ich ja fast schon sechs."

Es wirkte, als würden der Frau die Augen aus dem Kopf fallen. Sie zupfte nervös an ihren Jackenärmeln. Irgendetwas schien ihr die Sprache verschlagen zu haben. Zumindest stellte sie jetzt erst einmal keine weiteren doofen Fragen. Ihr Weltbild schien bis in die tiefsten Grundfesten erschüttert. Wahrscheinlich war sie selbst noch nie in der DDR gewesen. In diesem anderen Teil des Landes, wo die Menschen nichts zu essen hatten. Und froren. Wo man nicht laut reden durfte. Die Ostzone. Aber ich wusste es besser. Für mich war es einfach nur das andere Deutschland.

Inzwischen hatte sich die Dame gegenüber mit einem weiteren Fahrgast solidarisiert und tuschelte, unverblümt auf mich schauend, mit ihm über die Situation. Ich schaute aus dem Fenster und beobachtete so unauffällig wie möglich den Dialog der beiden. Es war mir unangenehm, dass man über mich sprach. Ich wollte einfach nur Zugfahren. Aber diese Erwachsenen schienen irgendetwas dagegen zu haben. Inzwischen waren sie schon zu dritt und redeten untereinander ohne die Blicke von mir zu wenden. Der dritte war ein Mann, der zwar etwas ruhiger schien, aber mich offensichtlich auch nicht in Ruhe lassen wollte: „Sag` mal — die Frau hat mir gerade erzählt, dass du hier das Zugfahren übst, damit du bald alleine in die DDR reist? Stimmt das?"

„Ja, nach Eisenach."

Meine präzise Antwort machte den Mann wenigstens für kurze Zeit mundtot. Zumindest redete er nicht mehr auf mich ein, sondern flüsterte mit den beiden anderen Damen. Nach einiger Zeit und unverständlichem Getuschel wandte sich die erste Frau wieder an mich: „Hör zu. Dieser Onkel wird mit dir in Frankfurt aussteigen und dann zeigst du ihm deinen Papa — ja?"

Mir war klar, dass dieser Mann weder mein Onkel war, noch dass ich Lust hatte, mit ihm in Frankfurt auszusteigen. Das wollte ich doch schließlich alleine tun. Das war der Plan. Doch die Erwachsenen schienen von ihrem Vorhaben nicht abrücken zu wollen. Soviel war klar.

Der Zug fuhr langsam und quietschend in den Frankfurter Hauptbahnhof ein. Ich reckte meinen Hals. Die Züge interessierten mich. Manchmal konnte man hier noch eine alte Dampflock sehen. Die meisten Loks fuhren ja mit Elektrizität. Nur wenige Male kam noch so ein dampfendes Ungetüm in den Bahnhof hereingefahren. Blies seinen Qualm bis unter das hohe Dach, durch das bei Regen das Wasser bis auf die Bahnsteige tropfte. Nur heute leider nicht.

Ich stieg auf, so wie ich es mit meinen Eltern zuvor besprochen hatte. Schaute noch kurz aus dem Fenster, ob bereits mein

Vater in Sichtweite stand. Hoffte, dass der „Onkel" mich irgendwie aus den Augen verlieren würde. Doch dieser schien seinen selbstauferlegten Auftrag durchaus ernst zu nehmen. Der Bahnsteig war nicht sonderlich mit Reisenden gefüllt und da sah ich auch schon den hellen Trenchcoat meines Vaters. Mit schnellen Schritten ging ich auf ihn zu. Schaute in das vertraute Lächeln. Eine Umarmung blieb wie üblich aus. Mein Vater nahm schnell den Mann wahr, der mir folgte. Sein Lächeln verwandelte sich in einen ernsten Ausdruck. Der „Onkel" redete mit vielen Worten auf ihn ein. Es war ein Wortschwall an Vorwürfen und Anschuldigungen. Doch mein Vater beendete den Monolog auf seine Weise: „Sie können Ihre Kinder ja wie kleine Dackel an der Leine erziehen. Ich tue das nicht."

Dann nahm er mich an die Hand und ging in Richtung Ausgang.

Acht Wochen später saß ich dann tatsächlich alleine im Zug in die DDR. Der Grenzbeamte schaute erstaunlich freundlich auf die Einreiseformulare. Immer wieder blätterte er in den unzähligen Papieren hin und her. Als würde er noch ein einziges Formular vermissen. Doch dann zog er doch seinen Stift. Schrieb auf einige der grau-gelben Zettel ein paar Bemerkungen, sortierte in routinierter Art und Weise die Papiere und reichte sie in meine kleine Kinderhand zurück. „Dann wünsche ich dir noch eine gute Reise."

Ich bedankte mich brav und steckte meinen Pass mit den Einreiseformularen zurück in meinen roten Brustbeutel. Meine Hände strichen sicherheitshalber noch einmal über den verschlossenen Reisverschluss. Ich spürte die Fransen an der Unterseite des Brustbeutels. Der Grenzbeamte zog die Abteiltür hinter sich zu, schenkte mir noch einen letzten freundlichen, zugleich verwunderten Blick und setzte seine Kontrollroutine fort. Auf den Gleisen liefen in den gleichen Uniformen noch andere Grenzbeamte umher. Einige von ihnen hatten ihre Maschinengewehre locker um die Schulter gehängt. Die Grenzer machten auf mich nicht den Eindruck, als wären sie sonderlich besorgt, dass jemand illegal in die DDR einreisen würde. Ich wusste, dass die Soldaten bei der Ausreise aus der DDR weitaus sorgfältiger den Zug untersuchten. Für mein Alter wusste ich bereits ziemlich viel über die Grenze, über die DDR und über die BRD, die eigentlich gar nicht BRD hieß. Für dieses Wissen hatte mein Vater gesorgt. Er hatte mir auch genau erklärt, was passieren würde, wenn ich mit dem Zug in die DDR fahren würde. Und mein Vater hatte in jedem Punkt recht behalten. Es lief in jedem Detail genauso ab, wie ich es immer wieder von ihm erklärt bekommen hatte. Selbst das Lächeln des Grenzbeamten hatte mein Vater vorhergesagt.

Der Zug machte einen kurzen Ruck. Mir war klar, dass dies die Vorankündigung für die Abfahrt sein würde. Die Grenzbeamten hatten inzwischen den Zug verlassen und trotteten zurück in ihre Barracken. Der westdeutsche Schaffner ging durch den Gang an meinem Abteil vorbei, schaute mich lächelnd an, so wie er es seit seiner Abfahrt in Frankfurt schon so häufig getan hatte. Die nächste Station würde Eisenach sein. Das vorläufige Ende meiner Reise.

Das erste, was ich auf den nächsten Kilometern wahrnahm, war der Geruch der DDR. Er drang erstaunlich schnell in das verschlossene Abteil. Erst Jahre später wurde mir klar, dass das die verbrannte Braunkohle in der Luft war, die ihren grauen Dunst über das ganze Land legte. Für mich war nicht nachvollziehbar, warum so viele Erwachsene so schlecht über dieses andere Deutschland sprachen. Ich hätte gerne eines der leuchtend blauen Halstücher getragen, wäre gerne mitmarschiert bei den farbenfrohen Paraden zum Ersten Mai. Ich trank gerne diese pinkfarbene Brause. Und das Sandmännchen war sowieso viel besser als das des Westfernsehens. Deshalb empfand ich den Braunkohlegeruch nicht als Gestank, sondern als ein Indiz. Ein Indiz für eine Umgebung, die einfach anders roch, anders aussah und in der man einfach anders lebte.

Anna war sprachlos. Ihr Blick wandte sich von den Fahrzeugscheinwerfern beleuchtenden, vorbei huschenden Leitplanken auf Michael. Die Autos auf der Gegenfahrbahn blitzten im Gegenlicht und unterstrichen die Silhouette seiner markanten Gesichtszüge. Michaels Augen blieben konzentriert nach vorne gerichtet und bemerkten Annas Nachdenklichkeit nicht.

Sie hatten inzwischen seit einiger Zeit die ostdeutsche Grenzkontrolle für Transitreisende hinter sich. Mit exakt 100 Stundenkilometern steuerte Michael den Wagen über die das Fahrwerk zum Pulsieren bringende Betonpiste. Die Sonne hatte sich inzwischen völlig zurückgezogen und die Nacht tauchte den Himmel in ein tiefes Schwarz, das von keinerlei künstlicher Beleuchtung erhellt wurde. Von Zeit zu Zeit konnte man am Horizont einen kleinen Ort erahnen, dessen winzig funkelnden Lichter kaum durch die tiefe Dunkelheit dringen konnten. Im Kegel des Scheinwerferlichtes rumpelten die beiden durch die nächtliche DDR.

Michaels Geschichte hinterließ eine Stille im Auto, die zwischen dem Paar nicht häufig auftrat. Bis ihn Anna bat, noch mehr aus seiner Kindheit zu erzählen. Eine Geschichte, in der er bereits älter war. Eine Episode mit seinem Vater. Über die Grenze. Und Michael ließ sich nicht zweimal bitten.

„Nachts hören wir manchmal die Selbstschussanlagen. Dann wissen wir, dass die Hasen über den Todesstreifen hoppeln." Der Mann erzählte das mit einer eigenartigen Selbstverständlichkeit. Ich dachte an die Hasen und mir lag die Frage auf der Zunge, ob sie dies überlebten. Doch ich wusste, dass ich mich mit dieser Frage jetzt zurückhalten musste. Das würde ich auf der Rückfahrt meinen Vater fragen, wenn dieser seine Reportage beendet haben würde. Auf dem Tisch lag ein kleines Diktiergerät und nahm jeden Satz des Gespräches auf. Er fragte nach. Es ging um die Grenzposten. Um die Zeit vor dem Mauerbau. Mein Vater konnte gut fragen. Fühlte sich in seine Gesprächspartner ein und beflügelte damit ihren Redefluss. Er war bekannt für seine detaillierten Recherchen und anerkannt unter seinen journalistischen Kollegen. Nicht umsonst nannten sie ihn Ludwig Wiesner, den Grenzgänger.

Der Mann hatte Vertrauen zu meinem Vater gefasst. Er sprach mit ihm, als würden sie sich schon ewig kennen. Zuvor waren wir von außen um das Haus gegangen. Mein Vater hatte fotografiert. Dann zeigte der Mann auf die zugemauerten Fenster auf der Hausseite, die der Zonengrenze zugewandt waren.

„Genau genommen dürfen wir diesen Teil des Hauses nicht betreten."

Auf das fragende „Wieso" meines Vaters erklärte der Mann weiter, dass dieser Teil des Hauses bereits auf DDR-Gebiet stand. Doch die Grenzziehung sei damals „großzügig" in einem Bogen um das Haus herum gebaut worden. Ich hatte jetzt am Küchentisch immer noch das Bild vor Augen, das sich uns von außen offenbarte. Das Haus, das an den Hang der steilen Anhöhe gebaut war. Ähnlich der Bilder, die man aus alten Dokumentarfilmen kannte. Als in Berlin reihenweise Fenster von

Wohnhäusern zugemauert wurden, deren Rückseiten West-Berlin zugewandt waren. Doch hier sah es anders aus. Hier stand dieses kleine Haus völlig alleine in der Wildnis, weit weg von Berlin auf der innerdeutschen Grenze. Über dem Anwesen erstreckte sich ein Berg, der drohend über dem Grundstück lag. Der an den Betonpfeilern befestigte Maschendrahtzaun, sich so indiskret an das Haus schmiegend, glich übergroßen Fingern, die nach dem Gebäude griffen. Und dicht dahinter lagen die Selbstschussanlagen, die in fünf Meter Entfernung ihre trichterartigen Öffnungen parallel auf den Bereich hinter dem Zaun richteten. Weiter oben auf der Anhöhe stand ein Wachturm. Er war noch einer der ersten Generation. Der eckige Ausguck thronte auf einer runden Betonsäule in der offenbar eine steile Leiter nach oben führen musste. Das Design des Turmes war so eigenartig wie auffällig. Ganz auf die Funktionalität der Überwachung ausgerichtet. Kaum hatte mein Vater seine Kamera gezückt, hatten sich die beiden Grenzposten auf ihrem Hochstand nach unten geduckt. Für diese Fälle waren wohl die kleinen Öffnungen unterhalb der Fenster des Wachturms vorgesehen. Durch diese würden die Grenzposten sie jetzt sicherlich im Augenmerk haben.

„Die ducken sich immer, wenn sie das Gefühl haben, selbst beobachtet zu werden. Besonders wenn man sie fotografieren will", kommentierte der Mann beim Gang um das Grundstück. Mich amüsierte die Vorstellung, dass die beiden Grenzer jetzt auf dem Boden kauernd abwarteten, bis wir aus dem Sichtfeld waren.

„Kann man die Räume mit den zugemauerten Fenstern betreten?" Die Frage löste bei dem Mann ein Stuhlrücken in der kleinen Küche aus: „Klar — kommen Sie mit."

Wir standen auf und verließen den Raum. Mein Vater und ich folgten dem Mann durch die Wohnung. Am Ende des Flurs wartete eine gewöhnliche Zimmertür auf uns. Ohne dass uns der Mann den Hintergrund dieser Tür erläuterte, war klar, dass sie eine besondere Funktion in diesem Haus hatte. Der Hausherr fingerte ein Schlüsselbund aus seiner Hosentasche. Es dauerte einen Moment, bis er den richtigen Schlüssel unter dem Dutzend zu fassen bekam. Dann hörten wir den hohlen Klang des sich drehenden Schlüssels in dem veralteten Türschloss. Der Mann öffnete die knarrende Tür und ging voran.

„Wir haben hier drinnen kein Licht. Sie müssen etwas aufpassen."

Es dauerte einige Minuten bis sich unsere Augen an die Dunkelheit gewöhnt hatten. Der Raum war unmöbliert. In der Ecke stand noch ein alter Besen gegen die Wand gelehnt. Durch die zugemauerten Fenster zeichnete das Tageslicht dünne Streifen entlang der zum Teil unverputzten Fugen. So wirkten die Fenster auf mich wie eine Installation in einer Kunstausstellung. Der Mann bemerkte mein Interesse an den lichteinfallenden Fugen: „Die haben sich damals ziemlich beeilt beim Zumauern der Fenster. Da war nicht viel Zeit für sorgfältiges Arbeiten. Kommen Sie. Da kann man durchschauen."

Wir näherten uns mit einem Gefühl des Unbehagens den leuchtenden Schlitzen. Der Hausherr deutete auf einen besonders breiten Spalt: „Hier sieht man am besten."

Mein Vater presste als erster seinen Kopf an den Spalt. Sein Auge war zunächst geblendet. Doch dann erkannte er den Zaun. Konnte die Selbstschussanlagen direkt vor sich sehen. Ein leises „Unglaublich!" huschte über seine Lippen. Hinter dem Todesstreifen verlief ein zwei-streifiger Betonweg. Zwei weitere Grenzsoldaten stiegen gerade aus einem zum Militärjeep umgebauten Trabi. Anscheinend hatte die Anwesenheit eines westdeutschen Fotografen an der Grenze die Aufmerksamkeit bei den Kontrollpunkten ausgelöst. Einer der Soldaten trug ebenfalls eine Kamera mit einem langen Teleobjektiv. Ich hatte inzwischen auch durch einige Lücken in der Mauer gespäht und ebenfalls die Grenzer ausgemacht.

„Sind inzwischen weitere Grenzsoldaten angekommen?"

Die Frage des Mannes klang fast ein wenig amüsiert. Als würde er die Vorhersehbarkeit des Militärs belustigend finden. Mein Vater starrte noch immer wie gebannt durch den Mauerschlitz. Seinen Blick weiterhin auf die Abläufe an der Grenze gerichtet, begann er scheinbar zu sich selbst gewandt zu erzählen: „Nicht weit von hier habe ich als kleiner Junge Lebensmittel über die damals noch grüne Grenze geschmuggelt."

Eine kurze Pause erfüllte den Raum. Dann fuhr er fort: „Dass das einmal irgendwann so aussehen würde …"

Der Mann hinter ihm setzte den Satz fort: „… hätte wohl niemand gedacht."

Mein Vater trat einen Schritt zurück und schaute den Mann still an.

„Nein, wirklich nicht."

Mir war dieser Blick vertraut. Es war einer dieser stillen Momente, die ich angesichts der Grenze häufig in seiner Gegenwart spürte. Wenn mein Vater mit dem gleichen stolzen Blick wie meine Großmutter über die Hügel des thüringischen Waldes blickte und dem Grenzverlauf mit seinen tiefliegenden Augen folgte. Der gerodete Streifen fraß sich durch die Wälder und hinterließ einen Abdruck in der Landschaft, als wäre er für die Ewigkeit gemacht. Wie ein Zeichen, eigenartig undurchdringlich. Und jetzt standen wir genau genommen auf dem Boden der DDR, starrten durch kleine Schlitze auf dieses eigenartige Bauwerk.

Mein Vater schien aus seiner Trance aufzuwachen.

„Ich würde gerne ein Bild von Ihnen vor diesen Mauerschlitzen machen. Das könnte vielleicht sogar das Titelbild des Artikels werden. Wären Sie damit einverstanden?"

Der Hausherr zuckte mit den Achseln und steckte seine Hände in seine Hosentaschen, als wäre er an dieser Sache gänzlich unbeteiligt.

„Klar — machen Sie nur."

Annas Hand kraulte immer noch liebevoll Michaels Nacken. Hinter ihnen färbte sich bereits der Himmel zu einem zarten Rosa der Morgenröte. Vor ihnen leuchtete die unübersehbare, neon-farbene Reklamebeleuchtung einer Autobahntankstelle. Der glatte Straßenuntergrund ließ ihr Fahrzeug inzwischen wieder nahezu geräuschlos über die Fahrbahn gleiten. Der Westen hatte sie zurück.

„Wie lange brauchen wir noch?" Anna gähnte.

„Versuch noch ein bisschen zu schlafen. Bis Bonn sind es noch zwei Stunden."

12. Bonner Presseball

„Sie studieren in Berlin? Welches Fachgebiet?"

„Politologie. Im Moment mit dem Fokus auf die Abrüstungsverhandlungen der S.T.A.R.T.-Verträge."

„Heikles Thema. Und so aktuell. Noch einen Champagner?"

Anna drehte sich etwas hilfesuchend nach Michael um. Er war immer noch nicht von der Toilette zurück.

„Keine Sorge. Ihr Begleiter hat bestimmt nichts dagegen. Sie sind in guter Gesellschaft."

Anna waren die Gesichter der sie umgebenden Politiker wohl bekannt. Sie kannte ihre Biografie und die Anzahl ihrer Geliebten. Untersetzt und übergewichtig umringten sie die attraktive junge Frau. Vertrauend auf den Sexappeal ihrer Popularität.

„Eine Zigarette?"

„Danke, ich rauche nicht."

„Das sollten sie sich hier aber schnellstens angewöhnen."

Anna fing das joviale Lachen der Männer wohlwollend auf. Ließ die verstohlenen Blicke auf ihr Dekolleté gewähren. Die Männer merkten nicht ihre innere Distanziertheit. Zu sehr waren die Herren mit sich, ihrem Trieb und ihrer Eitelkeit beschäftigt. Anna sezierte jede Nuance ihrer Bewegungen. Entdeckte das leichte Zucken im linken Auge des Dicken rechts neben ihr. Beobachtete das herzinfarkt-gefährdete Atmen des Glatzköpfigen. Selbst was die Hand des Mannes zur Linken in der Hosentasche mit seinen Genitalien anstellte, blieb ihr nicht verborgen. Sollte Bonn irgendwann nicht mehr Hauptstadt sein, so würde das Prostitutionsgewerbe am meisten darunter leiden. Soviel wurde Anna in diesem Moment klar.

„Sie entschuldigen. Ich sehe gerade einen guten Bekannten. Es war nett, Sie kennenzulernen."

Die Männer öffneten etwas widerwillig den Halbkreis. Jedoch nicht ohne ein heuchlerisch freundliches Lächeln aufzusetzen. Anna trat durch die sich öffnende Gasse. Der Mann der ihr entgegenkam, fiel nicht nur durch seinen schäbig wirkenden Anzug in dem Umfeld maßgeschneiderter Smokings auf. Der ausgebeulte Sakko passte bei genauerer Betrachtung so gar nicht zu der vermeintlichen Anzugshose, deren Hosenbeine überlang auf den ausgetretenen Schuhen Falten schlugen. Sein volles Haar — seit gut zwei Monaten Friseur-überfällig — war ungeschickt zu einem breiten Seitenscheitel zurückgekämmt.

„Hast du Michael gesehen?"

Michaels Hände bildeten unter dem laufenden Wasserhahn eine kleine Schale. Wieder und wieder schlug er sich das kühlende Wasser in sein überhitztes Gesicht. Doch die Hitze wollte einfach nicht aus seinem Körper weichen. Michael bemerkte die Tropfen auf seinem Jackett, griff auf den Stapel bereitliegender Frotteetücher und rieb sie trocken. Mit einem weiteren Handtuch trocknete er die Wasserspritzer auf seiner Hose. Der Schlips und das zugeknöpfte Hemd ließen ihn kaum atmen. Michael betrachtete sein ungewohntes Erscheinungsbild in dem übergroßen Spiegel des Waschraumes. Er war sich nicht sicher, ob ihm das gefiel, was er vor sich sah. Aus seiner rechten Hosentasche fingerte er ein gefaltetes Papier, dessen Schreibmaschinentext durch die vielen handschriftlichen

Ergänzungen kaum noch zu entziffern war. Sein Blick wechselte zwischen seinem Spiegelbild und den unlesbaren Zeilen in seiner Hand.

„Meine sehr verehrten Damen und Herren. Sehr geehrter Dr. Kohl, sehr verehrte Frau Kohl, Herr Bundespräsident, verehrte Gäste. Dieses Jahr hat der Bundespresseball …"

Michael stockte. Seine freie Hand griff an den Knoten seiner Krawatte, löste ihn und zog sie von seinem Hals. Während er den obersten Knopf seines Hemdes öffnete, zerknüllte er den Zettel, formte ihn zu einer Kugel und warf ihn in hohem Bogen durch eine offenstehende Toilettentür zielsicher in die Toilettenschüssel. Sein Blick blieb auf das Klo gerichtet. Dann drehte er sich grinsend dem Spiegel zu, steckte die Krawatte in seine Hosentasche, strich sich über sein Haar und verließ die Toilette.

„Michael! Deine Krawatte? Ist alles in Ordnung mit dir?"

Besorgt strich Anna über Michaels Schläfen. Mit einer Umarmung presste er sich an ihren Körper. Sein Mund berührte zärtlich ihr Ohr.

„Ich liebe dich."

Für einen kurzen Moment verblasste der Geräuschpegel der Menschen um ihn herum. Michael atmete Annas Duft, spürte das Kitzeln ihrer Haare an seiner Wange, fühlte die Silhouette ihres Körpers an seinem und war glücklich.

Dann löste er sich aus der Umarmung, schaute liebevoll in ihre Augen und drehte sich dem Mann im schlechtsitzenden Anzug zu.

„Dieter. An deinem Outfit müssen wir arbeiten."

„Immerhin trage ich eine Krawatte im Gegensatz zu dir."

Das Lächeln des Mannes verflüchtigte sich schnell. Dieter deutete auf das Mikrophon auf der Bühne.

„Es wird Zeit. Du bist schon seit einer Viertelstunde überfällig."

Michaels Blick schweifte kurz auf das Podium. Dann griff er sich ein Champagnerglas vom Tablett der vorbeilaufenden Bedienung und drehte sich um.

„Ein Toast!"

Die lautstarke Ankündigung ließ die Gesellschaft kurz verstummen. Binnen weniger Sekunden bildete sich ein respektvoll leerer Kreis um Michael. Die Augen der Gäste waren ausnahmslos auf ihn gerichtet.

„Man hat mich eigentlich gebeten, von dort oben zu reden." Michael zeigte auf das wartende Mikrophon auf der Bühne.

„Nun … ich habe mich anders entschieden. Können Sie mich gut hören?"

Die Gäste um ihn herum zeigten kaum Reaktionen. Nur vereinzelt nickten die Köpfe. Hektisch sprang ein Techniker mit einem Mikrophon herbei, der das Kabel quer durch den Saal zog. Michael nahm es entgegen und wiederholte — diesmal verstärkt — seine Frage.

„Ich fragte Sie, ob Sie mich gut hören können?"

Der Bundeskanzler war der erste, der auf die Frage reagierte.

„Junger Mann, laut und deutlich!"

Das sich anschließende Lachen richtete der Staatschef erwartungsvoll in seine Runde. Binnen eines Augenblicks lachte der ihm umgebene Kreis bereitwillig mit. Michael drehte sich der Gruppe zu.

„Herr Bundeskanzler, schön, dass Sie so guter Dinge sind. Vielleicht muss der SPIEGEL auch noch etwas lauter und deutlicher rufen, damit Sie endlich seine Einladung für das lang verweigerte Interview annehmen."

Der darauffolgende Lacher der Pressegäste war weitaus kraftvoller und durchdrang den gesamten Saal. Der Bundeskanzler erkannte schnell die Lage und schloss sich, wenn auch innerlich widerwillig, der ausgelassenen Stimmung an.

Michael fuhr fort:

„Die bundesdeutsche Presselandschaft ist etwas Besonderes. Besonders deshalb, weil sie den Spagat zwischen Öffentlich-Rechtstaatlichkeit, Unbestechlichkeit, Unabhängigkeit, Aufmerksamkeitsstärke und Akzeptanz in der Bevölkerung wie kaum ein anderes Land schafft. Doch das ist keine Selbstverständlichkeit. Nicht nur weil wir angesichts unserer unehrenhaften Vergangenheit dazu eine Verpflichtung haben, sondern weil dieses System, dieser Zustand ständigen Veränderungen unterworfen ist. Auch wenn wir dies momentan nicht wahrnehmen mögen. Doch als Vertreter der nachfolgenden Generation garantiere ich Ihnen: Wir haben ein starkes Interesse daran, den Status Quo nicht zu konservieren, sondern ihn aufzubrechen, uns weiterzuentwickeln. Die einzige Konstante der Geschichte ist ihre Veränderung. Und auch wenn ich Ihrer — mit Verlaub Herr Bundeskanzler — penetranten Verleugnung der Realitäten nicht beipflichten kann, so bin ich zumindest mit Ihnen der gleichen Meinung, dass die Zukunft für unser Land noch Überraschungen bereithält, deren Dimension uns heute noch völlig abwegig erscheint."

Michaels Blick fiel auf Anna. Sie stand in der ersten Reihe und blickte ihn mit erstaunten Augen an. Es war ein kurzes und zugleich intimes Lächeln, mit dem er ihr seine Dankbarkeit signalisierte. Dann schweifte sein Blick über die anderen Gesichter, die ihn aufmerksam musterten. Gesichter, die er bereits aus frühster Kindheit aus dem Fernsehen kannte. Ob als Kommentatoren, Interviewpartner, Nachrichtensprecher, Kriegsberichterstatter, Oppositionelle oder Regierende im Bundestag. Er kannte sie alle. Es waren seine heimlichen Superstars, die seit er denken konnte, zu ihm am Abendbrottisch bei laufendem Fernseher aus der Tagesschau zu ihm sprachen. Sein Vater hatte immer darauf bestanden, dass sein Sohn über die politischen Verhältnisse im Bilde war. Und jetzt war er in ihrem Bilde. War plötzlich ein Teil von ihnen. Übersprang sämtliche Stufen der Karriereleiter und wurde Deutschlands jüngster Chefmoderator. Sprach frei und unaufgeregt vor der Hautevolée der deutschen Politik- und Medienlandschaft. Und sie hörten ihm zu. Michael erzählte Anekdoten von anwesenden Politikern und redete selbstironisch aus seinem eigenen Werdegang. Er vermischte die Innen- mit der Außenperspektive des deutschen Medienapparates und ließ damit die etablierten Journalisten aufhorchen. Seine politischen Zitate verpackte Michael zu unterhaltsamen Pointen. Die Rede brachte eine Frische in den traditionellen Ball, die Leichtigkeit mit Substanz mischte und damit sein überraschtes Publikum bannte. Nur den entscheidenden Faktor für seinen schnellen Erfolg ließ er unerwähnt. Die ihm zugespielten, geheimen Dokumente. Sie bildeten das Rückgrat für das Selbstbewusstsein, mit dem er in die Augen seiner Zuhörer blickte.

„… und deshalb: Lassen Sie uns anstoßen. Auf die ständige Veränderung! Auf Sie!"

Der Applaus verlor sich langsam im kristallenen Anstoßen der Sektgläser, als sich Dr. Dieter Plank mit einem vielsagenden Lächeln zwischen den vielen Gratulanten zu Michael durchdrängelte.

„So war das nicht besprochen."

„Entlässt du mich, bevor ich bei euch angefangen habe?"

„Michael, du bist ein Sicherheitsrisiko. Aber davor hat mich bereits dein Professor gewarnt."

„Auf das Risiko. Ich werde dein Vertrauen nicht enttäuschen."

13. Perestroika

„Na, Herr Telemann. Haben Sie unseren antiimperialistischen Schutzwall heute wieder etwas sicherer gemacht?"
Ohne seinen Kopf zu bewegen, blieb Karls Blick abwartend auf die technischen Zeichnungen der Grenzbefestigungen gerichtet. Trotzdem konnte er sich das Lächeln nicht verkneifen. Immer noch auf das Papier schauend, stellte er sich vor, welches Kleid sie wohl gerade tragen würde. Ob sie ihre Haare nach oben gesteckt hatte. So wie er es am liebsten mochte. Karl zwang sich noch einige Sekunden sie nicht anzuschauen. Wie ein Geschenk, dass man noch wenige Momente in den Händen hielt, bevor man es öffnete. So wie es als Kind war, Dinge das erste Mal zu sehen. Das erste Mal zu erfahren. Überhaupt gab Marlene ihm das Gefühl, wieder viele Jahre jünger zu sein. Er hörte, wie sie die Tür schloss. Er hörte ihre Schritte, gedämpft von dem abgewetzten Teppich in seinem Büro. Er hörte ihren Atem, dicht an seinem Ohr. Er wusste, wenn er jetzt aufschauen würde, könnte er direkt in ihr Dekolleté schauen. Ihre Wange drückte sich dicht an sein Ohr.

„Herr Telemann, Sie lassen sich aber leicht ablenken. Wie wollen Sie denn so den Klassenfeind besiegen?"

„Vielleicht will ich ihn gar nicht besiegen. Zumindest heute nicht mehr. Machen wir Feierabend?"

Marlene gab Karl einen Kuss auf den Mund.

„Gute Idee. Ich muss noch in mein Büro. Holst du mich ab?" Karl nickte.

Im Türrahmen drehte sich Marlene noch einmal Karl zu.

„Ist dir eigentlich schon aufgefallen, dass ich die einzige bin, mit der du in diesem Verein per du bist?"

Karl lächelte liebevoll.

„Nur, dass dies nicht das Anti-imperialistische Genossen-Du ist."

Die Gänge in der Ost-Berliner Zentrale des Ministeriums für Staatssicherheit konnten sich endlos anfühlen. Doch Karl nahm den langen Weg zu Marlenes Büro gerne in Kauf. Als er endlich vor ihrem Arbeitszimmer angekommen war, stand die Tür einen Spalt weit offen. Marlenes Stimme drang leise und bestimmt aus ihrem Büro in den Gang. Den Dialog führte sie auf Russisch. Offensichtlich telefonierte sie mit Moskau. Karl verstand den Inhalt nur bruchstückhaft. Doch das was er erkennen konnte, war von seltsamer Eindeutigkeit. Zunächst ging es um Gorbatschows kommenden Besuch. Der Abkehr von der Breschnew-Doktrin. Und dann um die sowjetische Vaterschaft gegenüber der DDR. Karl wurde schnell die Indiskretion der Situation bewusst. Er trat zwei Schritte von der Tür zurück. Doch ihre Worte drangen weiterhin deutlich in seine Ohren. Seine Zurückhaltung wäre in diesen Räumen sowieso nur gespielt. Marlene war viel zu intelligent, um zufällig belauscht zu werden. Karl wurde es schlagartig klar. Er sollte Zeuge dieses Telefonates werden. Seine Gedanken schwankten zwischen tiefer emotionaler Geschmeicheltheit und dem rationalen Kalkül der brisanten politischen Situation. Karl spähte aus sicherer Entfernung durch den Türspalt. Ihre Blicke trafen sich in dem zehn Zentimeter breiten Sichtfenster. Marlenes Blick erschien wenig überrascht. Soviel war klar. Mit einer auffordernden Handbewegung winkte sie Karl zu sich. Er schob die Tür auf und folgte ihrer Geste auf den Stuhl vor ihrem Schreibtisch. Ihr ernster Blick blieb auf Karl gerichtet, während sie unbeeindruckt weiter telefonierte. Karl wünschte sich, er hätte in der Schule besser in Russisch aufgepasst. Zu lange schon war es her. Zu sehr hatte er diese Sprache gehasst. Die Sprache derer, die in seinem kleinen Dorf an der Zonengrenze mit ihren Panzern die Gläser in der Vitrine seiner Mutter zum Klingen brachten. Diejenigen, die die Hügel seiner Heimat mit einem unendlich langen Zaun zerteilten. Die grüne Grenze zu einem undurchdringlichen Betonstreifen formten. Einen Grenzwall erschufen, die ihn und seine Seele zerteilte. Ihn tief in sein Inneres schnitt und zugleich zu einem Teil seiner selbst werden ließ, die ursächlich für viele seiner heutigen Qualitäten war. Die Grenze und er hatten so etwas wie eine Symbiose gebildet. Und jetzt saß er hier und hörte Bruchstücke über den kommenden SED-Parteitag, Perestroika und Gorbatschows Wunsch über einen Besuch der Berliner Mauer in der Sprache der Grenzer.

Marlene legte den Telefonhörer auf, stand von ihrem Schreibtisch auf und schaute kopfschüttelnd aus dem Fenster. „Er will tatsächlich die Mauer besuchen."

„Soviel habe ich gerade noch verstanden."

Karl hatte das Gefühl, sich für sein schlechtes Russisch entschuldigen zu müssen.

Marlene ging weiter auf das Fenster zu. Ohne Karl anzuschauen, fuhr sie fort:

„Er wird alles verändern."

„Weiß Honecker schon davon?"

„Ich habe die Aufgabe es ihm zu sagen."

„Na dann — viel Spaß! Den Boten tötet man zu erst."

14. Abflug

„All doors in flight. Cabine crew…"
Die krächzende Ansage der Stewardess über die Bordlautsprecher erreichte Michaels Ohren nicht. Sein Blick aus dem Kabinenfenster fiel auf den nassen Asphalt des Tempelhofer Flugfeldes in der Dunkelheit der Berliner Nacht. Michael schaute auf die Spiegelung des halbrunden, erleuchteten Flughafengebäudes auf dem Rollfeld. Eines der wenigen Gebäude, die selbst aus dem All zu sehen sind. Die Nazis hatten auch hier ihre Fußstapfen hinterlassen. Es gruselte Michael bei dem Gedanken an die Wände, die so dick waren, dass sie für die Ewigkeit gebaut schienen. Ganz im Geiste des tausendjährigen Reiches. Nach der Kapitulation von den Sowjets besetzt, über Nacht nahezu fluchtartig wieder verlassen, überlebte das gigantische Gebäude selbst die hartnäckigen russischen Brandattacken.

Während das Flugzeug über das Tempelhofer Flughafenfeld rollte, stach hinter der Nazi-Architektur die silberne Kugel mit der spitzen Antenne des Ost-Berliner Fernsehturms in den wolkenverhangenen Himmel. Im Gegensatz zum Flughafen Tempelhof vom Weltraum aus sicherlich nicht wahrnehmbar. Aber von nahezu jedem Punkt in Westberlin deutlich sichtbar. Dass dies kein Zufall war, war jedem in Ost und West gegenwärtig. Da baute das DDR-Regime zwischen maroden Plattenbauten einfach mal so den höchsten Turm Europas und den zweithöchsten TV-Tower der Welt. Nur um zu zeigen, dass sie die Tollsten sind. Michael war befremdet über den versuchten

Ausdruck sozialistischer Überlegenheit. Über die Angeberei auf höchster politischer Ebene. Die Kugel auf 230 Metern Höhe als eine Analogie für den ersten Satelliten im All. Und kurze Zeit später schossen sie vor den Amis den ersten Menschen in die Erdumlaufbahn. Sputnik und Juri Gagarin als Pop-Duo des real existierenden Sozialismus. Und der „Telespargel", wie ihn die DDR-Bevölkerung belächelnd nannte, war ihre in Beton gegossene Reminiszenz.

Nur eines schienen die kommunistischen Bauherren nicht geplant zu haben. Bei hellem Sonnenlicht bildete sich auf der Kugel ein reflektierendes Kreuz. Michael musste grinsen. Er erinnerte sich an den amüsierten Gesichtsausdruck seines Vaters, als er ihn bei einem gemeinsamen Berlin Besuch darauf hinwies. Zusammen lachten sie über die Vorstellung, wie das innerhalb des religionsfeindlichen Staatsapparates zu wilden Diskussionen geführt haben musste, während sie zu zweit in dem BMW am Alexanderplatz vorbeifuhren. Wenn sein Vater so etwas erzählte, war er in seinem Element. Michael schaute während der Fahrt bewundernd auf das Profil seines Gesichts, dass in diesen Momenten so gelöst und glücklich schien. Viel zu selten. Und dann kam sein Vater erst so richtig in Fahrt. Malte Bilder mit seinen Worten, die in keinem Geschichtsbuch zu finden waren: Welchen Affentanz der derzeitige Staatschef Walter Ulbrich aufgeführt haben musste, als selbst nach chemischen Behandlungen der extra aus Westdeutschland importierten Edelstahl-Oberfläche das christliche Symbol einfach nicht weichen wollte. Wie man mit ketzerischen Hohn und Spott auf das christliche Symbol, abgebildet auf einem Sozialistischen Bauwerk, reagierte: „Rache des Papstes" und „Sankt Walter" waren nur einige der höhnischen Bezeichnungen. Und zu allem Überfluss landeten kurz vor der Eröffnung des

Bauwerks die Amerikaner Armstrong und Aldrin auch noch auf dem Mond.

Doch in der Dunkelheit der Nacht erstrahlte der Ost-Berliner Fernsehturm ohne jenes Kreuz bis in die Flugzeugkabine auf Michaels Sitzplatz. Das Flugzeug schob sich über das Rollfeld in Richtung Startposition. In der Drehung der Maschine zur Startbahn verlor sich der Ausblick gen Ost-Berlin und sein Blick fiel auf die lederne Aktentasche zwischen seinen Füßen. Ein Erbstück seines Vaters. Sie war schon immer mehr ein Accessoire als ein Gebrauchsgegenstand. Erfüllte weniger den Zweck ihrer ursprünglichen Bestimmung. Da ging es Michael nicht anders als seinem Vater. Einer der Gründe, warum die Tasche trotz ihrer Jahre so wenig Gebrauchsspuren hatte. Als würde ihrer beider Freiheitsdrang in der Bewegungsfreiheit ihrer Hände zum Ausdruck kommen. Nur heute verstieß Michael gegen seine eigene Gewohnheit. Der Verschluss konnte die Tasche kaum zusammenhalten. Ein dicker Umschlag gefüllt mit neuen ihm zugespielten Dokumenten lauerte bereits darauf von Michael gelesen zu werden.

Er schaute sich um. Das Flugzeug war kaum besetzt. Nur vereinzelte Geschäftsreisende saßen mit großen Abständen zueinander auf ihren Sitzen. Neben und hinter ihm waren alle Plätze leer. Michael griff nach unten und fasste das dicke Leder der Aktentasche. Als er die schwere Verschlussklappe auf seinen Knien zurückschlug, drang der ihm bekannte Geruch in seine Nase. Verharrend in seiner Bewegung sog er die Erinnerungen, die mit dem muffigen Lederduft verbunden waren in sich auf. Es war, als würde sein Vater neben ihm sitzen, ihn beobachten. Als wäre er nicht gestorben. Michael senkte seinen Kopf tiefer in die offene Tasche. Dann bemerkte er eine Geruchsnuance, die nicht dem alternden Leder entsprang. Er zog den schweren Umschlag heraus und steckte seine Nase tiefer in das leere Taschenfach. Doch dort traf er nur die dominante lederne Ausdünstung. Unwillkürlich roch Michael an dem Umschlag. Da war es wieder. Es waren nur wenige einzelne Moleküle, die ihm eine Fährte zeigten. Michael öffnete den Verschluss und hielt die Öffnung dicht an sein Gesicht. Neben dem eigentümlichen DDR-Papiergeruch verbarg sich zwischen den Blättern erneut dieses selbe Aroma. Michael spürte ein Stechen in seiner Brust. Ein nicht wirklich beunruhigender Schmerz. Aber deutlich genug, um dem Schrecken, der ihm durch seinen Kopf fuhr, eine weitere — eine körperliche — Komponente hinzuzufügen. Er roch deutlich den Schweiß seines Vaters.

„Könnten Sie bitte den Sicherheitsgurt schließen?"

Die freundliche Stimme der Stewardess riss Michael aus seiner Konzentration. Hastig versuchte er mit seinen Händen die Buchstaben auf den Papieren zu verbergen. Schaute fragend in die fürsorglichen Augen der jungen Frau.

„Die Schnalle. Sie müssen die Schnalle schließen und den Gurt festziehen. Soll ich …?"

„Nein. Nein danke. Das schaff` ich schon. Ist ja nicht mein erster Flug."

Michael setzte einen entschuldigenden Blick auf, legte die Papiere auf die Tasche neben ihm und tat wie ihm befohlen.

„Ihre Tasche darf da leider nicht liegen bleiben. Soll ich sie für Sie in das Gepäckfach legen?"

„Ich würde die Unterlagen lieber bei mir behalten."

„Bitte legen sie das Handgepäck zumindest unter ihren Vordersitz."

„Selbstverständlich."

Die Stewardess warf noch einen letzten Blick auf Michaels verschlossenen Sitzgurt und drehte sich mit einem Nicken in Richtung ihrer Kollegin.

Michaels Herz raste. Seine feuchten Finger hinterließen nasse Abdrücke auf den Papieren. Sein Blick wanderte auf die Titelzeile des Papierstapels:

INOFFIZIELLES PROTOKOLL —
STAATSBESUCH GENERALSEKRETÄR MICHAIL
GORBATSCHOW — SED-PARTEITAG IN BERLIN

Unbeobachtet roch Michael ein weiteres Mal an den Papieren. Doch der Geruch seines Vaters war verflogen.

15. Hamburg

Die Drehtür der Fernsehanstalt fühlte sich nicht nur schwer an. Ihre Konstruktion schien für die Ewigkeit konzipiert. Sie in Bewegung zu versetzen, bedurfte einiger körperlicher Anstrengung. Doch wenn sie sich erst einmal drehte, dann ließ ihr Schwung sie viele Male, wie von einem Motor angetrieben, im Kreise drehen. Dem Gesetz der Trägheit der Masse strikt folgend. Michael hatte schnell erkannt, dass es sinnvoll war, sich hinter jemanden einzuordnen, der die gläserne Tür bereits in Drehung versetzt hatte, um dann in dem in Rotation versetzen Schwung, leichtfüßig das Foyer des Fernsehsenders zu betreten. Der Vorplatz des hochstöckigen TV-Gebäudes ließ viele Möglichkeiten zu, den richtigen Moment abzupassen, ohne ungeschäftig zu wirken. Der Brunnen vor dem Eingang diente den Redakteuren als Vorwand für eine Zigarettenpause. Obwohl sie selbst an ihren Schreibmaschinen durchgehend qualmten, genossen sie die frische Brise der kühlen Hamburger Luft und fachsimpelten, was das Zeug hielt. An diesem Platz ohne Smalltalk vorbeizugehen, galt unter den Kollegen als unhöflich. Insofern nutzte Michael dieses Prozedere gerne für eine kleine Plauderei, um mit einem Auge auf die Drehtür zu schielen und damit den richtigen Moment abzupassen durch den Eingang zu huschen. Heute musste er noch nicht einmal lange warten und den Qualm der Redakteure einatmen. Dieter Plank kam mit schnellen Schritten in Richtung des Eingangsportals gelaufen.

Michaels Blick fiel auf den unförmigen Strickpullover seines Chefs.

„Selbstgestrickt?"

„Ja. Aus Achselhaar."

Dieter verzog keine Miene und seine zynische Reaktion verlief sich in seinem ungebremsten Schritt in Richtung Drehtür. Michael nahm den strammen Gang auf und schritt im Staccato der Schritte neben Dieter her. Man musste eine gute Kondition haben, dem Chef der Nachrichtenabteilung in dieser Geschwindigkeit zu folgen. Unbeeindruckt von seinem Tempo kam er schnell zur Sache:

„Gorbatschow kommt zum SED-Parteitag nach Ostberlin."

Michaels Reaktion kam prompt:

„Ich denke, er wird auch an die Berliner Mauer wollen."

Er hatte inzwischen eine eigene Technik entwickelt, die ihm zugespielten Informationen in Form von Mutmaßungen darzustellen. Doch jetzt war Michael im Zweifel, ob er diesmal nicht den Bogen überspannt hatte und sich mit dieser schnellen Reaktion verdächtig gemacht hatte. Dieter blieb abrupt vor der Drehtür stehen. Sein Blick durchdrang für einen kurzen Moment Michaels Augen. Im Hintergrund drehten sich immer noch einladend die Türflügel. Dieter hatte schnell begriffen, dass er die Äußerungen seines Zöglings ernst nehmen musste. Über die vielen Jahre hatte ihm sein journalistischer Scharfsinn gelehrt, das Richtige von der Fehlinformation nahezu ausnahmslos zu unterscheiden. Dies war offensichtlich eine seiner Qualitäten, die ihn für sein hohes Amt prädestinierten. Ähnlich dem des ausgeprägten Judiz von Juristen, die zwischen Recht und Unrecht unterscheiden können, ohne in einem Gesetzestext nachzusehen. Dieters Entscheidung zwischen richtig und falsch war ebenso mehr die seines Gefühls und weniger seines Sachverstandes. Vielleicht hatte sein Herz inzwischen auch die vielen rationalen Informationen in sich aufgesogen und zu einer diffusen Gefühlswelt vermischt. Doch jetzt stand dieser junge Mann vor ihm und brachte seinen langjährigen journalistischen Sachverstand ins Ungleichgewicht. Dieter suchte in sich nach der untrüglichen emotionalen Erklärung, die ihm in solchen Momenten eigentlich nie im Stich ließ. Doch die Antwort auf seine innerlich gestellte Frage blieb aus. Michael erzeugte eine Leere in ihm.

Die Drehtür verlangsamte zunehmend ihre Rotation. Die Reflexionen in den Glasflügeln, der noch tief stehenden Sonne blitzten in immer langsamer werdenden Intervallen. Michael versuchte nicht zu blinzeln. Versuchte seinem Gesicht den Ausdruck von Unbekümmertheit zu verleihen. Als wäre seine letzte Äußerung zu Gorbatschows Besuch nur eine spontane Annahme. Der unbedachte Gedanke eines Genies. Dieter durchbrach als erster den kurzen Moment des Schweigens.

„Wenn Gorbatschow das tun würde, könnte er damit die komplette SED-Führung brüskieren."

„Tut er das nicht bereits?"

Dieter fiel keine inhaltlich passende Antwort ein. Also versuchte er den Trumpf seiner Autorität als alter Hase im Nachrichtenwesen auszuspielen. Doch seine Geringschätzigkeit gegenüber Michael war nur gespielt.

„Na ja …"

Dieser schien Dieters Botschaft völlig zu übersehen. Mit seiner jugendlichen Unbekümmertheit fuhr er unbeeindruckt und zugleich engagiert in seinen Ausführungen fort.

„Gorbatschow stellt die komplette sowjetische Vaterrolle gegenüber der DDR in Frage. Zudem ist er mit den

Veränderungsprozessen im eigenen Land beschäftigt. Und das ist bekanntlich etwas größer als der kleine Bruderstaat."

Dieter verkniff sich seine Reaktion und dachte sich seinen Teil: „Klugscheißer!"

In seinem drastischen Gedanken schwang so etwas wie Argwohn mit. Er ärgerte sich, dass er nicht selbst auf diese Schlussfolgerung kam. Zugleich bereute er seine unpassende, wenn auch unausgesprochene Ausdrucksweise. Er schämte sich für diese unkultivierte Überlegung. Sie widersprach seinem eigenen Anspruch an Ehrenhaftigkeit. In seinem Ärger drehte sich Dieter um und stemmte sich mit seinem ganzen Körpergewicht gegen den hölzernen Griff der schweren Drehtür. Es dauerte einen unendlich langen Moment, bis diese sich endlich durch seine Kraftanstrengung in Bewegung setzte. Michael profitierte wie gewohnt von dem körperlichen Einsatz seines Vordermannes, folgte ihm im souveränen Schritt und glitt elegant durch das in Schwung versetzte Drehkreuz der rotierenden Glasscheiben. Im Foyer wurde Dieter freundlich von der Empfangsdame hinter dem hohen Tresen begrüßt. Doch ihr Blick fiel schnell auf dessen Verfolger. Zu schnell für Dieters Geschmack.

„Guten Morgen Herr Wiesner. Geht es Ihnen gut?"

Die Frage nach Michaels Wohlbefinden gehörte nach Dieters Auffassung nicht zur morgendlichen Begrüßungszeremonie des Senders. Zumindest hatte die Empfangsdame sich noch nie nach seinem Empfinden erkundigt. Zudem ärgerte sich der Nachrichtenchef über die in ihm aufsteigende Eifersucht und versuchte den Anflug dieses Gefühls, bereits im Keim zu ersticken. Wenn da nur nicht die charmante Reaktion von Michael gewesen wäre:

„Danke Frau Richter — alles im grünen Bereich. Ich erspare mir jedoch die Gegenfrage bei ihrem sonnigen Gesichtsausdruck."

Die Empfangsdame errötete leicht. Es war weniger Michaels spontane Antwort, die Dieter im Fortlaufenden störte. Geistreiche Spontanität gehörte schließlich zu den wichtigen Merkmalen eines Journalisten. Doch dass Michael bereits nach der kurzen Zeit seiner Anstellung in diesem Sender ihren Namen wusste, der Dieter bis heute völlig unbekannt war, trug nicht gerade zu seiner Entspannung bei. Michael riss ihn aus seinen Gedanken.

„Ich schlage vor, dass wir auf West-Berliner Seite ein Kamerateam mit langen Teleobjektiven positionieren, um Gorbatschow von dort aufnehmen zu können. Gorbatschow schaut über die Mauer von Ost nach West. Die Bilder werden Wellen schlagen."

Dieter drückte den Fahrstuhlknopf.

„Du sagst dies, als stünde bereits fest, dass er dort sein würde. Ich erinnere dich daran, dass das nur eine Mutmaßung von dir ist. Ich lege doch kein komplettes Kamerateam für mehrere Tage aufgrund einer Vermutung auf die Lauer."

Michael schwieg. Die Fahrstuhltür öffnete sich. Michael und Dieter traten zur Seite, um die aussteigenden Fahrgäste durchzulassen.

„Bring mir konkrete Hinweise, dann können wir darüber reden."

Dieter betrat als erster den Fahrstuhl.

„Bis dahin gehen wir den üblichen Weg der Berichterstattung. Presseakkreditierung beim SED-Politbüro und so weiter."

Michael verdrehte die Augen. Der Fahrstuhl setzte sich in Bewegung.

„Was ist Michael? Meinst du, du kannst hier von Null auf Hundert die kompletten Vorgänge umdrehen? Wir haben einen öffentlich-rechtlichen Auftrag!"

Michael blieb weiterhin stumm und starrte auf die aufsteigende Anzeige der Stockwerke. Als sich die Fahrstuhltür mit dem hellen Glockenton öffnete, stand Dieters Sekretärin wie gewohnt mit einem Stapel Papieren wartend im Flur. Sie hielt die Mixtur aus Telexen und handschriftlichen Notizen vor ihre Brust und begrüßte mit einem gezwungenen Lächeln ihren Chef. Die darauffolgende Begrüßung von Michael fiel deutlich gelöster aus. In alltäglicher Routine beschleunigte Dieter seinen Gang, während die Sekretärin mit deutlich kleineren Schritten versuchte, neben ihm Schritt zu halten. Michael reihte sich hinter den beiden ein. Wie gewohnt, begann die Sekretärin bereits im Laufen Dieter Bericht zu erstatten.

„Also oben auf der Agenda steht der Besuch des sowjetischen Generalsekretärs Gorbatschow und sein Besuch der Berliner Mauer."

Dieter blieb abrupt stehen und schaute seine Sekretärin scharf an. Die Frau wurde aufgrund des strengen Blickes des Chefredakteurs noch nervöser, als sie bereits war.

„Wie kommen Sie darauf?"

Dieters scharfer Unterton verunsicherte seine Sekretärin zunehmend. Sie begann hastig in ihrem Stapel Papier zu wühlen und reichte ihrem Chef ein Telex.

„Das ist gerade `reingekommen."

Dieter riss ihr das Blatt aus der Hand und begann zu lesen. Nach wenigen Sekunden gab er es zurück und drehte sich kopfschüttelnd Michael zu.

„Schau mich nicht so grinsend an. Du kriegst ja das Kamerateam."

16. Ost-Berliner Wind

Der kalte Ost-Berliner Wind ließ Marlene und Karl ihre Kragen hochschlagen. Blauer Dunst aus den Auspuffen der Zweitaktmotoren durchzog die Straßenflucht der Leipziger Straße. Es war das leise Summen eines westdeutschen Autos, welches das alltägliche Geknatter auf der Straße durchbrach. Ein klares Statement von Souveränität und Überlegenheit. Es lenkte unwillkürlich Karls Aufmerksamkeit auf sich. Sein Blick in Richtung des West-Wagens glich nicht der wehmütigen Beobachtung eines Ostdeutschen nach etwas westlichen Luxus. Marlene erkannte auf Anhieb die Wehmut in seinen Augen. Ihrer Beobachtungsgabe blieb nichts verborgen. Darin waren sich Karl und Marlene ebenbürtig. Und Karl musste nicht ihren Blick sehen, um zu wissen, dass sie seine Gedanken durchschaute. Dem westdeutschen Fahrzeug hinterher schauend, kam er ihrer Frage zuvor.

„Ich weiß gar nicht, was ich mehr an der Bundesrepublik vermisse. Das Abbrechen all` der Brücken oder meinen 3er-BMW."

Marlene erkannte sofort Karls Versuch, mit dem Ende des Satzes seine Melancholie zu entkräften.

„Du bist und bleibst halt doch ein Westler."

„Wieso? Weil ich weiterhin BMWs gut finde?"

„Nein, weil du die BRD weiterhin Bundesrepublik nennst."

Marlene griff noch fester um Karls Arm und drückte sich zärtlich an seinen Oberkörper. Sie blieben an einem Fußgängerübergang stehen. Das Ampelmännchen leuchtete rot.

„Aber vielleicht kannst du ja bald in unserem Arbeiter- und Bauernstaat auch einen BMW kaufen. Ich könnte mir so ein BMW-Laden hier in der Hauptstadt der DDR gut vorstellen. Vielleicht in der Friedrichstraße?"

Die Ampel schaltete auf grün. Sein Blick fiel auf ein Propagandaplakat am Straßenrand. In roten Buchstaben prangte: „WIR ARBEITEN FÜR DIE ERFÜLLUNG UND ÜBERERFÜLLUNG DES FÜNFJAHRESPLANS". Noch auf das Plakat schauend fuhr Karl fort.

„Mit acht Jahren Lieferzeit?"

„Na ja. Geduld haben wir ja hier genug im Osten. Und unsere sowjetischen Freunde scheinen offensichtlich dem Wandel in Richtung Westen nicht abgeneigt zu sein. Vielleicht müssen wir nur ein wenig nachhelfen."

Karl blieb stehen. Seine gelöste Haltung verwandelte sich in einen besorgten Ausdruck. Er schaute Marlene ernst an. Marlene erkannte die Skepsis in seinen Augen und nahm den Gang wieder auf.

„Schau mich nicht so vorwurfsvoll an. Du trägst immer noch den romantisierenden Sozialismus der 60er Jahre in dir. Juri Gagarin kann nicht auf ewig unsere Motivation sein. Insbesondere, wenn die Sowjets selbst es nicht mehr so sehen. Weißt du was wir inzwischen machen, wenn Honecker eine Stadt in der DDR besucht?"

Karl schüttelte fragend den Kopf: „Nein?"

„Wir streichen notdürftig die Fassaden der Häuser, an denen seine Staatskolonne entlangfährt, während dahinter die Mauern einzustürzen drohen. Nur damit der Staatsratsvorsitzende milde gestimmt wird. Damit er sich ja nicht aufregt. Keiner traut sich noch, ihm die Wahrheit zu sagen."

Karl schaute Marlene lange an und begriff. Er begriff, dass Marlene mehr im Schilde führte, als er bislang verstand. Er begriff, dass sie ihn für die letzte Übermittlung instrumentalisiert hatte. Wie sonst konnte er sich erklären, dass sie darauf bestand, Michael Wiesner über Gorbatschows Wunsch die Mauer zu besuchen, zu informieren? Karl hatte das damals für einen geschickten Schachzug gehalten, Michael in seiner neuen Position prämieren zu können. Doch Marlenes Hintergrund war ein anderer. Sie wollte Honecker vor den westlichen Medien lächerlich machen. Karl blieb stehen.

„Deine Idee, Michael die Gorbatschow-Protokolle zu geben, hatte einen ganz anderen Hintergrund, als du vorgeben hast. Du willst Honecker schwächen."

Karls Sätze verwandelten sich zunehmend von einem fragenden Tonfall in einen feststellenden.

„Marlene, du spielst ein gefährliches Spiel."

Marlene wich Karls Blick aus und nahm ihren Schritt wieder auf.

„Weit weniger gefährlich, als das unseres Parteiapparates."

Dann redete sie sich zunehmend in Rage.

„Die alten SED-Herren waren es über die Jahrzehnte gewohnt, im Windschatten der Sowjets zu regieren. Keiner von ihnen hatte je die Eier, wirklich eigene Entscheidungen zu treffen. Und jetzt …"

„… und jetzt kommt ein Reformer aus Moskau zu Besuch, der ihre komplette Linientreue in Frage stellt."

„So ist es."

Marlene sah hilfesuchend in Karls Augen. Der Zweittaktgestank eines vorbeifahrenden Wartburgs stieg ihnen in die Nase. Die DDR hatte seit seiner Flucht in den Westen ihre Anziehungskraft auf ihn nie verloren. Und dann war Karl zurück in die DDR übergelaufen, um seinen Frieden zu finden. Frieden in einem System, dass ihn geprägt hatte und mit dem er seine ureigene Hassliebe verband. Und bei allen Widersprüchlichkeiten des politischen Systems stand es im Gegensatz zum Westen für eine beruhigende Stagnation. Erfüllte sein Bedürfnis nach Kontinuität. Dieses Bedürfnis wuchs derart stark in ihm, dass er sich gegen die Freiheit entschied, gegen die Menschen, die er zurückließ. In der Hoffnung in der Beständigkeit des DDR-Systems jene Ruhe zu genießen, die er nie erfahren durfte. Schlagartig wurde ihm klar, dass dies die größte Fehlentscheidung seines Lebens war. Der komplette Ostblock schien ins Wanken geraten zu sein. Der Halt, den er sich durch das System versprochen hatte, war nichts weiter als ein dummer egozentrischer Irrtum. Und dafür hatte er im Westen das Wertvollste zurückgelassen, das ihm je in seinem Leben widerfuhr. Er bereute jede nicht statt gefundene Umarmung. Wie gerne würde er ihn jetzt in die Arme schließen. Er würde ihn fest drücken. Karl vermisste diesen vorwurfsvollen und zugleich sehnsüchtigen Blick. Wenn er sich in diesem Gesicht wie in einem verjüngten Spiegelbild selbst wiederfand und es kaum ertrug, wie ähnlich er ihm war. Der Schmerz über die Trennung trieb ihm die Tränen in die Augen.

Marlenes fragender Blick verwandelte sich in einen fürsorglichen Ausdruck. „Karl!"

Karl senkte den Kopf. „Das ist nicht mein Name."

„Ich weiß."

17. Und wieder Alfred

Nach einer letzten kurzen Umdrehung leuchtete die Glühbirne auf. Sie warf ihr warmes zurückhaltendes Licht auf das karge Mahl auf dem Küchentisch. Ein inzwischen einige Tage altes Graubrot neben einer fast leeren Butterdose. Eine Ecke der Plastikdose war bereits abgebrochen. Nur die beiden Tassen mit dampfenden Kamillentee versprühten einen Hauch von Appetitlichkeit.

Anna zog rasch ihre Hand von der schnell sich erwärmenden Glühbirne zurück. Die alten Fußbodendielen knarzten unter ihren Schritten in Richtung des Küchenherds. Alfred blickte mit weit aufgerissenen Augen ohne zu Blinzeln in den hell leuchtenden Glühdraht. Der Geruch des türkischen Dönerladens an der Ecke zog durch das gekippte Fenster in die armselige Wohnung. Undenkbar sich von dort mit Essen zu versorgen, rührte Anna in einem Blechtopf Haferschleim. Sie füllte den grau-weißen Brei in einen Suppenteller und trug in vorsichtig balancierend an den Tisch. Mit einer ausweichenden Bewegung gab Alfred den Platz auf der Tischplatte frei.

„Danke."

„Das wird dir guttun."

Behutsam löffelnd, schlürfte er den Schleim in sich hinein. Nach zwei Löffeln legte Alfred das Besteck beiseite. Anna schaute ihn besorgt an.

„Iss weiter. Du brauchst das."

„Ja, ja. Es ist einfach zu heiß."

„Du solltest ins Krankenhaus."

„Dann wäre hier alles vorbei. Meine Position, mein Auftrag, einfach alles."

Anna wusste, wann es keinen Sinn machte, ihrem Führungsoffizier zu widersprechen. Sie legte fürsorglich ihre Hand auf seine. Alfred ließ sie gewähren, ohne eine Reaktion zu zeigen.

„Bald müssen wir sowieso alle ins Exil."

Sein Blick fiel vor ihn auf das vertrocknete Brot.

„Ich habe seit Wochen keine Order mehr von meinen sowjetischen Kollegen erhalten."

Anna schaute ungläubig. Alfred fuhr fort.

„Die scheinen derart mit den Umwälzungen zu tun zu haben, dass sie alles andere im Sinn haben, als sich um ihr Lieblingsbaby zu kümmern. Noch nicht einmal zu Gorbatschows kommenden Besuch in Ost-Berlin haben sie mich kontaktiert. Zu Zeiten Breschnews wäre das völlig undenkbar gewesen."

Anna traute sich nicht, den Monolog zu unterbrechen.

Immer noch vor sich hinstarrend, fuhr er fort.

„Doch vielleicht hat das alles auch sein Gutes. Gorbatschow ist Leninist. Und er ist der erste, der mit den Amis wirklich auf Augenhöhe reden kann."

Anna kam das letzte Paket Papiere in den Sinn, die sie Michael zugespielt hatte. Es war ihr nicht ausdrücklich verboten, deren Inhalte zu lesen. Aber ob sie es wirklich durfte? Seit Alfred die Zustellung nicht mehr selbst übernahm, hatte sie heimlich jedes der Dokumente bis ins Kleinste seziert. In sich aufgesogen. Und es hatte sie verwirrt. Es widersprach in so vielen Dingen der DDR-Doktrin. Warum wurden ausgerechnet derartige Informationen dem Westen zugänglich gemacht? Und insbesondere die letzten Sendungen, hatten so gar nichts mit ihrem ursprünglichen Auftrag die DDR gegen die BRD zu schützen, zu tun. Zu viele unbeantwortete Fragen kreisten durch ihren Kopf. Anna fasste sich ein Herz.

„Ich habe die Unterlagen über das Genfer Spitzentreffen gelesen."

Anna erwartete, dass ihre Äußerung eine fragende Stille produzieren würde. Doch Alfreds Reaktion kam prompt.

„Kluges Mädchen!"

Anna erkannte ein listiges Blitzen in seinen Augen. Hinter Alfreds vordergründigem Chauvinismus verbarg sich in derartigen Äußerungen ein tiefer Respekt vor seiner Schülerin. Es machte den Eindruck, als hätte Annas Bekenntnis mehr zu Alfreds Gesundheit beigetragen, als der Haferschleim. Seine Stimme gewann zunehmend an Stärke.

„Und wie fandest du den Absatz über das Vier-Augen-Gespräch im Park zwischen Gorbatschow und Reagan?"

„Ehrlich gesagt, hat mich Reagans Verhandlungsgeschick überrascht."

„Nicht Gorbatschows?"

„Von ihm habe ich nichts anderes erwartet. Wer sich in Moskau durch den ganzen Apparatschik in diese Position hocharbeitet, muss ein kluger Stratege sein. Aber wie Reagan …"

„Reagan ist nur ein abgehalfterter Cowboy."

„Dachte ich zunächst auch. Aber zuerst schafft sich Reagan beim Empfang einen klaren PR-Vorteil, indem er kurz vor Gorbatschows Ankunft den Mantel auszieht. So wirkte er auf den Pressefotos weitaus eleganter und überlegener. Während Gorbatschow neben ihm wie ein Bittsteller aussieht. Dann unterbricht er geschickt die Verhandlungen mit einem Spaziergang, als sich die beiden Seiten festgefahren hatten."

„Du redest schon wie ein westlicher Kapitalist."

„So etwas spielt aber in der Öffentlichkeit eine wichtige Rolle."

„Hast du das von Wiesner gelernt?"

Es entstand eine kurze Stille, bevor Anna antwortete. Ihre Stimme klang plötzlich leise und verletzlich.

„Ja."

Alfred spürte, dass er einen wunden Punkt angesprochen hatte. Er griff nach der dampfenden Tasse Tee, bevor er weitersprach.

„Kommst du mit der Beziehung klar?"

„Natürlich. Klar komme ich damit klar."

„Anna ich meine das ernst. Die eigenen Gefühle bei einer solchen Operation unter Kontrolle zu halten, ist nicht einfach."

„Mach dir keine Gedanken."

„Und ob ich mir Gedanken mache! Das ist dein erster Auftrag, den du komplett alleine ausführen musst. Unser System steckt in einem Umbruch. Und …"

Alfred machte eine Pause.

„… und du bist eine junge Frau."

„Alfred. Ich habe von dir über die vielen Jahre gelernt, mich professionell zu distanzieren."

Alfred schaute aus dem Fenster. Das kurze Aufflammen seiner Energie, schien wieder in sich zusammenzufallen.

„Das kann man nicht lernen."

18. Beim Friseur

„Noch nicht einmal vor einem Jahr trafen sich die wichtigsten Männer der beiden Blöcke zu einem ersten Spitzengespräch in Genf. Und just heute trat Michail Gorbatschow mit seiner Frau Raissa von Ost-Berliner Seite an das Brandenburger Tor. Sein Blick schien, als wolle er von dort aus am liebsten einen Spaziergang direkt zum Kurfürstendamm machen. Seine Frau wäre einem kleinen Shopping-Bummel sicher nicht abgeneigt gewesen. Wann wird der amerikanische Präsident auf West-Berliner Seite sein Statement gen Osten richten? Und … wie ist es zu erklären, dass sein eigentlicher Gastgeber Erich Honecker an diesem Ausflug zur Berliner Mauer nicht teilnahm? Die Stimmung zwischen der DDR und dem großen sowjetischen Bruder scheint angespannt. Auch wenn Gorbatschow mit den gewohnten netten Worten vor dem SED-Parteitag sprach. Die Differenzen sind deutlich spürbar. Doch wie geht die ostdeutsche Staatsführung mit Perestroika und Glasnost um?"

Das Videobild stoppte. Die Abbildung von Michael auf der Straße des 17. Juni fror ein und ließ ihn flackernd mit dem Mikrophon in der Hand verharren. Michael starrte auf sein eigenes Konterfei im Monitor.

„Cut. Hier kommt der Einspieler von Gorbatschows Rede vor der SED-Riege."

Der Video-Cutter griff nach dem MAZ-Band und legte es in den Zuspieler. Mit einem mechanischen Geräusch sog der Videorecorder die Kassette in sich ein. Ein Druck auf die grün beleuchtete Play-Taste setzte das Band in Bewegung. Auf dem Bildschirm war die Totale des SED-Parteitags zu sehen.

„Im Hintergrund muss leise „Die Internationale" zu hören sein."

Der Cutter schaute Michael ungläubig an.

„So etwas haben wir nicht im Archiv der Nachrichtenredaktion. Das liegt in der Abteilung Unterhaltung."

Michaels Bewegung deutete bereits sein Aufstehen von dem Videoschnittplatz an.

„Na — dann gehst du eben zu den Kollegen runter, die unser Publikum unterhalten und fragst freundlich nach, ob sie dir „Die Internationale" ausleihen."

Im Blick des Cutters nahm der Ausdruck von Ungläubigkeit zu.

„Aber dafür muss ich einen Antrag an die…"

Doch der Einwand erreichte Michael nicht mehr. Er hatte bereits das Studio verlassen und die Tür hinter sich geschlossen.

„Rasieren Sie den Nacken aus. Vorne bleibt es lang. Der Scheitel kommt auf die andere Seite."

Der bestätigende Blick des Friseurs traf Michael im Spiegelbild. Dieter saß vor ihnen auf dem Frisierstuhl.

„Hab` ich hier vielleicht auch noch etwas zu melden?"

„Nein. Du hast deine Chance schon vor zwei Monaten verwirkt. Jetzt müssen wir dich erst einmal wieder einigermaßen ansehnlich machen."

Dieter grinste. Gleichzeitig nahm Michael im Stuhl neben ihm Platz. Ein weiterer Friseur trat herbei und legte Michael den weißen Kittel um.

„Einmal Nassrasur?"

„Ja, Jakob. So wie immer."

Dieter schaute über das Spiegelbild auf den Mann, der gerade dabei war, den Rasierschaum in einer Schale zu schlagen. Abermals punktete Michael mit seinem guten Namensgedächtnis. Dieter entging nicht das entstandene Lächeln auf dem Gesicht des Friseurs. Ihm wurde klar, dass ihm seine innere intellektuelle Überheblichkeit über die Jahre derartig kleine Aufmerksamkeiten verbot. Dieter verachtete jede Art von Volkstümlichkeit. Ob in Form von Bräuchen, banaler eingängiger Musik oder sinnfreier alltäglicher Kommunikation. Er begriff sich voll und ganz als ein Botschafter des öffentlich-rechtlichen Auftrages. Dieter verlachte die aufkeimenden Privatsender mit ihren auf Unterhaltsamkeit getrimmten Nachrichtensendungen. Und doch wusste er um die Ernsthaftigkeit der Gefahr, die von den Privaten drohte. Es war nur noch eine Frage der Zeit, wann die Funktion der ersten beiden Programme in Frage gestellt werden würde. Der Bundesrechnungshof saß ihnen schon seit einigen Jahren im Nacken.

Immer wieder wiederholte er den Namen des Friseurs in seinem Kopf. Jakob, Jakob, Jakob, … als würde bereits der Versuch sich diesen Namen zu merken, ihn von seiner anhaltenden Arroganz heilen.

„Könnten Sie den Scheitel bitte auf der rechten Seite belassen?" Dieter war über seinen zurückhaltenden Tonfall selbst überrascht. Dann fügte er noch ein angehängtes „Jakob" hinzu. Sein Friseur schaute fragend auf.

„Jakob ist mein Kollege am Stuhl nebenan. Der rasiert gerade ihren Bekannten. Ich heiße Abdelmalek."

„Wie?"

„Ab-del-ma-lek. Das ist ein arabischer Name. Es bedeutet Diener des Königs."

„Also, „Diener des Königs" kann ich mir besser merken."

„Ja, mein König." Das Gesicht des Friseurs fror ein und verlor offensichtlich seine professionelle Freundlichkeit. Dieter blieb die Reaktion nicht verborgen. Schnell versuchte er entgegenzusteuern.

„So habe ich das nicht gemeint."

Michael intervenierte.

„Abdelmalek, sei nicht so streng mit meinem Chef. Er ist einfach viel zu selten beim Friseur."

Michael lag bereits mit geschlossenen Augen eingeschäumt in Liegeposition.

Abdelmalek machte sich routiniert mit seinem Rasierer am Nacken von Dieter zu schaffen:

„Offensichtlich."

Dieter betrachtete die ungewöhnliche Position von Michael im Spiegel. Das Kratzen des Rasiermessers auf seinem Hals mischte sich mit dem Klang des elektrischen Rasierers an seinem Ohr. Dieter wandte sich an Michael.

„Woher kommt eigentlich dein Fokus auf die innerdeutschen Beziehungen? Das passt irgendwie gar nicht zu deiner Generation."

„Ich war so etwas wie ein Westler im Osten. Die Widersprüche, die Absurditäten und trotzdem das hehre Ziel."

„Du meinst den Sozialismus?"

„Ja, im Prinzip ja keine schlechte Idee. Nur so stümperhaft umgesetzt. Ganz zu schweigen von der üblen Reklame."

Dieter versuchte Michael zu verbessern.

„Propaganda."

„Nein, Reklame. Dieses billige Werben für den vermeintlichen Arbeiter- und Bauernstaat. Und dann auch noch dieses aufgesetzte autoritäre Verhalten gegenüber uns West-

Deutschen. Als sollten wir uns in der DDR besonders mies fühlen. Und trotzdem habe ich es geliebt."
„Das musst Du mir erklären."
Und das machte Michael auch.

Schon als Kind war ich das Warten gewohnt. Überhaupt gehörte die Langeweile zu meinen Weggefährten. Dass dieses unter anderem an meinem Schicksal eines Einzelkindes mit einem alleinerziehenden Vater lag, war mir in diesem Moment noch wenig klar. Ich kannte es nicht anders. Die Wochenenden wurden nie nach meinen Bedürfnissen geplant. Von wenigen Ausnahmen abgesehen. Dieses Mal zum Beispiel. Jetzt ging es zu der Verwandtschaft in die DDR. Ich freute mich bereits auf die Zeit mit meinem Cousin und meinen Cousinen. Ich saß auf der Rückbank des 3er BMWs und studierte die Zyklen der Grenzabfertigung. Erst stand man stundenlang im Stau auf westlicher Seite der Landstraße zum Grenzübergang. Und dann spürte man selbst im Schritttempo mit geschlossenen Augen, dass man von einem auf den anderen Moment den Boden der DDR befuhr.
    Aber erst musste man sich durch das immer gleiche Prozedere der Grenzkontrolle navigieren. Der erste Grenzkontrolleur fragte nach den Papieren. Ausweise, Visa, Zollerklärung. Dann nahm er sie in die Hand, kontrollierte die Gesichter, sortierte die Papiere auf immer die gleiche Art und Weise und gab sie einem Kollegen durch eine Luke in einem lächerlich kleinen Häuschen. Überhaupt schien hier alles irgendwie wie selbstgebaut. Die Papiere wurden tatsächlich über eine kleine Seilbahn mit handgesägten Holzgondeln transportiert. Jede Gondel sah anders aus. Wie ein kleines unikates Kunstwerk aus Kinderhand. Als wäre eine Schulklasse im Werkunterricht

zwangsverpflichtet worden, für die Grenzkontrollstelle diese kleinen Holzkästchen zu basteln. Ob die Schüler sich bewusst waren, wofür diese eigenartige Konstruktion gedacht war? Ich hatte genügend Zeit mir derartige Geschichten auszuspinnen. Die Zeit verlief hier soviel langsamer als zu Hause im Westen. Und erstaunlicherweise machte mir das gar nichts aus. Jedes Mal betrachtete ich die Neonbeleuchtung von neuem, die unter der Überdachung angebracht, so extrem überdimensioniert erschien. Doch so sehr sich dieser Staat die Mühe gab, die Reisenden mit seiner monströsen Erscheinung dieser Grenzübergänge zu beeindrucken, umso mehr scheiterte der martialische Auftritt bei genauerem Hinsehen. Jede Neonröhre hatte einen anderen Farbton. Und das war nur eins der vielen Details, die meinen geschärften Westler-Augen auffielen. Das alles machte diese Inszenierung zu einer Farce.

Mit der Aufforderung sich in eine bestimmte Fahrbahn einzuordnen, ging es dann zur Wagenkontrolle. Den Rücksitz hatten wir bereits vor unserer Abfahrt in Frankfurt losgeschraubt, um die Unterseite den Grenzbeamten zugänglich zu machen. Dann folgte der obligatorische Blick in den Motor- und Kofferraum. Die Frage nach westlichen Druckerzeugnissen, Schusswaffen und so weiter. Und endlich wurde man weiter gewunken. Die anschließende Fahrt über die Straße des grenznahen Bereichs in wenigen Minuten in das verträumte Eisenach. Nur heute nicht. Heute wurden wir angewiesen aus der Autoschlange herauszufahren. Auf jenen separaten Parkplatz, den wir schon so häufig auf unseren Einreisen beobachtet hatten. Dort wo Reisende ihren kompletten Wagen auspacken mussten. Wo in jede Ritze des Autos geschaut wurde. Wo vor aller Augen das schikanöse Sezieren aller privaten Details stattfand. Auf diesem extra Platz wollten wir auf keinen Fall stehen und jetzt waren wir doch hier gelandet. Mein Vater war inzwischen schon eine halbe Stunde mit einer Kiste voll mit Bananen und Kaffee in diesem lächerlichen Häuschen verschwunden. Ich fragte mich, ob sich die Grenzbeamten inzwischen über die begehrten Südfrüchte hergemacht hatten? Unser Gepäck hatte ich inzwischen wieder in unserem Auto verstaut, nachdem es zuvor noch auf den bereit stehenden Ablagen um den Stellplatz überall verteilt war. Dann hieß es warten. Ich konnte in die wenigen Fenster der dünnwandigen Grenzgebäude nicht hineinschauen. Mir blieb in meiner Langeweile kaum etwas anderes übrig, als irgendeine Lücke im System zu suchen. Doch als hätte bereits vor mir ein Grenzbeamter hier gesessen und genauso lange und aufmerksam auf die Szenerie gestarrt, so war kein sicherheitstechnischer Mangel erkennbar. Dieser Beamte musste bereits alle Lücken des Systems erkannt und beseitigt haben. Nur die kleinen ästhetischen Peinlichkeiten, die nur mein Westauge erkennen konnte, hatten sie nicht korrigiert. Wie sollten sie auch? Dafür schienen ihnen die Mittel und der ästhetische Blick zu fehlen. Ich kam mir dabei hochmütig vor. Es war ein Gefühl, bei dem ich mich häufiger in der DDR ertappte.

Als ich einmal mit meinem Cousin als 15-jähriger durch die Straßen von Eisenach schlenderte, machte er mir klar, dass jeder hier sofort bemerken würde, dass ich aus dem Westen war. Und dann erst schaute ich auf meine Schuhe, meine Jeans und was sonst noch zu meinem Outfit gehörte. Logisch. Selbst in den aufkeimenden Intershops, waren diese Klamotten gegen Westwährung in der DDR kaum zu haben. Und schlagartig wurde mir klar, warum meine Tante mir damals die Jacke meines Cousins anzog. Damals, als ich mit nur fünf Jahren alleine in die DDR reiste. Als ich meine Großmutter in dem kleinen

Ort direkt an der Zonengrenze besuchen sollte. Direkt in der 5-km-Sperrzone, in die selbst DDR-Bürger nur mit Sondergenehmigung einreisen durften. Geschweige denn westdeutsche Staatsbürger. Meine Tante tauschte die Pässe zwischen mir und meinem Cousin. Und schon saß ich neben meiner Oma im Bus auf den Weg nach Vacha. Diesem kleinen Dorf, das mir mein Vater so häufig von der Westseite gezeigt hatte. Das direkt an der Grenze lag, umgeben von Sicherheitsanlagen, Wachtürmen und Stacheldraht. Wo selbst ein Haus direkt von der Grenze zerschnitten wurde, da es anscheinend direkt auf der Zonengrenze stand. Selbst den kleinen Fluss des Dorfes durchschnitten dicke Metallstäbe, die bis auf den Grund der Werra eingelassen waren. Und jetzt sollte ich als einziger Bundesbürger diese verbotene Zone zu sehen bekommen.

Es war einer jener Lieblingsbusse von mir, mit dem wir auf den kleinen dubiosen Ort zufuhren. Der Motor war im Heck des Busses untergebracht. Als hätten die Designer dieses Modells vergessen, ausreichend Platz für das Antriebsaggregat zu lassen, schmückte eine deutliche Wölbung das Hinterteil des Gefährts. Ich nannte sie deshalb die Popo-Busse. Die Sitze über den Rädern waren erhöht und schufen eine tolle Aussicht für mich als kleinen Jungen. Nur kurz vor der Kontrollstelle gebot mir meine Großmutter im Bus, den Mund zu halten. Zu groß schien ihr die Gefahr mein Plappermaul könne sie entlarven. Könnte eine zu große Aufmerksamkeit auf uns ziehen. Das Bild in dem Pass meines Cousins war schon auffällig genug. Tief braune Augen und schwarzes Haar gegen meinen blonden Schopf und hellblauen Blick. Und ausgerechnet als der Grenzposten den Bus betrat, um die Papiere zu kontrollieren, plapperte ich lauthals drauflos: „Aber in unserem Deutschland …" Der Grenzer schien jedoch in seiner Routine mit dem entlarvenden Satz glücklicherweise wenig anfangen zu können. Diese Geschichte war immer wieder eine willkommene Anekdote bei den vielen Besuchen der Familie in Eisenach. Und selbst mein Cousin und ich mussten bei unserem Gang durch Eisenach darüber schmunzeln.

Irgendwann öffnete sich endlich die Tür des Gebäudes, in das mein Vater so lange verschwunden war. Er schritt mit unbewegter Miene hinaus. Mit beiden Armen trug er die Bananenkiste genauso wie er durch diese Tür verschwunden war. Nur sein Gesichtsausdruck war verändert. Auf dem souveränen Blick meines Vaters schien sich etwas Merkwürdiges abzuzeichnen. Ich spürte, dass es diesmal keine normale Kontrolle gewesen sein konnte. Ganz gegen seine Art warf er die Bananenkiste auf den freien Platz der Rückbank, setzte sich auf den Fahrersitz und knallte die Autotür viel zu fest zu. Ich brannte nach Neuigkeiten:

„Papa! Und, was war?"

Ohne den Blick auf mich zu richten, ließ mein Vater den Motor an und fuhr rückwärts von dem Stellplatz:

„Sie haben die Bananen geröntgt."

Im Friseursalon entstand ein Moment kurzer Stille. Michael hatte den letzten Satz pointiert als Ende seiner kurzen Geschichte formuliert.

„Die Grenzer haben die Bananen geröntgt?"

Dieter schüttelte ungläubig den Kopf. Michaels Barbier wischte die letzten Reste Rasierschaum von dessen Ohren.

„So wahr ich mir hier den Bart rasieren lasse."

„Langsam kann ich dein übersteigertes Interesse an den innerdeutschen Beziehungen nachvollziehen."

Michaels Stuhllehne wurde von seinem Friseur aufgerichtet.

„Danke Jakob. Und wie hat dir meine kleine Geschichte gefallen?"

„Wie immer unterhaltsam, Herr Wiesner."

Dieter schaute ungläubig auf.

„Unterhaltsam?"

Für den Nachrichtenchef erschien diese Reaktion viel zu profan. Zugleich erkannte er den methodischen Vorteil von Michaels Erzählstil, der sich der Doppeldeutigkeit bediente und damit zwei Aspekte des Berichtens verband: Unterhaltung und Information. Der Friseur schien von Dieters Ungläubigkeit unbeeindruckt.

„Ja, wie so`n Krimi. Aber warum hat man sie mit fünf Jahren alleine in die DDR gelassen?"

Michael fuhr mit seiner Hand über sein frisch rasiertes Kinn bevor er in den Spiegel antwortete.

„Tja, so war halt mein Vater."

19. Geröntgte Bananen

Der silbrig-blaue Lack begann bereits von dem Metall abzuplatzen. Die Verschraubungen hatten erste Roststellen und die Klappe vor der quadratischen Öffnung war nur lose mit einem wackeligen Riegel verschlossen. Ein gelber Aufkleber mit dem Symbol für Radioaktivität klebte auf dem selbstgebaut anmutenden Metallkasten. Das Summen, das aus seinem Inneren kroch, mischte sich zeitweise mit einem durchdringenden Klickgeräusch.

Michaels Vater hatte instinktiv das Bedürfnis, einige Schritte von diesem Apparat zurückzutreten. Ludwig Wiesner traute einfach nicht den technischen Sicherheitsvorschriften der „Ostzone". Dabei wählte er diese Bezeichnung der DDR eigentlich selbst nie. Seine Kollegen in seiner Redaktion hingegen schon. Obwohl sie allesamt aufgeklärte und gebildete Journalisten waren, benutzten sie immer noch diese für ihn inzwischen antiquierte Bezeichnung. Ludwig wusste nicht, ob es aus deren konservativen Geist oder bloßer Ignoranz entsprang. Viele Westler glaubten, allein über ihre Wortwahl die deutsche Teilung weg reden zu können. Zumindest machte ihr Sprachgebrauch diesen Eindruck. Nach dem Motto, die „Zone" sei lediglich eine temporäre Erscheinung, die irgendwann schon von alleine aufhören würde zu existieren. Die Konsequenz: Die Länderbezeichnung der DDR erst gar nicht in den Mund zu nehmen. Zudem machten es „die im Osten" ja auch nicht anders. Dort fing man umgekehrt an, die Bundesrepublik Deutschland sprachlich auf die „BRD" zu reduzieren.

Mit dem Ziel, den Begriff Deutschland systematisch aus dem Sprachgebrauch zu drängen. So dass sich bereits über die Anzahl der Buchstaben der Staatsbezeichnungen, die beiden Länder auf Augenhöhe begegneten.

Ludwig Wiesner schüttelte innerlich den Kopf. Ihm war jedoch auch klar, dass es der völlig falsche Moment war, sich diesen Gedanken hinzugeben. Geschweige denn, westliche Überheblichkeit an den Tag zu legen.

Den Blickkontakt mit Ludwig vermeidend, starrte der Grenzbeamte unbewegt auf den metallenen Apparat. Als könne er bereits aufgrund des angebrachten Röntgenzeichens auf dem abgeplatzten Lack in das Innere der Maschine blicken. Seine graue Uniform schlug merkwürdige Falten. Überhaupt war der Stoff seines Anzuges von eigenartiger Natur. Die ästhetische Unbeholfenheit des Ostblocks spiegelte sich selbst in der militärischen Präsenz wider. Als hätten sich die linientreuen Geister kollektiv dem schlechten Geschmack verschrieben.

Durch ein kleines Fenster konnte man im Nachbarraum einen weiteren Uniformierten sehen. Dieser schien damit beauftragt, dass was in diesem Röntgenapparat lag, zu durchleuchten. Der „Durchleuchter" klopfte gegen die Scheibe und signalisierte seinem Kollegen etwas, was Michaels Vater zunächst nicht verstand.

„Das nächste Paket!"

Der forsche Tonfall mit dem penetranten, sächsischen Akzent hallte zwischen den Wänden dieses Raumes. Bei jedem Schritt auf dem plastikartigen Boden der Baracke spürte man die Vibrationen über die Wände bis in das karge Mobiliar. Ludwig Wiesner reichte mit möglichst kooperativem Gesichtsausdruck das nächste Paket Kaffeebohnen. Sie waren nur ein

Teil der vielen Mitbringsel für die Ost-Verwandtschaft, die in dem Bananenkarton lagen.

„Nein, die Bananen!"

Ludwig schaute ungläubig in die Augen des Beamten.

„Die Bananen?"

Der Uniformierte nickte.

„Aber die können Sie doch von außen begutachten?"

Die Antwort kam prompt und wiederum auf Sächsisch:

„Überlassen Sie das mal uns."

Ludwig tat wie ihm befohlen und die Bananen verschwanden ebenfalls in dem altersschwachen Durchleuchtungsapparat. Das konnte nur Teil der sorgfältig initiierten Schikane gegenüber einem Westbürger sein. Anders war die absurde Aufforderung des Kontrolleurs für Ludwig nicht einzuordnen.

Es schien, als hätten seine renitenten Gedanken, den nächsten Uniformierten auf den Plan gerufen. Die Tür fiel mit hohlem Klang hinter ihm in das Schloss. Der Mann blieb für einen kurzen Moment in dem Türrahmen stehen, bevor er sich auf Ludwig zubewegte. In seinen Händen hielt er einen Din-A 4 großen Papierordner, auf dem von außen nur ein kryptischer Zahlencode zu erkennen war. Seine sich auf Ludwig zubewegenden Schritte erzeugten jenen plastikhaften Klang in dem kleinen Raum. Die Erschütterungen des Bodens konnte Ludwig bis in seine Beine spüren. Mit einer unwirschen Handbewegung zog er sich den einzigen Stuhl in diesem kleinen Raum hinter den leeren Tisch, setzte sich und legte den Papierordner vor sich hin. Der Blick des Mannes blieb für einige Sekunden auf die Tischplatte gerichtet, als er bereits zu reden begann:

„Herr Wiesner, warum möchten Sie in die Deutsche Demokratische Republik einreisen?"

Ludwig war verwundert über die verwendete Nomenklatur der DDR. Warum machte sich der Beamte so viel Mühe mit dem Aussprechen dieser vielsilbigen Landesbezeichnung? Deutsche Demokratische Republik. Und warum stellte er ihm überhaupt diese Frage?

„Mein Sohn und ich besuchen unsere Verwandtschaft in Eisenach."

Der Beamte vermied immer noch den Blickkontakt mit Ludwig und starrte erneut auf den Papierordner vor sich:

„So so."

Wieder dominierte die Stille in der ungemütlichen Baracke. Lediglich das Summen des Röntgengerätes erfüllte die Luft. Eine Leuchtstoffröhre flackerte. Der Beamte im Nachbarraum deutete durch die Scheibe, dass er mit der Durchleuchtung der Bananen fertig sei. Sein Kollege holte das gelbe Bündel wortlos aus der Maschine und legte es zurück in den Pappkarton. Ludwigs Befrager blickte immer noch auf die Schreibtischplatte vor sich, als er zu seinem nächsten Satz ausholte:

„Herr Wiesner, Sie reisen ziemlich häufig in die Deutsche Demokratische Republik."

Ludwig war sich nicht klar, ob dieser letzte Satz als Aussage oder Frage zu verstehen war. Doch der schweigende Blick des Beamten in Ludwigs Gesicht ließ in ihm das Gefühl nach Rechtfertigung aufkeimen.

„Na ja, schließlich gehören wir zum grenznahen Verkehr und meine Schwester und Mutter …"

Weiter kam er nicht. Ludwigs Gegenüber unterbrach ihn streng. „Wir wissen, dass sie im grenznahen Bereich der Deutschen Demokratischen Republik wohnen. Wir wissen, dass Sie Verwandtschaft in unserem Staat haben. Wir wissen aber auch, dass Sie Journalist sind."

Den letzten Teil seiner Rede intonierte der Beamte mit ansteigender Lautstärke. Ludwig konnte so etwas wie eine Emotion in den Worten seines Befragers entdecken. Ihm war klar, dass seine Berufsbezeichnung ein wunder Punkt war. Westliche Journalisten hatten bei Reisen in die DDR einen besonderen Status. Wurden gesondert behandelt. In seinen Papieren hatte er deshalb absichtlich die Bezeichnung „Verlagsangestellter" angegeben. Die Befürchtung, dass seine journalistische Arbeit zur Ablehnung seines Visums führen würde, beschäftigte ihn bei jedem Grenzübergang von neuem.

Im Hintergrund summte immer noch der Röntgenapparat. Die Kontrolleure schienen mit ihrer Durchleuchtung fertig zu sein. Sie standen unbeweglich an ihren Positionen und folgten mit stoischer Geduld dem Verhör. Der Mann hinter dem Tisch setzte seine Rede fort. Als hätte er bemerkt, dass Ludwig für einen Augenblick entspannt hatte. Als wolle er Ludwig keinen Moment der Ablenkung gönnen.

„Herr Wiesner, genau genommen sind Sie Republikflüchtling."

„Wie bitte?"

Ludwigs Verwunderung war gespielt. Er fühlte sich ertappt. Und irgendwie hatte er geahnt, dass er eines Tages damit konfrontiert werden würde. Der Beamte schlug mit bedächtiger Bewegung den vor ihm liegenden Papierordner auf. Er blätterte durch die ersten Seiten, bis er die für ihn relevante Stelle gefunden hatte.

„Am 13. Juni 1957 sind sie legitimiert durch eine Personalbescheinigung des Ministeriums des Inneren der Deutschen Demokratischen Republik nach Frankfurt am Main gefahren und entgegen der ausgestellten Wirkungsdauer nicht in die

Deutsche Demokratische Republik zurückgekehrt. So etwas nennt man Republikflucht Herr Wiesner."

Ludwig spürte, dass sein Gegenüber den üblichen Tonfall der Grenzbeamten verlor. Dieser Mann war von einer anderen staatlichen Abteilung. Davon war Ludwig inzwischen überzeugt.

„Aber das ist fast 20 Jahre her."

Der Beamte blätterte weiter in der Akte. Auf der nächsten Seite erschien Ludwigs damaliger Personalausweis, den er seiner Zeit im Gegenzug zu der Personalbescheinigung als Ausreisedokument wie ein Pfand abgeben musste. Nur hatte er das Pfand seinerzeit gerne abgegeben. Er ging damals davon aus, dieses Dokument nie mehr zu sehen zu bekommen. Und jetzt lag es nach den vielen Jahren wieder vor ihm. Zeigte sein junges Gesicht in der linken oberen Ecke des vergilbten Papiers. Sogar Haare hatte er noch auf dem Foto. Er erinnerte sich noch an den Tag beim Fotografen. Seine Mutter hatte ihn und seine Schwester gemeinsam dort hingeschickt. Der Fotograf war ein ortsbekannter linientreuer SED-ler. Der einzige in dem kleinen Städtchen, der noch als Unternehmer einen eigenen Betrieb führen durfte. Warum wohl? Ludwig war zu derartigen Kompromissen nie bereit. Und das hatte er zu spüren bekommen. Als „weißer" Jahrgang kam er um den Militärdienst herum. Selbst der kompromisslose Militarismus des jungen Arbeiter- und Bauernstaates verschonte die Kinder des Krieges. Dennoch forderte der Staat für eine höhere Laufbahn seinen Tribut. Und genau das gab Ludwig ihnen nicht.

Der Uniformierte schaute Ludwig tief in die Augen: „Das ändert für uns gar nichts."

Die Antwort des Beamten klang außergewöhnlich entspannt. Jetzt wurde Ludwig klar, wann er diesen Tonfall schon einmal gehört hatte. Es war kurz nach seinem Abitur, als er auf die Hochschule in Karlshorst beordert wurde. Da saßen sie genauso hinter den Tischen und sprachen in dieser Mischung aus Strenge und Entspanntheit mit ihm. Sagten ihm, hier bestünde für ihn die einzige Möglichkeit zu studieren. Andernfalls könne er auf dem Bau weiterarbeiten. Dort seine Lehre abschließen. Sie machten keine Werbung für ihr Institut. Sie saßen einfach nur da und nahmen an, sie hätten allen Einfluss dieser Welt auf Ludwig. Sie waren von der Stasi. Die ganze Hochschule gehörte der Stasi. Und jetzt forderten sie von ihm unverblümt ihren Obolus.

Glücklicherweise hatte Ludwig bereits vor jenem Termin seine Personalbescheinigung für die Reise nach Frankfurt beantragt. Sie war das erste, dass er auf seiner Rückfahrt aus seiner Brieftasche hervorholte. Auf seiner Zugfahrt nach Hause hielt er sie lange in der Hand. Und dann war ihm klar, was er tun würde. Er fasste seinen Entschluss. Ludwig Wiesner floh in den Westen.

„Herr Wiesner — so etwas verjährt nicht."

Den letzten Satz unterstrich der Beamte mit einem strengen Blick. Ludwig Wiesner senkte seinen Kopf demütig nach unten. Seine Akte lag nur eine Armlänge von ihm entfernt. Zwischen den vielen Seiten, in denen sein vergangenes Leben so ausführlich dokumentiert schien, blitzte ein Papier heraus, das so gar nicht zu der Beschaffenheit der anderen Blätter passte. Die Oberfläche war glatter und weißer. Das Papierformat etwas größer als die anderen sorgfältig abgehefteten Dokumente, so dass dieses deutlich aus dem Stapel hervorschaute. Am unteren Rand blitzte das Marken-Symbol seines Arbeitgebers. Der asymmetrische Stern. Und wenn die abgebildeten

Fotos auf der Zeitungsseite auch nur wenige Millimeter herausschauten, so war Ludwig sofort klar, um welchen Artikel es sich hier handelte. Es war einer seiner Berichte über die Selbstschussanlagen im Todesstreifen der Grenzanlagen.

Mit einer energischen Bewegung schloss der Uniformierte den Aktenordner, stand auf und verließ ohne ein weiteres Wort den Raum. Die Wirkung seines Abgangs auf Ludwig war offensichtlich beabsichtigt. Ludwig fühlte sich wie damals. Es war diese Mischung aus Fluchtinstinkt und schlechtem Gewissen. Nur woher das schlechte Gewissen kam, konnte sich Ludwig nicht erklären. Es war jedoch ein Gefühl, das er seit seiner Flucht immer noch in sich spürte. Etwas was er einfach nicht abschütteln konnte. Nur wenn er auf Besuch in der DDR war, spürte er es nicht. Als wäre er zuhause.

Marlene legte ihren Arm um seine Schulter. Die eigene Konfrontation mit seiner Vergangenheit hatten die Falten auf Karls Stirn ein wenig tiefer werden lassen.

„Ich werde dich trotzdem weiterhin Karl nennen. Passt besser zu dir als Ludwig."

Marlene lächelte entschuldigend. Karl schaute weiterhin mit gesenktem Kopf.

„Schon klar."

„Langsam verstehe ich dich. Als ich das erste Mal von deiner Rekrutierung gehört hatte, war mein erster Gedanke, damit holen wir uns ein faules Ei ins Nest."

Karl musste grinsen.

„Irgendwie habt ihr das ja auch."

„Nur, dass *ich* dich zu dem faulen Ei gemacht habe."

Sie küsste ihn lange auf den Mund. Ihre Lippen öffneten sich. Karl gab der Aufforderung bereitwillig nach. Die

Passivität von Karl hielt Marlene nicht davon ab, ihre Reise fortzusetzen. Er gab sich der Dominanz hin. Genoss die Entschlossenheit und Fürsorglichkeit dieser starken Frau. Karl griff um ihren Körper. Spürte ihre Haut, ihre Wärme unter seinen beiden Handflächen. Revanchierte sich mit dem festen und weichen Streicheln auf dem dünnen Stoff ihres Kleides. Zugleich ließ Marlenes Mund nicht von seinem ab. Ihr linkes Bein legte sich über seinen Oberschenkel und verriet die Unausweichlichkeit ihres Verlangens.

Der Schaum lief aus den Sektkelche über die gläsernen Füße auf die Tischoberfläche. Karl schenkte aus der Flasche Krimskoye in die beiden Sektgläser nach. Es war das erste Mal, dass er seit langer Zeit wieder Alkohol trank. Und dabei fühlte er sich nicht einmal rückfällig. Karl schmeckte das Prickeln auf seiner Zunge und genoss die leichte Säure des Sekts. Er legte seinen Kopf auf Marlenes Brust, schloss die Augen und schlief ein.

20. Das Fernsehinterview

„Anna lass uns essen. Mach endlich den Fernseher aus!" Der Duft von frischer Lasagne breitete sich in der gesamten Wohnung aus. Anna fläzte sich auf dem Sofa und rief in Richtung Küche.

„Spinnst du? Es geht gerade los."

Mit einem breiten Grinsen betrat Michael das Wohnzimmer. In den Händen hielt er zwei dampfende Teller. Er stellte sie auf den Couchtisch und goss den Rotwein in die Gläser. Dann ließ er sich neben Anna auf die Couch fallen.

Michael prostete in Richtung des Bildschirms und tat vermeintlich überrascht.

„Den kenn` ich!"

„Ja, das ist der bestaussehendste Mann des Deutschen Fernsehens."

Michael drückte Anna einen Kuss auf die Wange. Der Eröffnungstrailer auf dem Fernseher zeigte Michael in schnellen Schnitten aus verschiedenen Blickwinkeln. In der Diskussion mit Politikern, auf der Straße, im Gespräch mit Passanten, einen Hund streichelnd, am Schreibtisch, als Wortführer in einem Meeting und abschließend in Zeitlupe auf die Kamera zulaufend. Dazu ertönte bildsynchron eine dynamische Musik, die mehr an den Start einer Unterhaltungsshow, als an ein politisches Magazin erinnerte.

„Die Musik haben wir extra komponieren lassen."

„Ja und den Hund hast du selbst aus dem Tierheim befreit. Ruhe jetzt!"

Anna beugte sich aufmerksam nach vorne. Michael konnte einfach nicht aufhören zu spaßen.

„Das Essen wird kalt."

Ohne eine Reaktion stocherte Anna mit der Gabel in die Lasagne und nahm einen kleinen Bissen.

„Und schmeckt es?"

Anna gab Michael einen liebevollen Klaps auf den Oberschenkel.

„Du bist jetzt ruhig!"

Im Fernsehen schritt Michael mit stahlblauen Maßanzug und offenen Hemd auf die Kamera zu und begrüßte die Zuschauer. Seine Haare waren elegant nach hinten gegelt. In der Unschärfe des Hintergrunds war eine Runde von sechs prominenten Personen aus der Politik zu erahnen. Sie saßen im Halbkreis auf drehbaren Ledersesseln nebeneinander. Während Michael noch sprach und seine Studiogäste vorstellte, ging er auf den mittleren leeren Sitz zu und setzte sich ebenfalls in die Runde. Sich in Richtung eines sowjetischen Diplomaten zuwendend, tauchten im Hintergrund Fotos des Generalsekretärs Michail Gorbatschow auf. Dazu erklang leise die chorale Variante der sowjetischen Nationalhymne. Anna konnte ihre Begeisterung an der modernen Fernsehinszenierung nicht unterdrücken.

„Wow!"

Michael freute sich sichtlich über Annas Reaktion und legte den Arm um ihre Schulter.

„Es hat uns ziemlich viel Überredungskunst gekostet, den Mann vor die Kamera zu holen."

Anna schwieg und versuchte über Michaels Prahlerei hinwegzusehen. Sie erinnerte sich an die Diskussionen, die sie mit ihrem Stasi-Führungsoffizier führte, um darauf einzuwirken, dass der russische Diplomat in Michaels Fernsehsendung auftrat. Ihr gingen die vielen Einwände durch den Kopf, die Alfred gegen den Auftritt hatte. Die Befürchtung, dass der Sowjet in dem politischen Kreis nicht gut wegkommen könne. Anna hatte sich um Kopf und Kragen geredet, um die Teilnahme dennoch durchzusetzen. Schließlich ging es darum, diesem Sendeformat zum Erfolg zu verhelfen. Und jetzt erntete Michael erneut die fremden Lorbeeren und sonnte sich in einem Erfolg, für den er eigentlich nicht verantwortlich war. Anna hatte keine Schwierigkeiten damit umzugehen, schließlich war es Teil ihres Auftrages. Doch seine Eitelkeit gehörte zu den wenigen Eigenschaften, die sie wirklich an ihm störte. Anna vermied seinen Blickkontakt und verfolgte weiter das Geschehen auf dem Bildschirm.

Im Fernsehen plauderte Michael mit dem russischen Politiker zunächst freundlich und entspannt, bis er ihn mit der Videoeinspielung von Gorbatschow an der Berliner Mauer konfrontierte. Warum Erich Honecker bei der Visite nicht zugegen gewesen war. Ob dies ein Zeichen von Spannung zwischen den beiden Bruderstaaten Sowjetunion und DDR sei. Der sowjetische Studiogast war auf diese Fragen offensichtlich nicht vorbereitet und bevor er sich richtig fangen konnte, wandte sich Michael an den westdeutschen Abrüstungsexperten, der schlagkräftig und wortgewandt die Antworten auf die Fragen übernahm. Dann folgte ein Videobeitrag des Gipfeltreffens von Ronald Reagans mit Gorbatschow in Genf. Die Sequenz zeigte die Begrüßung der Staatsoberhäupter der beiden Supermächte. Reagan schritt staatsmännisch im schwarzen Anzug auf den sowjetischen Generalsekretär zu, der noch im Mantel und lose umhängenden Schal neben dem Amerikaner wie ein kleiner Bittsteller wirkte.

Michael wandte sich nun an seinen amerikanischen Studiogast.

„Wer hat Ihrem Präsidenten diesen überragenden PR-Tipp gegeben, den sowjetischen Staatschef gleich bei Beginn des Gipfeltreffens so schlecht dastehen zu lassen?"

Der Amerikaner verneinte naturgemäß jede Absicht hinter dieser Szene, woraufhin Michael einen weiteren Videoeinspieler starten ließ, der den amerikanischen Präsidenten kurz vor dem Treffen durch die Scheiben im Inneren des Gebäudes zeigte. Reagan lief dabei mit Mantel und Schal innerhalb der Räume herum. Das tat er offensichtlich, um sich für den folgenden Fototermin in der Kälte vor der Villa warmzuhalten. Dann war deutlich erkennbar, wie er erst einige Sekunden vor Gorbatschows Ankunft den Mantel samt Schal ablegte und adrett staatsmännisch im Anzug durch die Eingangstür in die klirrende Kälte schritt, um Gorbatschow vor der Presse die Hand zu schütteln.

Der amerikanische Studiogast im Fernsehstudio war offensichtlich überführt und saß schweigend auf seinem Platz. Bevor die Stille zu lange anhielt, stand Michael auf, ging auf die Kamera zu und ergriff das Wort.

„Das Bild ging um die Welt. Auch wenn es nur ein kleines Detail des Beginns eines entscheidenden Friedensprozesses war, so lieferte dieser kleine mediale Kniff doch den ersten Punktsieg für den amerikanischen Präsidenten."

Das Telefon klingelte. Michael stand auf, nahm den Hörer an sein Ohr und zog das Kabel hinter sich her bis zur Couch.

„Hallo Dieter … klar schau ich mir die Sendung an … habt ihr schon die ersten Zuschauerquoten?"

Die entstehende Pause währte nun etwas länger. Auf Michaels Gesicht breitete sich ein zufriedenes Schmunzeln aus. Er schaute in Annas Richtung und streckte den Daumen nach oben.

„Steigend? … Was sagt der Intendant? … Okay … prima … ja mach` ich … ja, ich bin übermorgen in Hamburg … ich nehme die Abendmaschine … so machen wir's … alles klar … bis dann."

Anna schaute Michael erwartungsvoll an.

„Und?"

„Es übertrifft alle seine Erwartungen. Und … ihm fällt ein Stein vom Herzen."

21. Im Politbüro

„Das ist ja gründlich in die Hose gegangen."

Karl schwieg. Mit einem kraftvollen Schwung landetet ein Stapel westdeutscher Tageszeitungen vor ihm auf dem Schreibtisch. Auf den Titelbildern war jeweils dieselbe Großaufnahme von Michail Gorbatschow mit seiner Frau Raissa an der Berliner Mauer zu sehen. Mielke stützte sich mit beiden Händen auf der Tischplatte ab und beugte sich drohend in Karls Richtung.

„Sie können von Glück sagen, dass wir unseren Staatsratsvorsitzenden ausreichend ablenken konnten, das nicht im Fernsehen und den Zeitungen zu sehen. Was denken Sie sich dabei?"

Mielke begann hinter seinem Schreibtisch keuchend auf und ab zu laufen, während Karl stoisch auf das Frühstückstablett auf Mielkes Sitzplatz schaute. Von dem mit Butter bestrichenen Brot war nur ein Stück abgebissen. Daneben stand ein bereits geköpftes Ei. Das Arrangement mit dem orangefarbenen Plastikgeschirr löste einen Ekel in Karl aus.

Ihm war klar, dass es noch keinen Sinn machen würde zu antworten. Zunächst ließ er den obersten Chef der Stasi seinen Dampf ablassen.

„Habe ich Ihnen zu viele Kompetenzen eingeräumt? Haben sie ihren Auftrag aus dem Blick verloren? Ihr Ziel sollte eine positive Darstellung der DDR in den West-Medien sein. Meinetwegen ein Bruderkuss zwischen Honecker und Gorbatschow, Bilder vom Parteitag, … aber so etwas? Perestroika,

Glasnost und diesen Unsinn? Seit wann muss ein Generalsekretär den Imperialisten gefallen? Diese Politik bringt noch das ganze sozialistische Haus zum Einsturz. Außerdem demontiert das unseren Staatsratsvorsitzenden. So braucht Honecker für den geplanten Staatsbesuch erst gar nicht in Bonn anzuklopfen."

Noch im Stehen schlug Mielke mit der flachen Hand fest auf die Schreibtischoberfläche. Der Kaffee in der Tasse schlug Wellen. Das Ei hüpfte durch den Schlag leicht aus dem Plastikeierbecher und verharrte in Schieflage. Mielke blieb schwer atmend vor dem Fenster stehen und kreuzte seine Arme hinter dem Rücken. Karl nutzte die Sprechpause.

„Genosse Minister, wir haben ein Leck."

Mielke drehte sich schlagartig um und ging mit schleichendem Gang auf Karl zu.

„Wie bitte?"

„Die Informationen, die ich meinem Sohn zugespielt habe, waren bereits auf dem Weg in die BRD."

Mielke ließ sich verdutzt auf seinen Schreibtischsessel fallen.

„Durch wen?"

„Das weiß ich nicht. Unsere Agentin hat uns es gerade noch rechtzeitig übermittelt. Also mussten wir handeln."

„Und das sagen Sie mir jetzt!"

„Genosse Minister, es ging um schnelle Schadensbegrenzung. So konnten wir wenigstens noch die Nachrichten in unserem Sinne steuern."

„Wer?"

„Ich weiß es nicht. Das liegt außerhalb meines Korridors."

„Ihres Korridors?"

„Meines Zugriffbereichs, meiner Kompetenzen, wie auch immer Sie es bezeichnen möchten."

Mielkes Atem beruhigte sich langsam. Er schüttelte den Kopf.

„Genosse Telemann. Ich will, dass Sie das rausbekommen. Sie liefern mir diesen Verräter."

„Aber das …"

Mielke setzte sich zurück auf seinen Platz hinter dem Schreibtisch. Er griff nach dem Eierlöffel und rückte mit der anderen Hand das Ei wieder in eine senkrechte Position. Dann biss er in das Butterbrot. Mit noch vollem Mund fuhr er fort.

„Das liegt außerhalb ihres Korridors?"

Karl nickte. Er spürte einen Brechreiz. Mielke biss erneut ab.

„Dann kriegen sie eben einen neuen Korridor dazu. Wie auch immer."

„Genosse Minister?"

„Was denn noch?"

„Erlauben Sie mir eine Vermutung?"

Mielke schaute auf sein Frühstück und löffelte aus dem weich gekochten Ei.

„Genosse Telemann, raus damit."

„Es wird Ihnen nicht gefallen."

„Drucksen sie nicht rum."

„Das Leck ist im sozialistischen System."

„Werden sie deutlicher."

„Der KGB."

Mielke legte den Eierlöffel zurück auf das Tablett und hob seinen Kopf.

„Was ist mit dem KGB?"

„Meines Erachtens wurden die protokollarischen Hintergründe zu Gorbatschows Besuch direkt vom KGB an den Westen transferiert."

„Gezielt transferiert? Genosse Telemann, Sie reden immerhin von unserem sozialistischen Bruderstaat. Wissen Sie, welchen unerhörten Vorwurf Sie hier vorbringen?"

„Genosse Minister, denken Sie nach. Wann wurden wir zuletzt vom KGB von deren Interna unterrichtet? Seit Gorbatschow Generalsekretär ist, hat sich deren komplette Linie geändert."

„Ach, hören Sie doch auf!"

Karl ließ nicht locker.

„Reden Sie mit denen. Fragen Sie nicht direkt, umschiffen sie das Thema …"

„Genosse Telemann, wollen Sie mir jetzt noch erklären wie ich geheimdienstlich vorgehen soll?"

„Genosse Minister. Das liegt mir fern. Ich meine das nur als gutgemeinten Tipp."

„Ihren westdeutschen Sprachgebrauch werden Sie wohl nie ablegen können. Schluss jetzt. Ich habe zu arbeiten."

22. Die Verfolgung

Michael schaute nochmals in den Rückspiegel. Ihm war der dunkelblaue VW-Passat bereits beim Einsteigen vor seiner Wohnung aufgefallen. Als er vor seiner Haustür losfuhr, setzte sich dieses Auto ebenfalls in Bewegung. Der Abstand variierte zwischen 50 und 100 Metern. Er blieb ständig hinter ihm. Selbst als Michael in kleine Nebenstraßen abbog, folgte ihm der dunkelblaue PKW. Inzwischen fuhr er auf der doppelspurigen Fahrbahn vor dem Schöneberger Rathaus und der Wagen war immer noch hinter ihm her. Zwei Männer saßen auf den vorderen Plätzen. Sie unterhielten sich nicht und schauten unbewegt vor sich hin. Zugleich erschien Michael das Verhalten dieses Wagens für eine Verfolgung viel zu offensichtlich. Und trotzdem ließ ihn der Gedanke nicht los, dass diese beiden Herren hinter ihm her waren. Die rote Ampelphase währte bereits mehr als eine Minute. Michael stand an erster Position. Direkt hinter ihm ein alter gelber Opel Kadett. Doch dahinter konnte Michael deutlich den dunkelblauen Passat im Rückspiegel erkennen. Die Ampel wechselte von Rot auf Grün. Doch anstatt loszufahren, öffnete Michael schwungvoll die Autotür und rannte in Richtung des verdächtigen Wagens. Direkt hinter ihm schaute ihn die Frau im gelben Opel verwundert an. Ohne sie eines Blickes zu würdigen, sprintete er auf den dunkelblauen Wagen zu. Beschleunigte noch einmal seinen Gang. Im gleichen Moment setzte der PKW einige Meter zurück, steuerte auf die benachbarte rechte Fahrbahn und zog mit quietschenden Reifen an den beiden stehenden Autos vorbei. Außer Atem hielt Michael an und spürte vor Erregung sein Herz schlagen. Er biss seine Zähne aufeinander.

Die Frau im gelben Opel hatte inzwischen ihr Fenster heruntergekurbelt. Sie reckte ihren Kopf Michael entgegen. Ihr Ausdruck war alles andere als verständnisvoll.

„Geht`s noch? Sie können doch nicht einfach die Kreuzung blockieren!"

Michael winkte ab, ohne ein Wort zu sagen. Sein Blick blieb auf den davonfahrenden Wagen gerichtet. Die Ampel stand noch auf Grün. Michael rannte auf seine offenstehende Autotür zu. Hinter ihm rief die Frau aus dem Opel noch etwas in seine Richtung. Doch da saß er bereits hinter seinem Steuer und gab Gas. Der Motor heulte auf. Die Fahrertür fiel durch die starke Beschleunigung von alleine zu. Michael brauste über die inzwischen rote Ampelphase dem blauen Passat hinterher. Eine Frau mit Kinderwagen hielt geistesgegenwärtig an und zeigte ihm einen Vogel. Andere Passanten sprangen ebenfalls zur Seite. Doch das nahm er schon nicht mehr wahr. Sein Fokus lag auf dem davonfahrenden Wagen, der hinter dem Schöneberger Rathaus auf die Innsbrucker Straße abbog. In der Kurve brach das Hinterteil seines Wagens aus und Michael hatte Schwierigkeiten, den kleinen roten Sportwagen unter Kontrolle zu halten. Die mangelnde Fahrpraxis mit seinem neuen Auto rächte sich. Es war die durchdringende Sirene einer Polizeistreife, die Michael aus seinem Wahn riss, ihm schlagartig klarmachte, wie unsinnig sein Verhalten der letzten Minuten gewesen war.

Michaels Blick haftete noch auf dem verbeulten Hinterteil seines neuen Sportwagens. Der Abschleppwagen zog das rot glänzende Gefährt langsam auf seine Ladefläche. Die erste Rate hatte er direkt von seinem neuen Gehalt als Moderator bezahlt. Die Reparatur würde wohl weitaus mehr kosten. Michael überlegte immer noch, welche Erklärung er dem Polizisten für sein absonderliches Verhalten geben sollte. Doch dieser war erstaunlich wortkarg und übertrug lediglich die Daten aus seinem Personalausweis, Führerschein und Wagenpapieren auf den Protokollzettel.

„Und wie bist du ins Schleudern gekommen?", fragte Anna.
„Ich war einfach zu schnell."
„Aber dann warst du erheblich zu schnell. Zum Glück ist dir nichts passiert. Warst du wenigstens angeschnallt?"
Michael spürte immer noch den dumpfen Schmerz in seiner Schulter vom Aufprall seines Körpers gegen die Seitenscheibe. Die Situation fuhr ihm noch einmal durch den Kopf. Der verschwindende dunkelblaue Passat, seine Wut, die quietschenden Reifen und das Ausbrechen des Fahrzeughecks. Die Zeit zum Anschnallen hatte er sich natürlich nicht genommen.
„Natürlich war ich angeschnallt."
Michael lehnte sich mit einer versöhnlichen Geste nach vorne und streichelte Annas Wange. Sie ließ ihn gewähren, jedoch nicht ohne ihn weiterhin mit ernsten Augen anzuschauen.
„Du musst besser auf dich aufpassen."
Michael lächelte.
„Tu ich doch."
„Was hat die Polizei gesagt?"
Er lehnte sich zurück und nahm einen Schluck aus der Kaffeetasse.

„Nicht viel. Die haben die Personalien aufgenommen. Es wird wohl eine Anzeige geben — wegen des Schadens an der Verkehrsinsel. Zum Schluss wollten sie sogar ein Autogramm."

Auf Annas Stirn legten sich ungläubige Falten.

„Die Polizisten?"

„Ja, sie hatten mich gerade im Fernsehen gesehen. Das ist der Vorteil, wenn man berühmt ist."

Anna wandte sich von ihm ab und verdrehte die Augen.

„Wann bekommst du deinen Führerschein wieder?"

Michael zuckte mit den Achseln. Sein Blick fiel auf den Kellner, der mit seiner langen weißen Schürze an ihren Tisch trat.

„Entschuldigen Sie die Störung, Herr Wiesner."

Michael schaute auf. Es war die gleiche Bedienung, die ihn noch vor wenigen Monaten auf herablassende Art ignorierte, geschweige denn seinen Namen kannte. Seine erreichte Popularität hatte ihn schnell zum anerkannten Inventar im Café Einstein aufsteigen lassen. Doch Michael war nicht in der Stimmung seinen Triumph über den Tausch der Rollen zu genießen.

„Ja, bitte."

„Der Herr gegenüber lässt freundlich fragen, ob er ihre Zeit kurz in Anspruch nehmen darf."

Michael spürte Unmut in sich aufsteigen.

„Wer …?"

Just in diesem Moment zückte der Kellner eine Visitenkarte hinter seinem Rücken hervor und legte sie auf die gestärkte weiße Tischdecke. Die Geste wirkte ein wenig wie ein billiger Taschenspielertrick. Doch die Buchstaben auf der Karte sprachen eine andere Sprache:

Winfried Kolb
Bundesnachrichtendienst

Nicht nur der Bundesadler mit der schwarz-rot-goldenen Fahne verlieh dem kleinen Stück Papier Autorität. Michaels ursprünglich ablehnende Haltung gegenüber der Störung wandelte sich schnell in journalistische Neugier. Der Name war ihm wohl bekannt. Winfried Kolb galt als besonders medienscheuer Mann. Michaels Redaktion hatte ihn bereits mehrfach versucht für ein Interview zu gewinnen. Jedes Mal erfolglos. Michael schaute suchend im Café umher. Er ignorierte den Schmerz in seiner Schulter, die durch die Drehbewegung entstand. Seinen Blick aufmerksam aufgreifend, zeigte der Kellner zu einem kleinen Doppeltisch auf der gegenüber liegenden Seite des Raumes. Die Blicke der beiden Männer trafen aufeinander. Doch entgegen eines üblich ersten Lächelns, das diese Situation geboten hätte, schaute Winfried Kolb im ersten Moment mit einem strengen Blick auf Michael. Dann erst entspannten sich die Gesichtszüge des Mannes im dunkelblauen Anzug und sein Kopf wippte mit einem freundlichen Lächeln in Michaels Richtung. Michael spürte in sich den Impuls aufzustehen und zu Winfried Kolbs Tisch zu gehen. Doch Annas Hand legte sich auf seinen Oberschenkel und schien ihn auf dem Sitz halten zu wollen. Michael überlegte kurz und schaute Anna fragend an.

Es war ein langsam sich ins Lächeln verziehender Mund, der ihn wie so oft in seinen Bann zog. Ohne zu zögern beugte sich Anna vor und küsste Michael lange auf seine Lippen. Noch ehe Michael zu einer weiteren Geste fähig war, winkte Anna bereits einladend in Richtung des Mannes vom Bundesnachrichtendienst.

Das Pflaster der kleinen Seitenstraßen des Kurfürstendamms bestand aus großen, wuchtigen Steinen. Über die Jahre hatte die Erdbewegung ihre Anordnung zu einer unregelmäßigen Oberfläche des Gehsteiges verschoben. Ihr steinerner Belag war über die Zeit ausgetreten und zeugte von Berlins immerwährender Geschäftigkeit. Als könne man die Stiefel preußischer Soldaten, spielender Arbeiterkinder in den goldenen Zwanzigern, flüchtender jüdischer Familien im Dritten Reich und herumlungernder Punks auf einmal hören. Das steinerne Parkett hatte alles überlebt. Selbst gegenüber den Bombenteppichen der Alliierten schien es unverwundbar.

Michael liebte jede dieser kleinen Stolperfallen. Sie machten jeden Gang und jeden Schritt zu einer Eigenartigkeit. Verliehen dem Schlendern durch die Stadt eine Besonderheit, die Michael in seiner Geburtsstadt Frankfurt immer fehlte. An jeder Straßenkreuzung fiel sein Blick unwillkürlich auf die überdimensioniert großen Kantsteine. Mindestens doppelt so wuchtig wie in anderen deutschen Städten. Aber genau so dimensioniert wie in London, Paris, New York. Und nicht nur deshalb hatte Michael das Gefühl, jetzt in einer wahren Weltstadt zu Hause zu sein. Die Bordsteine erinnerten ihn an jeder Straßenüberquerung daran, Teil des großen Ganzen zu sein. Auch seine Schuhe würden jetzt ihren Teil dazu beitragen dieses Pflaster abzuwetzen.

Anna hatte ihren rechten Arm um seine Hüfte und unter seine Jacke geschlungen. Er spürte deutlich, wie ihre Hand immer tiefer in Richtung nackter Haut fingerte. Und jedes Mal, wenn sie sich ein kleines Stück weitergearbeitet hatte, schaute sie mit einem frechen Grinsen hinauf in Michaels blaue Augen.

Der Weg vom Café Einstein in Richtung Kurfürstendamm verlief entlang der Kurfürstenstraße, vorbei am zoologischen Garten und der immer noch gespenstischen Ruine der Gedächtniskirche. Das junge Paar schlenderte wortlos durch die beleuchtete Dunkelheit. Anna unterbrach das Schweigen.

„Lass uns gemeinsam zum BND nach Pullach fahren."

„Du willst mit in dieses kleine Kaff?"

„Wir könnten nach deinem Gespräch mit dem Mann vom Bundesnachrichtendienst uns dort ein schönes Wochenende machen. Außerdem war ich noch nie in Bayern."

Und das war noch nicht einmal gelogen.

„Deine Redaktion bezahlt dir bestimmt ein schickes Hotel."

Michael blieb vor dem Schaufenster eines kleinen Schmuckladens stehen. Er schaute auf die Auslage, während Anna ihn weiterhin ansah.

„Anna, eines verstehe ich nicht."

Michaels Bemerkung fuhr ihr in die Beine. Hatte er ihre Absicht durchschaut? War ihr forsches Auftreten gegenüber Winfried Kolb zu offensichtlich? Anna sah ihre Deckung in Gefahr. Und doch ließ sie sich nichts anmerken.

„Was verstehst du nicht?"

„Wir gehen die ganze Zeit an den schicksten Boutiquen vorbei. Überall Verlockungen. Und jetzt stehen wir vor einem Schaufenster mit Schmuck, den jede Frau schwach werden ließe."

Sie schaute Michael weiterhin fragend an.

„Nur du würdigst diesem Angebot keinen Blick."

Annas fragender Ausdruck verwandelte sich in ein gelöstes Lächeln.

„Dann lass uns hineingehen", sagte sie.

23. Der Ministersturz

Die Papierstapel auf seinem Schreibtisch empfand Karl nie als drohende Zeichen unbewältigter Arbeit. Zumindest nicht Zeit seines Eintritts bei der Stasi. Die vielen Ordner und Papiere dominierten das Bild in seinem Büro. Alleine seine Unterlagen über die Grenzbefestigung füllten eine komplette Regalwand. Es bedurfte noch nicht einmal seines Blickes auf die sorgfältig beschrifteten Rückseiten der Stellordner, um genau zu wissen, was sich hinter jedem der Pappeinbände verbarg. Obwohl Karl in seiner Position die Stelle einer Sekretärin zustand, hatte er sich bis dato dagegen erfolgreich gewehrt. Durch die Effizienz seiner Arbeit, stellte das auch niemand in dem Ministerium in Frage. Nur die Atmosphäre seines Büros litt unter dem Fehlen einer helfenden Hand. Die weißen Wände entbehrten auch nur eines einzigen Bildes.

Eine verlorene Grünpflanze in Form eines Gummibaumes, den Karl samt Mobiliar übernommen hatte, kämpfte gegen die Vertrocknung. Lediglich ein neues Element glänzte in den vier kargen Wänden. Es war ein mannshoher, silberner Stahlschrank mit einem bronzenen Zahlenschloss. In ihm verbargen sich die sensiblen und streng geheimen Unterlagen. Das Privileg, die Nummer des Zahlenschlosses einzugeben, hatte ihm Mielke höchstpersönlich zu gestanden. Bis heute war Karl darüber erstaunt, dass außer ihm niemand die Kombination kannte. Es war seine letzte Telefonnummer in der Bundesrepublik.

Bereits den ganzen Vormittag verbrachte Karl damit, noch unsortierte Papiere zu lochen und in neue Ordner zu heften. Eine Arbeit, vor der er sich im Westen immer gedrückt hatte. Mit dem Ergebnis, dass sein ehemaliges Redaktionsbüro, trotz Sekretärin, in einem Chaos versunken war. Karl schaute auf die leeren Wände und erinnerte sich der großformatigen Fotos, die in seinem Frankfurter Büro hingen. Es waren journalistische Schnappschüsse von Szenen, die er in London aufgenommen hatte. Eine alte Frau, die ihre Handtasche im Hidepark in der Ekstase eines leidenschaftlichen Vortrages in die Höhe riss, die Nahaufnahme eines sie beobachteten Polizisten, eine Menschengruppe, die aufgeregt miteinander diskutierte. Alles Momentaufnahmen. Millisekunden auf grobkörnigem Fotopapier in schwarz-weiß.

Jetzt war sein einziger Blickfang an seinem Arbeitsplatz der stählerne Tresor auf der gegenüberliegenden Seite seines Schreibtisches. Karl kam das Ungetüm wie ein dreidimensionales Poster vor. Merkwürdigerweise erfreute er sich an seinem Anblick genauso, wie es ihn mit seinen Fotos in seinem alten Büro erging.

Während Karl einen Stapel Papier nach dem anderen mit dem gusseisernen Locher traktierte, starrte er unentwegt auf das Zahlenschloss der stählernen Tür. Immer wieder ging ihm die Nummer des Codes durch den Kopf. Als könne er Gefahr laufen, sie plötzlich zu vergessen.

Die mangelnde Konzentration auf den Vorgang des Lochens rächte sich sofort. Karl hatte nicht darauf geachtet, den unten an dem Locher eingesetzten Behälter mit dem Stanzabfall der Lochungen zu entleeren. Just in dem Moment, als er einen Stapel Papier zum Lochen in die Führung einsetzte und den Arm mit Kraft nach unten drückte, sprang die blecherne Unterseite des Lochers auf und verteilte die kleinen Papierpunkte auf seinem Schreibtisch, seinem Schoß und auf dem Boden. Der Automatismus seiner Arbeit war auf einmal unterbrochen. Das Konfetti auf dem Tisch zusammenzukehren, war kein großes Malheur. Nur die Schnipsel auf seinem Schoß und den Boden ließen weitaus mehr Arbeit erahnen. Den Gedanken, sich einen Staubsauger zu organisieren, verwarf er angesichts des bürokratischen Aufwandes, der mit jeder unstandardisierten Handlung in dieser Behörde einherging. Also kroch Karl unter den Schreibtisch und begann jedes Konfettiteil einzeln von dem Teppich aufzulesen.

Wäre ihm so etwas früher im Westen passiert, so hätte sich sein Puls erhöht, Wut wäre in ihm hochgestiegen und schlussendlich hätte er einfach alles auf dem Boden liegen gelassen. Doch nun war er nicht mehr im Westen. Beschaulich, fast schon genießend führte er die kontemplative Strafarbeit aus. Und so wie er seine gesamte Aufmerksamkeit vom Zahlenschloss nun auf das Konfetti verlagerte, dauerte es einen Moment, bis er die schwarzen Frauenschuhe, die vor seinem Schreibtisch standen, bemerkte.

„Feierst du Fasching?"

Marlenes Tonfall verband auf eigentümliche Art und Weise die Fürsorge um den kleinen Unfall mit der Ironie der Situation. Sie schloss die Bürotür hinter sich und bückte sich nach unten. Die sich treffenden Blicke ließen beide lächeln.

Marlene ging auf die Knie und kroch ebenfalls unter den Schreibtisch. Für einen kurzen Moment verweilten ihre Gesichter voreinander. Ihre Augen fixierten sich gegenseitig und ließen nicht voneinander ab. Der Luftstrom ihrer Atemzüge hinterließ bei dem jeweils anderen ein sanftes Streicheln auf der Hautoberfläche. Karl bemerkte ein aufsteigendes Zittern von Marlenes Körper. Die Signale, die sie aussendete waren unmissverständlich klar. Marlene wollte Sex. Hier und jetzt.

Marlene zog ihren Slip hoch und strich sich ihr Kleid glatt. Während Karl sie von hinten umarmte, pickte sie sich die Papierschnipsel von dem Stoff und sammelte sie in ihrer Hand.

„Das Zeug ist ziemlich hartnäckig. Hast du hier einen Staubsauger?"

„Ich habe keine Freigabe zum Staubsaugen. Das liegt außerhalb meines Kompetenzbereichs im Stasi-Apparat."

Karl löste die Umarmung, schloss den Reißverschluss seiner Hose und zog den Gürtel fest. Marlene hob die Hand mit den restlichen Konfettis und blies sie Karl ins Gesicht.

„Immer diese Anfänger."

„Nun sag schon, was führst du im Schilde?"

Karl hob wissend seine Augenbrauen, um seiner Frage die nötige Ernsthaftigkeit zu verleihen, was angesichts des vorangegangenen Liebesspiels etwas deplatziert wirkte. Sein Blick fiel auf einen dicken Umschlag, den Marlene auf seinen Schreibtisch gelegt hatte, bevor sie übereinander hergefallen waren. Sie folgte seiner Blickrichtung und hob vermeintlich unschuldig ihre Achseln.

„Ich weiß nicht wovon du sprichst."

Marlenes gespieltes Unwissen amüsierte ihn. Zugleich spürte Karl, dass sie mit diesem Papierumschlag mehr verband als die pure Hemmungslosigkeit. Karl nahm ihn in die Hand, während seine Augen immer noch auf Marlenes verführerischen Körper schielten. Das Gewicht des Papiers verriet eine vielversprechende Anzahl wertvoller Informationen. Er schaute auf das Titelblatt:

BERND HEUSER, CDU
Minister für innerdeutsche Beziehungen

„Muss ich das alles lesen?"

Karl ließ die vielen Seiten an seinem Daumen entlang blättern.

„Du kannst es auch direkt an deinen Sohn weiterleiten."

„Spann` mich nicht auf die Folter. Um was geht es dabei?"

Marlene setzte sich auf den Stuhl an seinem Schreibtisch, zupfte sich abermals Papierschnipsel von ihrem Kleid und begann zu erklären: „Heuser ist dem Politbüro bereits seit langem ein Dorn im Auge. Er ist erbitterter Gegner der Kredite, die die BRD an uns vergibt. Sein Einfluss ist zwar seit Franz-Josef Strauß den letzten Milliardenkredit an die DDR ausgehandelt hat etwas zurückgegangen. Die Gefahr, dass er die BRD-Regierung davon überzeugt, sämtliche Finanzierungen gegenüber uns einzufrieren, besteht jedoch immer noch. Das wäre das sofortige Aus unserer bereits katastrophalen wirtschaftlichen Lage. Also haben wir ihn in den letzten Jahren beschatten lassen. Dabei kam heraus, dass er in illegale Parteispenden der CDU verstrickt ist. Als wir tiefer gebohrt haben, haben wir herausgefunden, dass sich die CDU zum Teil mit schwarzen Konten finanziert, die sie in der Schweiz wäscht."

Obwohl der Fußboden in Karls Büro immer noch mit Konfetti übersät war, kippte Marlene ihre vom Kleid gesammelten Papierschnipsel sorgfältig in den Papierkorb. Karl beobachtete sie, war irritiert und nutzte die kurze Sprechpause.

„Und jetzt soll Michael dies offenlegen?"

„Genau. Wir schlagen damit mehrere Fliegen mit einer Klappe."

Karl trat nervös an das Fenster und schaute auf den grauen Innenhof der Stasi-Behörde. Marlene setzte ihren Vortrag besonnen fort.

„Erstens ziehen wir einen West-Minister aus dem Verkehr, der unsere obere Führungsriege zunehmend nervös macht. Zweitens verschaffst du dir verlorenes Vertrauen gegenüber Mielke zurück, gibst deiner Operation neue Inhalte und drittens …"

Karl führte ihren Satz fort. „… bekommt Michael neues Futter, mit dem er im Fernsehen brillieren kann."

„Richtig. Und nicht nur dort. Damit wird er auch zunehmend für die oberen west-politischen Kreise interessanter."

„Aber leider auch für den Bundesnachrichtendienst."

Marlene stockte: „Wie?"

Karl schaute immer noch besorgt aus dem Fenster.

„Der BND hat ihn auf dem Schirm. Michael wurde bereits von Winfried Kolb kontaktiert."

„Von Kolb persönlich?"

„Ja. Und sie observieren ihn. Davor hatte ich euch gleich am Anfang unserer Operation gewarnt. Michael hat die Überwachung zwar irgendwie mitbekommen und die Verfolger müssen sich reichlich dumm angestellt haben. Trotzdem müssen wir aufpassen, dass der BND nicht noch mehr mitbekommt."

Marlene stand auf, stellte sich neben Karl an das Fenster und legte ihren Arm um seine Hüfte.

„Und dennoch könnte uns das nützen."

24. Der KGB

Der gestreckte, schwarze Volvo schob sich mit behäbiger Geschwindigkeit entlang der Berliner Karl-Liebknecht-Straße. Der überlange Radstand dämpfte die Schlaglöcher des real-existierenden Straßenbelags. Die Karosserie war eine Spezialanfertigung des Volvos. Gut 70 Zentimeter länger, als die bereits ausladende Serienvariante der Luxuskarosse. Warum ausgerechnet Volvos als Staatslimousinen in die politische Correctness der DDR-Führung passten, wusste selbst sein Fahrgast nicht. Zumindest stellte er sich diese Frage auch nicht. Erich Mielke betrachtete den vorbeiziehenden Berliner Dom durch die abgedunkelten Scheiben. Ihm gefiel die durch Abgase verfärbte, schwarz-graue, altertümliche Fassade. Auf der gegenüberliegenden Straßenseite reflektierte die verspiegelte bronzefarbene Glasfront des Palasts der Republik in der Nachmittagssonne. Obwohl das auffällig moderne Gebäude vielmehr dem sozialistischen Gedanken entsprach, klebte Mielkes Blick immer noch auf dem Grünspan der klassizistischen Kuppel der altertümlichen Kirche. Klebte auf dem Symbol der von seinem System so ungeschätzten Religiosität. Vielleicht hätten sie das im Zweiten Weltkrieg stark zerstörte Bauwerk doch einfach einstürzen lassen sollen. Stattdessen sanierte der Arbeiter- und Bauernstaat das alte Berliner Wahrzeichen.

Am Alexanderplatz bog der schwere Wagen nach links ab. Vorbei an den Luxusvarianten der Ost-Berliner Plattenbauten. Mielkes Herz schlug jedes Mal ein bisschen schneller, wenn ihn die Begeisterung über die sozialistische Betonästhetik übermannte. Und so ließ sich Mielke voller Stolz in seiner in die Länge gestreckten Westlimousine durch sein Reich fahren und bog in die Rosa-Luxemburg-Straße ein.

Die prunkvolle Villa passte so gar nicht in das Umfeld zwischen den Plattenbauten. Der Krieg schien dieses symmetrisch gestaltete Monstrum absichtlich verschont zu haben. Inzwischen beherbergte die klassizistische Villa die Abhörzentrale des sowjetischen Geheimdienstes KGB. Mielkes Chauffeur fuhr eine Kehrtwende auf der Straße, um die Staatskarosse auf dem von Sicherheitskräften bewachten Stellplatz zu parken. Der Minister für Staatssicherheit hasste dieses Manöver immer wieder von Neuen. Dabei hatte er das unwohle Gefühl, dass dies seine Autorität auf subtile Weise untergrub. Jedes Mal erinnerte Mielke seinen Chauffeur von Neuem daran, beim nächsten Besuch des KGB-Gebäudes von der anderen Seite anzufahren, um so standesgemäß vor dem KGB anzukommen. Ohne 180-Grad-Wende. Einfach geradeaus. Und jedes Mal vergaß sein Fahrer diese Anordnung auf ein Neues. Nur an dem heutigen Tag hielt er sich nicht länger mit diesem Gedanken untergrabener Autorität auf. Mielke versuchte sich, auf das kommende Gespräch zu konzentrieren, ignorierte wie gewohnt die Standardbegrüßung der russischen Soldaten, die ihm mit gebrochenem Deutsch beim Öffnen seiner Tür begrüßten. Der martialische Bau des KGB-Gebäudes verfehlte seine Wirkung noch nicht einmal auf den Minister. Das Gefühl von Einschüchterung und Demut vor dem großen sozialistischen Bruder überkam ihn regelmäßig an dieser Stelle aufs Neue. Bereits die Uniformen der beiden vorauseilenden sowjetischen Soldaten vermittelten gegenüber allem Ostdeutschen den Eindruck von Überlegenheit.

Im Foyer liefen vorwiegend uniformierte Sowjets geschäftig aneinander vorbei. Betrat Mielke sein eigenes Dienstgebäude in der Normannenstrasse, so konnte er sich gewahr sein, dass das Umherlaufen, zumindest solange er den Raum betrat, einfror und sämtliche Gesichter ihm zugewandt waren. Hier auf sowjetischem Hoheitsgebiet herrschten jedoch andere Gesetze. Niemand würdigte ihn auch nur eines Blickes. Mielke fühlte sich Jahrzehnte zurückversetzt. In jene Zeit, in der er um seine Anerkennung und Akzeptanz geworben hatte, an seine Zeit auf der militärpolitischen Schule in Moskau, in der er angehalten wurde seine Mitschüler zu bespitzeln. Unwillkürlich drangen einzelne russische Wortfetzen in sein Ohr und erinnerten ihn wehmütig an seine lang vergangene Zeit in der Sowjetunion.

Seine kleine Eskorte donnerte mit ihren glänzenden Stiefeln die hölzerne Treppe hinauf. Mielke bemühte sich, im Gleichschnitt seiner Begleiter zu marschieren. Einmal mehr eine Reaktion, die so fernab seines alltäglichen Verhaltens lag. Nie wäre er auf die Idee gekommen, unter seinen Untergebenen seine Schrittfrequenz anzupassen. Mit einer zackigen Bewegung bauten sich die beiden Soldaten links und rechts neben der Tür des Büros des leitenden KGB-Beamten auf. Der linke Posten klopfte militärisch laut an die Tür und öffnete diese einladend für Mielke. Er folgte der Geste und betrat mit einem breiten Grinsen den Raum.

„Tawarischtsch! Igor!"

„Genosse Minister. Erich, ich freue mich."

Die Begrüßung war herzlich. Die beiden Männer lagen sich in den Armen, küssten sich fest auf ihre Wangen und blieben für einen langen Moment voreinander stehen.

„Erich, nimm` Platz."

Das Deutsch des KGB-Chefs war klar und mit einem charmanten russischen Akzent unterlegt. Er war mehr als ein Kopf größer als Mielke und seine Figur war von athletischer Statur. Dieser zog unwillkürlich beim Anblick von Igor Pasewitsch seinen Bauch ein.

„Wie geht es meinem Lieblingsminister? Was macht die Jagd?"

„Hervorragend, mein lieber Igor. Hervorragend. Wir haben für deinen nächsten Besuch extra einen Zwölfender reserviert."

Mielke hoffte, dass seine kleine Lüge glaubwürdig rüberkam. Igors Körperhaltung verriet, dass ihm nach Höflichkeiten nicht der Sinn stand.

„Was führt dich zu mir?"

„Das Volk der DDR steht uneingeschränkt hinter der großen Sowjetunion. Allerdings brauchen wir angesichts von diesem ganzen Perestroika- und Glasnost-Gequatsche eine klare Führung von euch. Wohin soll die Reise gehen? Selbst die Prawda liefert politische Munition für den Gegner."

Der KGB-Mann lehnte sich in seinem Sessel zurück. Sein Blickkontakt blieb fest auf Mielke gerichtet.

„Erich, ich verstehe deine Besorgnis. Aber die Zeiten ändern sich."

„Nicht für die DDR."

„Gorbatschow genießt große Anerkennung im Ausland. Seine Verhandlungen führen erstmals in eine neue Richtung. Selbst der amerikanische Präsident hält große Stücke auf ihn."

„Seit wann muss ein sowjetischer Generalsekretär den Imperialisten gefallen?"

„Nach den überalterten Sowjetführern der vergangenen Jahre, die uns reihenweise weggestorben sind, ist das außenpolitisch nicht gerade unwichtig."

Igor Pasewitsch stand auf und öffnete die Wodka-Flasche auf dem Sekretär hinter sich. Der Wodka floss in zwei Gläser. Pasewitsch reichte Mielke eins und hielt seines im Stehen auf seinen Gast gerichtet.

„Erich, ich schätze dich und unsere gemeinsame Vergangenheit."

„Auf Moskau. Auf Stalin. Auf das sozialistische Haus."

Die beiden Männer tranken den Wodka mit einem Schluck aus und ließen die Gläser laut auf der Tischplatte aufschlagen. Mielke stieß einen genießerischen Atmer aus. Doch die Phase seines Genusses und seiner Sentimentalität hielt nicht lange an. Mit scharfem Ton fuhr er fort.

„Die oppositionellen Kräfte in unserer geliebten DDR fühlen sich durch die Entwicklung in der Sowjetunion gestärkt. Geradezu beflügelt. Noch können wir mit den paar Quertreibern fertig werden. Nur wenn es noch mehr werden ..."

„Erich, worauf willst du hinaus?"

„Ich will es einmal so sagen. Können wir uns auf die Sowjetunion verlassen, wie man sich auf einen Waffenbruder verlassen kann?"

Igor Pasewitsch senkte seinen Blick auf das dunkelbraune Holzparkett und begann mit langsamen Schritten hinter seinem Schreibtisch auf und ab zu gehen.

„Du meinst wie damals der Aufstand am 17. Juni?"

„Zum Beispiel."

„Erich, die Sowjetunion ist nicht mehr die, die sie einmal war. Wir sind gerade komplett mit unseren innenpolitischen Problemen beschäftigt. Der Schuldenberg erdrückt unsere

Handlungsfähigkeit. Für neue Kredite müssen wir Zugeständnisse machen."

Als hätte Mielke die vorangegangenen Worte von Pasewitsch nicht gehört, begann er wie selbsthypnotisch in sich hinein zu murmeln.

„Die stolze Sowjetunion braucht keine Zugeständnisse zu machen."

Dem KGB-Mann entging nicht die Enttäuschung Mielkes, die in seinem letzten Satz mitschwang. Besorgt schaute er in das in sich versunkene Gesicht seines alten Genossen.

„Erich ich möchte dir jemanden vorstellen."

Igor Pasewitsch griff zu seinem Telefon, drückte einen Knopf und sprach auf Russisch. Es dauerte nur wenige Sekunden, als es an der Tür laut klopfte und der KGB-Chef dem Eintreten zustimmte. Durch die Tür trat ein streng blickender Mann mit einem ungewöhnlich breiten Mund. Es wirkte, als würde er andauern seine Kaumuskeln anspannen und selbst als er die beiden Männer im Raum kurz mit Handschlag begrüßte, blieb die Mundhaltung in dieser eigentümlichen Position. Sein Blick wirkte unverkennbar unausweichlich. Mielke spürte, dass in diesem Mann etwas schlummerte, was ihm jetzt noch verborgen war. Trotz der Jugendlichkeit seines Blickes, trat etwas zutiefst Autoritäres aus seinen Augen. Igor bemerkte die Spannung und ergriff das Wort.

„Erich, darf ich vorstellen. Unser neuer Mann, der die KGB-Zentrale in Dresden leitet. Valeri Putin."

25. Fußball

Michael überlegte, was ihn an dem massiven Eindruck störte. Er hatte das Gefühl, dass ihm der schlechte Atem von tausenden entgleisten Männern entgegenschlug. Sein Blick glitt über wehende Fahnen, gehobene Fäuste und aufgerissene Münder. Er stand in dem riesigen Stadion genau zwischen dem Tor und der meterhohen Drahtgitterabsperrung zum Fanblock. Hinter ihm kauerte eine Horde von Fotografen mit langen Teleobjektiven. Sämtliche Blicke und Kameras waren auf das Spielfeld gerichtet. Nur Michael drehte dem Spielgeschehen den Rücken zu und schaute die vollbesetzten hohen Stadionränge empor. Die Privilegierung seines Aufenthaltes in der Sperrzone direkt am Spielrand während des Bundesligaspiels war ihm in diesem Moment weder bewusst, noch irgendwie von Bedeutung.

Das ansteigende Raunen der Menschenmasse kündigte eine neue sich zuspitzende Spielsituation an. Michaels Blick blieb auf die Fankurve gerichtet. Das Crescendo aus den Kehlen gipfelte in einem wütenden Geschrei. Wiederholend reckten sich die Fäuste in die Luft und färbten die Stadionränge fleischfarben. Voller Wut. Er versuchte sich vorzustellen, was passieren würde, wenn die Drahtgitter, die ihn von dem hysterischen Publikum trennten, dem Druck des Testosterons nicht mehr standhalten würden. Ihm kam die Vorstellung eines Kriegsszenarios nicht mehr aus dem Sinn. Und die hohen Absperrungszäune erinnerten ihn an die Zonengrenze. Nur die Selbstschussanlagen fehlten. Der Gedanke vermischte sich fließend mit seinem ersten Besuch eines Fußballspiels — ausgerechnet im anderen Teil Deutschlands:

Er war sechzehn und auf einem der üblichen Wochenendbesuche in der DDR. Sein Cousin fragte ihn, ob Michael Lust habe, mit auf ein Fußballspiel nach Erfurt zu fahren. Trotz seiner Befremdung über die Idee, andere Menschen beim Fußballspielen zu betrachten, stimmte er zu. Seine Neugier, wie sich eine derartige Sportveranstaltung im Osten Deutschlands anfühlen würde, überwog. Bereits im Zug von Eisenach nach Erfurt wurden sie prompt von der Polizei kontrolliert. Dabei blieb es nicht bei der unhöflichen Aufforderung der Uniformierten nach den Papieren. Mit unverhohlenem Sächsisch folgte zugleich die Frage nach dem Sinn und Zweck des Ausflugs. Als sie in Erfurt ankamen, waren die Abteile bis auf den letzten Stehplatz gefüllt. Beim Ausstieg schoben sich die Menschenmassen über den Bahnsteig durch den Bahnhof. Was Michael und seinen Cousin am Bahnhofsvorplatz erwartete, ließ ihn für einen kurzen Moment verharren. Der Anblick war so grotesk wie einschüchternd. Hundertschaften von Polizisten säumten die Straßen vom Bahnhof zum Stadion. Zusammen mit tausenden von bereits grölenden Fußballfans liefen sie unter der Beobachtung der Staatsmacht durch die Stadt.

Das Bild, das sich ihnen im Stadion offenbarte, war nicht weniger irritierend. Das Spiel hatte noch nicht begonnen und aus dem gegenüber liegenden Block flogen bereits die ersten Feuerwerkskörper auf das Spielfeld. Michael fragte sich, wo man in diesem totalitären System mitten im Sommer Böller und Silvesterraketen kaufen konnte. Zudem verstand er nicht die Akzeptanz eines ansonsten so restriktiven Staatsapparates gegenüber dieser martialischen Hemmungslosigkeit.

Gleichwohl war Michael über den Mut der Fans überrascht, sich in diesem Umfeld so offensichtlich dem Duckmäusertum zu widersetzen. Dem emotionalen Ventil des Fußballs schien selbst die SED-Führung nichts entgegen setzen zu wollen. Oder, … war der Fußball vielleicht die beste Möglichkeit die ansonsten verborgenen Aggressionen gegenüber dem System in den Griff zu bekommen?

Nur auf dem Rückweg vom Stadion zum Bahnhof schien es der Staatsmacht zu viel an Renitenz zu werden. Im Polizei-Korridor trieben Einsatzkräfte mit Schlagstöcken eine Gruppe von Fußballfans aus dem Bahnhof hinaus. Über dem Eingang des Portals prangte ein rotes Propaganda-Plakat mit der weißen Aufschrift „Für Frieden und Freiheit im Sozialismus". Eingerahmt von Hammer und Sichel sowie Marx und Lenin. Michael erkannte sofort die Brisanz des Motivs und zückte seine kleine Kamera. Ein Geschenk seines Vaters. Das Plakat mit dem Friedensappell und darunter die vor den Schlagstöcken flüchtenden Menschen. Michael sah das Foto bereits auf der Titelseite des „STERN". Er hatte bereits die Blende und Schärfe eingestellt, als er gerade im Begriff war, den Auslöser zu drücken. Doch dazu kam er nicht. Michael spürte einen festen Griff an seiner Schulter. Es war ein Mann in Zivil, der ihn mit autoritärem Blick und wiederum penetranten Sächsisch ansprach:

„Was gibt's denn da zu fotografieren?"

Während Michael immer noch gedankenversunken die Stadionränge hinaufschaute, spürte er wie damals eine Hand auf seiner Schulter. Nur der Griff war dieses Mal weit weniger fest und entschlossen wie die vielen Jahre zuvor. Diesmal erschrak er nicht. Die Stasi würde es hier in diesem Hamburger Fußballstadion sicher nicht sein.

„Du schaust in die falsche Richtung. Das Spiel findet auf dem Rasen hinter dir statt."

Michael drehte sich der Stimme entgegen. Der Anblick amüsierte ihn. Dieter Plank stand mit Fanschal, Trikot und einer Schildmütze in den Vereinsfarben des 1. FC St. Pauli vor ihm. Seine viel zu langen Haare schauten unter dem Rand der Kappe abstehend hervor. In der Hand hielt er eine Druckluftfanfare. Michael verkniff sich ein Lachen.

„Ich versuche lediglich die Zielgruppe unserer Politsendung genauer zu studieren."

Das Runzeln auf Dieters Stirn signalisierte, dass er den Witz entweder nicht verstand oder nicht verstehen wollte.

„Komm` zurück. Lass uns das Privileg der VIP-Plätze auskosten."

Widerstandslos schlich Michael hinter Dieter am Spielfeldrand entlang. Jeder andere Fußballfan hätte für die Besonderheit, sich in diesem Bereich aufhalten zu dürfen seine Seele verkauft. Michael nicht. Er schaute noch einmal zurück in die Fankurve. Besonders engagierte Zuschauer zündeten gerade die Fahnen des Gegners an und hielten die brennenden Banner drohend dem gegenüberliegenden Fanblock zugerichtet. Mit ernstem Blick starrte er auf die überschäumende Aggression, bevor er sich kopfschüttelnd umdrehte.

Zurück auf ihren privilegierten Sitzplätzen erhitzte sich Dieters Gesicht schnell wieder angesichts eines anscheinend missglückten Spielzuges. Während um ihn herum die Menschen auf den Rängen schrien, aufsprangen und die Stimmung weiter anheizten, zog sich Michael immer mehr in sich zurück. Saß schweigend und unbeweglich in der schäumenden Horde.

Den Rest des Spiels verbrachte Michael mehr mit der Beobachtung des Publikums, als mit dem Verfolgen des Spielverlaufes. Insbesondere das enthemmte Verhalten seines Nachrichtenchefs neben ihm, ließ ihn an der ansonsten so kultivierten und intellektuellen Haltung zweifeln. Zugleich erkannte er in der Konzentration auf das Spiel eine Schwachstelle. Der ansonsten so gescheite Mann schien offensichtlich seine politisch-journalistische Seite an diesem Tag zu Hause gelassen zu haben. Mitten in dem hysterischen Geschrei spann Michael seinen Plan.

Eine Gruppe missmutiger Fußballfans nuckelte an ihren kleinen dickbäuchigen Bierflaschen. Der Lärm und die Euphorie waren verflogen. Dieter und Michael standen ein wenig abseits außerhalb der Kneipe am Straßenrand und hielten sich ebenso wie die anderen an ihren Flaschen fest. In Sichtweite thronte das Fußballstadion über den Dächern Hamburgs. Doch das Fangegröle war nur noch als Echo im Geiste wahrnehmbar.

Es machte auf Michael den Eindruck, als hätte der Schal um Dieters Hals ein wenig an Spannkraft verloren. Traurig und schlaff hing er herunter, während sein Träger unmotiviert vor sich hinstarrte. Michael versuchte mit witzigen Bemerkungen die Stimmung seines Chefs ein wenig zu heben. Doch die mangelnden Reaktionen ließen seine gut gemeinten Impulse abprallen. Michael witterte zugleich die Chance, sein neues geplantes Vorhaben an den vor ihm stehenden Mann zu bringen. Dieters ansonsten so spitzfindige Skepsis war in dieser Stimmung auf ein Minimum gesunken und somit die beste Möglichkeit, gegen geringen Widerstand seine Idee durchzusetzen.

„Sagt dir der Name Winfried Kolb etwas?"

Dieter schaute weiterhin stoisch auf seine Bierflasche. Seine Gegenfrage klang krächzend und heiser. Der Effekt von 90 Minuten Dauerschreierei.
„Der vom Bundesnachrichtendienst?"
„Genau der."
„Vergiss ihn. Der ist extrem medienscheu. An dem haben wir uns schon vor Jahren die Zähne ausgebissen."
„Er hat mich in die BND-Zentrale nach Pullach eingeladen."
Dieter zeigte ein anerkennendes Verziehen seiner Mundwinkel.
„Na dann viel Spaß in der südbayrischen Provinz."
„Ich will ihn für meinen Polittalk gewinnen."
Michael unterbrach für einen kurzen Moment seinen Redefluss, schaute Dieter beobachtend von der Seite an und entschloss sich, zu dem eigentlichen Kern seines Anliegend zu kommen. Die müde heisere Stimme seines Chefs ließ wenig Widerstand erwarten.
„Ebenso wie Bernd Heuser von der CDU."
Dieter kräuselte ungläubig seine Stirn.
„Was willst du denn mit dem Langweiler?"
„So langweilig ist der gar nicht. Mir hat da ein Vöglein etwas gezwitschert."
Dieter fasste sich an seine geschundenen Stimmbänder.
„Na, wenn du meinst. Trinken wir noch ein Bier?"
Michael nickte und Dieter trottete in die Kneipe, um den Nachschub zu holen. Alleine zurück gelassen an dem Stehtisch auf dem Trottoir, war er irritiert und erleichtert zugleich. Die letzte ihm zugespielte Sendung mit den entlarvenden Unterlagen über den Parteispendenskandal des CDU-Politikers lag nun schon zwei Wochen in der abgeschlossenen Schublade seines Schreibtisches. Darauf wartend, endlich ans Tageslicht zu

gelangen. Lange hatte er auf den Moment gewartet, seinem Chef den Skandal mit dem Minister für innerdeutsche Beziehungen unterzujubeln, ohne in die Details gehen zu müssen. Doch dass es in diesem Fall derart einfach von statten gehen würde, überraschte Michael dann doch. Jetzt war alles so schnell und unspektakulär passiert. Selbst seine unkreative Verklausulierung des zwitschernden Vogels hatte Dieter ohne Nachfrage geschluckt.

Dieter kam mit zwei frischen Flaschen Bier zurück. Seine Fanmütze hatte er inzwischen verkehrtherum auf seinem Kopf platziert. Er wirkte auf Michael damit noch lächerlicher als zuvor. Das Glas der kleinen bauchigen Flaschen erzeugte beim Anstoßen jenen vertrauten proletenhaften Klang. Bevor er zum Trinken ansetzte, schnappte sich Michael Dieters Mütze und setzte sie sich selbst auf den Kopf. Und angesichts der erfolgreichen Irreführung seines Chefs, empfand Michael das erste Mal fast so etwas wie Sympathie für den Fußball-Fankult.

26. Pullach

Auf dem Bett stapelten sich T-Shirts, drei Jeans, zwei Anzüge, vier in klarer Plastikfolie verpackte Hemden, Unterwäsche, Socken, drei Paar Lederschuhe, Turnschuhe, ein Trainingsanzug, ein CD-Walkman samt Kopfhörer und zwei Lederjacken. Daneben klaffte ein großer offener Koffer, der versprach das alles in sich aufzunehmen. Auf dem Boden vor der Schlafzimmertür stand Annas kleine Sporttasche. Sie war bereits seit dem frühen Morgen fertig gepackt. Michael fragte sich jedes Mal aufs Neue, wie Anna es schaffte, ihre komplette Garderobe in diesem in seinen Augen viel zu kleinem Ding unterzubringen. Dabei wirkte sie auf ihren gemeinsamen Reisen immer schick gekleidet. Ebenso konnte Michael selten eine Wiederholung ihres Outfits feststellen. Die kleine Sporttasche kam ihm vor wie die Zaubertasche von Mary Poppins. Es fehlte nur noch, dass Anna auch in der Lage war, darin ihre Stehlampe unterzukriegen. Ihm war sonnenklar, dass sein Arsenal an Kleidung für ein gemeinsames langes Wochenende völlig überdimensioniert war.

Anna lehnte grinsend am Türrahmen.

„Zwei Lederjacken?"

Michal fühlte sich in seiner Eitelkeit ertappt.

„Ich hab` noch eine Dritte. Im Koffer ist noch Platz."

„Nimm die braune, die steht dir besser als die schwarze. Außerdem wirkt sie weniger offensiv. Das hilft dir bestimmt bei deinem Gespräch mit dem BND-Mann."

Michael schaute auf die beiden Jacken und begann abzuwägen.

„Nein, ich glaube ich nehme die schwarze mit."

„Sicher?"

„Todsicher!"

Michael hing die braune Lederjacke zurück in seinen Schrank und nahm die schwarze auf seinem Weg zum Flur mit, um sie auf dem Stuhl vor der Eingangstür abzulegen.

„Ich will noch duschen. Machst du uns einen Kaffee?"

„Klar."

Kaum dass sich die Badezimmertür hinter Michael verschloss, ging Anna an den Schrank, öffnete ohne ein Geräusch die Tür und zog die braune Lederjacke zwischen den anderen Kleidungsstücken hervor. Sie fingerte eine kleine Nagelschere aus ihrer Hosentasche und begann mit geschickten Bewegungen das Innenfutter aufzutrennen. Als die offene Naht groß genug für ihre schmale Hand war, griff sie hinein und zog ein kleines Mikrophon samt Minisender aus der Innenseite des Kragens. Aus dem Bad drang das Prasseln des Wassers der Dusche. Anna horchte kurz auf das Geräusch, zog die Jacke auf den Bügel und hängte sie wieder in den Schrank. Mit ihrer zarten Hand hielt sie die Wanze komplett umfasst. Mit unhörbar leisen Schritten schlich sie über das Altbauparkett des Schlafzimmers. Die Wanze verstaute sie unter ihrer Wäsche in ihrer viel zu kleinen Sporttasche.

„Gib mir deine Tasche."

„Du hast genug mit deinem Koffer zu tragen."

Annas gespielte Ironie wirkte glaubwürdig. Die Heckklappe des kleinen roten Sportwagens schnappte durch Michaels festen Stoß in ihr Schloss. Er schaute prüfend auf das reparierte Heck des neuen Flitzers. Der Unfallschaden war nicht mehr zu erkennen. Anna stieg hinter dem Lenkrad hervor und griff ihre Sporttasche, die sie hinter ihren Sitz gelegt hatte.

„Coole Karre. Gut, dass du im Moment nicht fahren darfst. So komme ich wenigstens in den Genuss."

Die tiefen Reifenspuren in dem Kies vor dem Hotel zeugten von Annas rasanten Fahrstil. Michael gefiel ihr sportlicher Gasfuß. Nachdem sie die Transitautobahn verlassen hatten, hatte Anna die mangelnde Geschwindigkeitsbegrenzung auf den westdeutschen Autobahnen voll ausgenutzt. Der italienische Roadster lag wie ein Brett auf der Fahrbahn. Das hatte Anna schnell verstanden und auf ihre Art voll ausgenutzt.

Michael legte seinen Arm um ihre Schulter, während er mit der anderen seinen schweren Koffer wuchtete. Sie hatte mit ihrer kleinen Tasche weit weniger zu tragen, während das junge Paar umschlungen auf den Eingang des kleinen Landhotels zusteuerte.

Am nächsten Morgen lag noch der Nebel über den Feldern neben dem alleinstehenden Gasthaus. Nur einige Autos auf dem Parkplatz zeugten von den wenigen Gästen des Hotels in der ländlichen Umgebung. In dem Frühstücksraum saßen vorwiegend einzelne Herren Zeitung lesend vor ihren Tellern und schlürften Filterkaffee. Das junge Paar saß sich gegenüber. Anna schaute glücklich schauend aus dem Fenster auf den sich verziehenden Nebel.

„Und es macht dir wirklich nichts aus, hier auf mich zu warten?"

Anna wandte sich vom Fenster Michael zu.

„Nein, mach` dir keine Gedanken. Ich muss sowieso noch etwas für die Uni machen."

„Ich bin bestimmt heute am frühen Nachmittag zurück."

„Entspann` dich. Lass dir Zeit. Du hast so lange auf dieses Gespräch gewartet."

„Gut, dann geh ich `mal los. Bis zur BND-Zentrale sind es bestimmt noch 20 Minuten."

Michael stand auf und beugte sich zu Anna herunter. Er küsste sie auf den Mund. Anna legte ihre Arme um seinen Hals und erwiderte die Zärtlichkeit. Ihre Hände griffen dabei an den Kragen seiner schwarzen Lederjacke. Zwischen ihren Fingern spürte sie deutlich die Wanze samt Sender im Futter der Jacke.

„Michael, weißt du was?"

„Ja?"

„Ich komme doch mit nach Pullach. Ich schaue mir ein bisschen das kleine Städtchen an."

27. Der BND

Heilmannstraße 30. Lediglich der in die Betonwand gefräste Bundesadler deutete auf den Eingang des Bundesnachrichtendienstes hin. Der erste Eindruck des Portals war typisch für die bundesdeutsche Zurückhaltung. Nur nicht protzen. Von außen waren keine weiteren Indizien für einen Geheimdienst erkennbar. Vielleicht der Stacheldraht auf der Mauer, die sich durch das wald-ähnliche Terrain schob. James Bond? Fehlanzeige. Das elektrische Panzertor öffnete sich ohne Vorankündigung wie von Geisterhand. Dahinter, etwas versetzt, wurden mehrere Kontrollhäuschen sichtbar. Baujahr — irgendwann in den Siebzigern. Michael fuhr mit seinem auffällig roten Gefährt bis an die Schranke vor. Ein Wachmann hatte ihn bereits im Visier, während andere Uniformierte mit umhängenden Waffen in bedächtigen Bewegungen ihrem Dienst nachgingen. Michael reichte unaufgefordert seinen Personalausweis aus dem Autofenster, den der Sicherheitsbeamte entgegennahm, in seinem Häuschen verschwand und zum Telefonhörer griff. Nach einigen kurzen Sätzen und einem bestätigenden Kopfnicken kam der Kontrolleur auf Michaels Wagen zugelaufen.

„Herr Wiesner, wären Sie so freundlich, mich einen Blick in ihren Kofferraum werfen zu lassen?"

Ja, so nett kann Kontrolle auch gehen, dachte Michael und stieg bereitwillig aus seinem Wagen. Er öffnete die Heckklappe.

„Viel Platz haben Sie darin aber nicht."

„Na ja, glücklicherweise reist meine Freundin mit wenig Gepäck."

Grinsend reichte ihm der Mann in Uniform Michels Ausweis zurück.

„Soviel Glück hat nicht jeder. Bitte auch noch den Motorraum."

Michael ging um das Auto herum und ließ einen Blick unter die Haube gewähren."

„Wieviel PS?"

„Hundertfünfzig."

Der Sicherheitsbeamte hob anerkennend die Augenbrauen und bat noch um eine Leibesvisitation.

„Bitte folgen sie meinen Kollegen und parken sie auf dem Besucherparkplatz vor der Präsidentenvilla. Herr Kolb wird sie dort abholen."

Michael schlug den Motor- und Kofferraumdeckel zu, steckte seinen Ausweis ein und bedankte sich mit einem freundlichen Lächeln. Dann steuerte er im Schritttempo in Richtung des mondänen Hauptgebäudes. Es war umringt von einer mannshohen Mauer. Nicht hoch genug, um sich vor Blicken und Eindringlingen zu schützen. Aber hoch genug, um den imposanten Eindruck des Bauwerks zwischen den vielen hochgewachsenen Bäumen zu unterstreichen. Er hatte viel erwartet, doch dass der BND in dem kleinen Münchner Vorort in einer derartigen Villa residierte?

Bereits im Eingangsbereich verlor sich jedoch der mondäne Eindruck. Es war der behördliche Muff, der Michael entgegenschlug. Der stechende Geruch von Putzmitteln stieg ihm in die Nase. Ein Porträt des Bundespräsidenten hing über Kopfhöhe zentriert an der Wand. Die Stühle für wartende Gäste waren mehr nach ihrer Funktionalität, als nach ihrem Design ausgesucht. Die beiden ihn begleitenden Sicherheitsbeamten standen wortlos in diskretem Abstand an der Wand. Aus der Ferne hörte Michael die Schritte eines Mannes auf sich zumarschieren. Er drehte sich suchend um die eigene Achse. Doch das Echo der Räume ließ keine Ortung zu. Die Schritte auf dem harten Boden wurden immer lauter. Michael meinte sogar, bereits das Rascheln der Kleidung der sich nähernden Person zu hören. Plötzlich stand er hinter ihm. Sein Tonfall hatte etwas militärisches, ebenso wie sein Haarschnitt. Die weißgrauen Haare waren akkurat im Nacken und an den Seiten ausrasiert. Die Haut stach mit einem gebräunten Teint hervor.

„Guten Morgen Herr Wiesner. Schön, dass sie es in unser verträumtes Pullach geschafft haben."

Noch während Winfried Kolb seine Worte sprach, drehte sich Michael leicht erschrocken seinem Gastgeber zu.

„Guten Morgen Herr Kolb. Vielen Dank für die außergewöhnliche Einladung. Es ist mir eine Ehre."

„Herzlich willkommen."

Der Händedruck war fest und für Michaels Gefühl einen Moment zu lang. Noch während sie sich die Hände hielten, drückte Winfried Kolb seinen Gast mit der Kraft des Unterarms in Richtung des Ausgangs. Eine versuchte Geste klarer Überlegenheit. Vielleicht auch nur eine dominante Angewohnheit. Dieser Mann überließ nichts dem Zufall.

„Herr Wiesner, ich zeige Ihnen ein wenig das Gelände."

Der Tonfall der Einladung war ebenso von militärischer Natur wie sein ausrasierter Nacken. Angesichts der soldatenhaften Gestalt erinnerte sich Michael, dass er nie bei der Bundeswehr gedient hatte. Dass er ein Fremdkörper in dieser geordneten Umgebung war. Er ging neben Winfried Kolb durch die Eingangstür nach außen und kam sich angesichts seiner mangelnden militärischen Grundkenntnisse reichlich unbeholfen vor. Der BND-Mann schien Michaels Unbehagen zu spüren und ergriff das Wort.

„Ist Ihnen der geschichtliche Hintergrund unserer BND-Zentrale bekannt?"

Michael verneinte. Wieder fühlte er sich in einer seiner Unzulänglichkeiten ertappt. Warum hatte er sich auch nicht im Vorfeld wenigstens ein wenig über die Zentrale des Bundesnachrichtendienstes informiert? Seine Improvisationsfähigkeit geriet an seine Grenzen. Die beiden Männer schlenderten auf dem asphaltierten Weg durch das bewaldete Gelände. Winfried Kolb begann mit kristallklarem Ton zu referieren.

„Die Nazis haben dieses Gelände errichtet. Ursprünglich hieß sie sogar „Reichssiedlung Rudolf Heß" und war für die Mitarbeiter der NSDAP bestimmt."

Michael war irritiert. Er hatte viel erwartet, doch dass die Bundesrepublik ihren Geheimdienst in der ehemaligen Anlage eines Unrechtssystems betrieb, war ihm zutiefst suspekt. Doch warum erzählte ihm das sein Gastgeber? Der Geheimdienstler schien seine Gedanken zu lesen. Sein Tonfall wurde weicher.

„Keine Sorge, jetzt unterstehen wir der Prüfung eines Parlamentarischen Kontrollgremiums. Insofern ist der Geist aus diesen Wänden längst gewichen."

Michael zwang sich zu einem Lächeln.

„Wahrscheinlich wäre es auch nie dazu gekommen den bundesdeutschen Geheimdienst hier zu installieren, wenn nicht die Amerikaner so viel Interesse an den 50 Stahlkisten gehabt hätten. Diese hatte der Generalmajor der Wehrmacht Reinhard Gehlen Anfang 1945 vom Hauptquartier des Generalstabs nach Bayern geschaffte und sie dort vergraben."

„Was war in den Kisten?"

„Es war das gesamte NS-Archiv der Abteilung fremde Heere Ost."

„Das hat natürlich die Amerikaner interessiert." Michael taute langsam auf.

„Und wie. Es führte dazu, dass Gehlen der erste Präsident des Bundesnachrichtendienstes wurde."

„Ein ehemaliger Nazi?"

„Na ja, die Amerikaner waren schon immer Pragmatiker. Die Informationen standen im Vordergrund, der Kalte Krieg begann und die US-Regierung war an dem Fachwissen der Aufklärungsleute des Dritten Reichs interessiert. Insofern für die CIA ein gefundenes Fressen. Zu Beginn hieß das Ganze hier sogar Operation Gehlen, bevor es zum Bundesnachrichtendienst umbenannt wurde. Aber sie haben völlig recht. Gehlen rekrutierte sogar weitere Ehemalige der SS, Gestapo und Offiziere der Wehrmacht für seine neue Organisation."

„Oh je."

Kolb blieb stehen.

„Herr Wiesner, darf ich Sie beruhigen?"

Michael schaute auf und Kolbs folgender Satz wirkte wie seine oberste Direktive: „Ich bin kein Nazi."

Michael vermied bei seiner Reaktion den Blickkontakt.

„Da bin ich aber beruhigt."

Die Frage, wie es mit seinen vielen anderen Kollegen aussähe, ersparte er sich und machte gute Miene zum bösen Spiel. Die beiden spazierten von der Präsidentenvilla entlang der korrekt geschnittenen Rasenflächen. Hochgewachsene Bäume gaben dem Gelände den Eindruck eines wilden Parks. Schon wieder kam Michael beim Anblick des gleichförmigen Rasens der Vergleich mit Kolbs akkurat geschnittenem Nackenhaar in den Sinn. Ohne es sich anmerken zu lassen, war er innerlich über den Vergleich höchst amüsiert. Zugleich ärgerte er sich immer noch über seine mangelnde Vorbereitung des Treffens. Der einzige Gedanke, der den Hauch einer Vorbereitung genügte, war die Überlegung, dass dies ein Vorbereitungstreffen für das eigentliche Gespräch sein sollte. Dass das jedoch für seine Ansprüche völlig ungenügend war und er damit den Geheimdienstler kaum aus der Reserve locken konnte, wurde ihm spätestens jetzt klar.

Sie spazierten vorbei an einem Tennisplatz. Unkraut hatte sich bereits seinen Weg durch die Spielfläche gebahnt und verriet die mangelhafte Benutzung des Tennisfeldes. Kolb schien Michaels Beobachtung zu bemerken.

„Tja, zum Tennisspielen haben unsere Agenten wenig Zeit."

Das ungleiche Paar erreichte ein weiteres historisch anmutendes Haus. Es stand auf einer kleinen Lichtung. Ebenso symmetrisch angelegt und mit sieben Säulen an der Frontseite glänzte das Solitäre auf dem wohlbehütenden Gelände.

„Das Clubhaus. Ursprünglich mal als Kindergarten gebaut, nutzten es die Amis nach dem Krieg um den deutschen Briefverkehr zu überwachen. Auf dieser Terrasse feierte Hitler 1940 übrigens seinen Einmarsch der Wehrmacht in Paris."

Michael schaute auf die Veranda und versuchte sich die Szenerie vorzustellen.

„Wo sonst?"

Er war sich nicht sicher, ob seine ironische Bemerkung bei seinem Gesprächspartner für Unterhaltung sorgte. Zumindest kommentierte Winfried Kolb sie mit einem verschmitzten Lächeln.

„Während nach dem Krieg in den deutschen Städten noch gehungert wurde, feierte man hier mit Cola, Torten und Whiskey. Darunter gibt es einen alten Bunker. Eine Anekdote des

BND besagt, dass die, die zu laut schnarchen dort untergebracht wurden. Aber …"

„Ja?"

„Unser schlimmster Feind sind jedoch die 150 tierischen Spione."

Michael schaute ungläubig.

„Siebenschläfer. Sie schauen uns bei der Arbeit zu. Die kleinen Viecher nagen alles an, was ihnen zwischen die Zähne kommt. Vorzugsweise Stromkabel. So haben sie letztens sogar die Präsidentenvilla lahmgelegt. Ungewöhnlich, dass die Siebenschläfer ausgerechnet in unserem kleinen Wald so aktiv sind. Töten dürfen wir sie nicht. Da unterliegt der BND genauso der Regulatorik des Tierschutzes wie jeder andere Verein in der Bundesrepublik. Also haben wir Lebendfallen aufgestellt und die Tiere am anderen Ufer der Isar ausgesetzt. In der Hoffnung, dass sie nicht zurückfinden."

„Ich drücke Ihnen die Daumen."

Winfried Kolb spürte Michaels Langeweile über die Siebenschläfer-Geschichte. Er zog seinen Joker.

„Wir haben sogar einen Führerbunker."

„Wie bitte?"

„Ja, Sie haben richtig gehört. Gleich da vorne. Der Bunker „Hagen". In Nazi-Zeiten auch „Führer-Ausweichhauptquartier Siegfried" genannt. Er ist sogar dreimal so groß, wie das damalige Pendant in Berlin."

„Können wir dort hineingehen?"

„Wenn Sie möchten, gerne."

„Das ist kein geheimes Terrain?"

„Nein, absolut nicht. Obwohl es sechs Meter unter der Erde liegt. Sie werden überrascht sein, was wir dort unten machen."

Sie verließen die asphaltierte Straße und betraten einen Waldweg. Das Gestrüpp hatte sich über die Jahre sein Terrain zurückerobert. Lediglich ein schmaler freigeschnittener Pfad wies ihnen die Richtung durch die urwaldartige Botanik. Der Weg endete an einer dicken Stahltür umgeben von meterdickem Beton. Das eiserne Tor prangte wie der Eingang in eine düstere, längst vergangene Zeit, eingebettet zwischen dem saftigen Grün. Die Vorstellung, dass einst Hitler den gleichen Weg ging, befremdete Michael. Seine Hand fasste an das alte Metall. Keine Spuren von Korrosion oder Rost. Winfried Kolb zückte ein Schlüsselbund und schob einen Schlüssel in das alte Schloss. Geschmeidig wie am ersten Tage drehte sich der Zylinder und öffnete den Weg in einen quadratisch angelegten dunklen Kellereingang. Das laute Klacken des eingeschalteten Lichts gab den Blick auf weiß verputzte Wände frei. Keine Spur von Beton. Keine kellerartige Atmosphäre. Michael erwartete einen alten muffigen Geruch aus dem Treppeneingang. Doch selbst als sie bereits einige Stufen hinuntergingen, war die Luft erstaunlich frisch und frei von Gerüchen.

„Wir wussten lange Zeit nicht, was wir mit diesem Monstrum machen sollten. Immerhin ist es 70 Meter lang und 20 Meter breit. Hier unten sind mehr als 30 Räume eingebaut. Er ist übrigens der einzige noch erhaltene, nicht gesprengte oder abgebrochene Führerbunker."

„Tatsächlich?"

Sie hatten inzwischen die letzten Stufen der Treppe erreicht. Vor ihnen eröffnete sich ein langer Gang, von dem mehrere leerstehende Räume abgingen. Die Wände waren hier unten mit Holzpaneelen verkleidet und verliehen dem Keller etwas nahezu Gemütliches. Winfried Kolb öffnete eine weitere Stahltür.

„Hier sind die Lüftungsmaschinenräume untergebracht. Äußerst effektive Filter, die die Insassen sogar bei einem Giftgasangriff für Wochen mit frischer Luft versorgen."

Michael war überrascht, warum Kolb dies im Präsens erklärte. Doch die verbaute Technik erklärte zumindest die gute Luft in dieser Tiefe.

„Aber ich wollte Ihnen eigentlich etwas Anderes zeigen."

Michael stiefelte bereitwillig hinter Kolb her. Nach einigen Metern führte der Gang in einer scharfen Abbiegung nach links. Sie betraten einen langen Raum, der zunächst aufgrund der beplankten Wände wie eine Hobbykegelbahn anmutete. Doch schnell erkannte Michael was tatsächlich hinter der eigentümlichen Konstruktion steckte. Es handelte sich um einen Schießstand.

„Sie üben in dem Führerbunker schießen?"

„Wir wussten sonst nicht so recht, was wir mit diesen Räumlichkeiten machen könnten. Sollten wir etwa im Führerbunker eine Führungszentrale einbauen?"

Der Agent kommentierte sein Statement mit einem entschuldigenden Achselzucken. Michael war sprachlos. Sein Blick fiel auf einen gläsernen Waffenschrank an der Wand. Eine Walther PPK hing neben einer russischen Kalaschnikow Pistole. Die Standardwaffe des BND neben dem sowjetischen Pendant. Kolb bemerkte Michaels Interesse.

„Auch wir müssen wissen, wie sich die Waffen unserer Kollegen auf der anderen Seite des Eisernen Vorhangs verhalten."

Winfried Kolb öffnete den Waffenschrank und reichte Michael die Kalaschnikow. Dieser nahm sie fachmännisch in die Hand, prüfte ihr Gewicht, nahm sie hoch und zielte in Richtung des Pappkameraden am Ende des Schießstandes. Die Zielfigur war erstaunlich detailliert dargestellt. Sie hatte rote

Haare und trug ein grünes Jackett sowie eine braune Hose. Noch mit der Pistole auf die Zielscheibe zielend sprach Michael:

„Stellen Sie sich so die feindlichen Agenten vor?"

Kolb bemerkte Michaels professionelle Schießhaltung.

„Möchten Sie schießen?"

„Okay."

Der BND-Mann reichte ihm Ohrenschützer und eine Schutzbrille. Dann griff er ein Magazin aus dem Waffenschrank und reichte es Michael. Mit einer schnellen Handbewegung schob dieser es in den Griff der Feuerwaffe.

„Darf ich?"

„Nur zu."

Michael hob die Pistole mit der rechten Hand, umfasste sein Handgelenk mit der linken und begann sich auf seinen Atem zu konzentrieren. Dann atmete er tief aus, zielte zunächst etwas über den Kopf, zog die Pistole langsam nach unten bis Kimme und Korn den oberen Rand des Kopfes trafen und drückte ab. Innerlich vorbereitet auf den Rückstoß der Waffe schnellten seine ausgestreckten Arme von der Wucht des Schusses in die Höhe. Fast zeitgleich nahmen die beiden Männer die Ohrenschützer ab.

„Respekt. Für einen Kriegsdienstverweigerer schießen sie aber erstaunlich gut."

Die Kugel hatte genau zwischen die Augen der Zielfigur getroffen. Michael senkte seinen Blick und starrte auf den Boden.

„Sie haben sogar die Flugbahn richtig kalkuliert."

In dem ansonsten so nüchternen Ton von Kolb schwang plötzlich so etwas wie Begeisterung. Michael schaute immer noch auf den Boden.

„Woher wissen Sie, dass ich den Wehrdienst verweigert habe?"

Noch während Kolb jetzt die Walther PPK aus dem Waffenschrank nahm und diese lud, antwortete er.

„Herr Wiesner, wir sind der bundesdeutsche Geheimdienst. Und Sie befinden sich auf dem am besten gesichertsten Gebiet der Bundesrepublik Deutschland. Glauben Sie, wir lassen hier jemanden hinein, über den wir uns nicht detailliert im Vorfeld informieren?"

Michael gruselte die Vorstellung, dass jemand in seinen Akten geschnüffelt hatte. Doch erst im zweiten Gedankengang wurde ihm gewahr, dass die ihm zugespielten DDR-Akten den BND viel mehr interessieren könnten.

„Herr Wiesner, wenn ich es nicht besser wüsste, würde ich annehmen sie arbeiten für einen Geheimdienst."

Michael versuchte sein Erschrecken über Kolbs Äußerung mit Ironie zu kaschieren.

„Sie haben mich durchschaut. Ich arbeite für den britischen MI6. Denn die haben die coolere Dienstwagen als die Deutschen."

Ihm kam das dunkle Auto in den Sinn, von dem er sich in Berlin verfolgt gefühlt hatte. Michael hatte plötzlich eine Ahnung, warum ihm die vermeintliche „Ehre" dieses Besuchs zuteilwurde. Kolb wollte ihm auf den Zahn fühlen.

„Herr Wiesner, ich will offen zu Ihnen sein."

In der Frage schwang in Michaels Ohren ein anklagender Ton mit. Hatte der Bundesnachrichtendienst bereits von seinen geheimen Dokumenten erfahren? Michael spürte eine zunehmende Feuchtigkeit unter seinen Achseln. Gleichzeitig versuchte er, seine in sich aufsteigende Aufregung zu verbergen. Vorsichtig wischte er seine schwitzenden Handflächen an seiner Hose ab. Nur nichts anmerken lassen. Er konzentrierte seinen Blick auf die Walther PPK in der Hand von Winfried Kolb, um nicht in die Augen des Geheimdienstlers blicken zu müssen. Wahrscheinlich roch dieser bereits seine Nervosität. Diesem hochqualifizierten Spürhund entging sicherlich nichts. Erst recht nicht die vorgespielte Souveränität eines Hochstaplers. Genau so kam er sich vor. Wie ein Lügner. Gefangen sechs Meter unter der Erde. Umgeben von meterdickem Stahlbeton. Dort wo der einstige Führer des tausendjährigen Reiches sein feiges Versteck hatte installieren lassen. Kolb fuhr fort.

„Ich habe ein persönliches Anliegen an Sie."

Er reichte Michael die Pistole.

„Doch zuvor sollten sie die Standardwaffe unserer BND-Agenten mit dem russischen Modell vergleichen."

Michael umfasste den Griff der deutschen Handfeuerwaffe und versuchte erneut seinen Atem zu kontrollieren. Er schob die Ohrenschützer über seinen Kopf und legte an. Das Zittern seiner Hände war von außen nicht zu erkennen. Doch Michael wusste, dass es ausreichte, um sein Ziel zu verfehlen. Zumindest würde er die Präzision des vorherigen Schusses in diesem Zustand unmöglich wiederholen können. Trotzdem legte er an, zielte und drückte ab. Dieser Schuss traf noch nicht einmal das Papier der Zielscheibe.

„Sie scheinen eine klare Präferenz zu haben", kommentierte Kolb den misslungenen Versuch.

„Herr Wiesner, lassen Sie mich zur Sache kommen."

Michael gab auf. Jetzt würde Kolb ihn wegen geheimdienstlicher Vergehen anklagen. Bestimmt hatte er mit seinen Agenten bereits das Versteck in seiner Berliner Wohnung entdeckt und sämtliche Geheimpapiere vorliegen. Michael war bereit alle Karten auf den Tisch zu legen. Er hatte keine Lust mehr auf diese Geheimniskrämerei. Ihm war speiübel. Kolb holte tief Luft und setzte zu seinem nächsten Satz an.

„Wir haben ein Problem mit Bonn und Sie könnten uns helfen."

28. Der Deal

„Ihr habt geschossen? Im Führerbunker?"

„Also genauer gesagt: Ich habe geschossen. Der BND-Mann hat nur zugeschaut."

„Wieso hat der Bundesnachrichtendienst einen Schießstand unter der Erde?"

„Weil sie anscheinend sonst nichts anderes mit dem gepanzerten Keller anzufangen wussten."

Anna schüttelte den Kopf. Sie fragte sich, ob sie die Vorstellung amüsieren oder aufregen sollte. Ihr Cappuccino war fast ausgetrunken. Sie begann die mit Kaffee getränkte aufgeschäumte Milch aus der Tasse zu löffeln. Eine Angewohnheit, die darauf hindeutete, dass Anna sich ihrer Emotionen unschlüssig war. Eine Marotte, die nur ihr klar war und die sie pflegte, seit sie im Westen den italienischen Kaffee für sich entdeckt hatte. Draußen auf der Leopoldstraße flanierten die wohlhabenden Münchner mit edlen Einkaufstüten.

„Sie hatten sogar eine Kalaschnikow. Weißt du was das ist?"

Anna zögerte kurz, bevor sie wider besseren Wissens verneinte: „Nö."

„Die Standardwaffe der Sowjets."

„Ach was."

Sie war sich unsicher, ob ihre vorgetäuschte Unkenntnis glaubwürdig wirkte. Übungen mit Schusswaffen gehörten zu ihrer Grundausbildung. Ihre Treffsicherheit war unter ihren Kollegen hoch anerkannt. Schnell versuchte Anna das Gespräch in eine andere Richtung zu lenken.

„Wo hast du das Schießen gelernt?"

„Mein Vater hat es mir beigebracht. Ab einem bestimmten Alter wurde er zum Waffennarr. Er hatte sogar eine 45er Magnum."

„Nee! So ein großkalibriges Ding. Das ist doch illegal."

„Du weißt, was eine Magnum ist?"

Anna stockte und suchte nach einer Erklärung.

„Na ja, die hat doch jeder Ganove in den amerikanischen Actionfilmen."

Michael schien sich mit der Erklärung zufrieden zu geben. Er lehnte sich zurück und schaute aus dem großen Fenster des Restaurants.

„Sie haben mir einen Deal vorgeschlagen. Das musst du aber für dich behalten. Versprichst du mir das?"

Sie schaute fest in Michaels Augen.

„Ja. Ich behalte das für mich."

„Nachdem Kolb mir die gesamte Nazi-Vergangenheit des BND referiert hatte, kam er endlich auf den Punkt."

„Inwiefern?"

„Der Bundesnachrichtendienst wird in den Bonner Ministerien kaum wahrgenommen. Sie schicken jeden Tag einen Kurier mit aktuellen Berichten per Auto oder Bahn von Pullach in die Hauptstadt. Nur dort werden sie gar nicht oder erst viel zu spät gelesen."

„Das heißt ihre Arbeit …"

„… ist nahezu umsonst", sagte Michael. „Zumindest wird sie in Bonn nicht ausreichend berücksichtigt und verarbeitet."

Anna atmete tief durch.

„Wie dumm ist das denn?", sagte sie.

Michael beugte sich nach vorne und begann leiser zu sprechen.

„Ich nehme an, es hat mit der NS-Vergangenheit des BND zu tun. Welcher Politiker will sich schon in die Nähe eines Systems begeben, welches im Verdacht steht, mit NS-Altlasten zu operieren?"

„Sind in Pullach noch Nazis?"

„Inzwischen sind die letzten wohl pensioniert oder weggestorben. Aber die Bedenken bestehen im Bundeskanzleramt anscheinend immer noch."

„Und was hast du damit zu tun?"

Michaels Blick wandte sich kurz auf die Straße, bevor er Anna antwortete.

„Ich soll ihr Bild in der Öffentlichkeit besser verkaufen."

„Und was haben sie dir im Gegenzug angeboten?"

„Einen Exklusivbericht über Pullach mit ersten Filmaufnahmen auf dem Gelände."

Anna hob beeindruckt ihre Augenbrauen.

„Klingt doch irgendwie spannend, oder?"

„Klar klingt das spannend, nur … " Michael zögerte.

Annas rechte Hand legte sich zärtlich auf die seine. Mit der anderen begann sie, Michaels Nacken zu kraulen. Langsam wanderte die Hand über den Hals nach unten und verharrte an dem Kragen seiner Lederjacke. Zwischen ihren Fingern spürte sie im Jackenfutter noch deutlich die Erhebung des eingenähten Mikrophons.

29. In der Werkstatt

„Den Dreizehner. Drüben auf der Werkbank."
Mit brennender Zigarette im Mund stand der Mechaniker unter dem hochgebockten Auto. Seine verschmierten Hände schraubten auf der Unterseite von Michaels rotem Sportwagen.

„Der hier?"

„Das ist doch kein Dreizehner!"

Anna, die bislang eher gelangweilt am Durchgang lehnte, ging schleppend zu Alfred, dessen Blick suchend über das Chaos der Werkstatt wanderte. Ihre schmale Hand griff zielsicher den silberfarbenen Schraubenschlüssel und hielt ihn grinsend vor Alfreds Nase.

„Das ist ein Dreizehner. Hast du nie deinen Trabi repariert?"

Während sie mit dem richtigen Schraubenschlüssel in der Hand zu dem Mechaniker ging, rief Alfred ihr seine Antwort hinterher: „Ich hatte noch nicht einmal einen Trabi. Ich habe die acht Jahre Wartezeit lieber damit verbracht, gegen den kapitalistischen Imperialismus zu kämpfen! Außerdem fuhr unsere Abteilung einen russischen Wolga. Und den konnte man gar nicht reparieren."

Mit dem gespielten Ausdruck von Genervtheit überreichte sie dem Handwerker das Werkzeug. Dieser nahm den Schlüssel schweigend entgegen, und begann an der Unterseite des Motorblocks zu schrauben.

Die Werkstatt bestand aus einem Wohnzimmer-großen Raum. Durch die kleinen, verdreckten Fensterscheiben des geschlossenen Tores drang nur wenig Tageslicht in die kleine Garage. An den Wänden hingen alte Werbetafeln von Autoherstellern und Ölfirmen. Dazwischen klebten vergilbte Zeitungsausschnitte mit nackten Pin-Ups. Drei Leuchtstoffröhren versuchten ein wenig Licht in das chaotische Dunkel zu bringen. Als würde eines der Leuchtmittel vor der Unordnung kapitulieren, flackerte diese in unregelmäßigen Intervallen an und aus. Zwischen alten Autoteilen, Blecheimern und anderem Gerümpel glänzte die knallrote Karosserie des italienischen Sportwagens auf der altertümlichen Hebebühne wie ein Juwel. Aus einem Loch an der unteren Seite des Motors floss schwarzes Öl in einem langen Strahl in eine darunter stehende Schüssel. Der Ölfluss wurde sichtbar geringer und verebbte, als der Mechaniker begann, eine mit mehreren Muttern befestigte Stahlwanne abzuschrauben. Immer noch mit der Kippe zwischen den Lippen nuschelte er vor sich hin.

„Gleich haben wir es."

Anna schaute interessiert. Auch Alfred kam einige Schritte näher, um die kommende Aktion aus der Nähe beäugen zu können.

„Wieviel Zeit haben wir?"

Ihren Blick nicht von der Karosserie abwendend, antwortete Anna: „Genug. Michael ist mit dem Flugzeug nach Hamburg geflogen. Er hat mir den Wagen für die Zeit geliehen."

„Er vertraut dir seinen schicken Sportwagen an?"

„Ja, das tut er."

In Annas Reaktion schwang Unmut mit. Alfred bemerkte den sich anbahnenden Konflikt und legte seinen Arm väterlich um ihre Schulter. Wortlos folgten beide den geschickten Fingern des Mechanikers.

„Kann das jemand von euch halten?"

Ohne zu zögern, nahm Anna die verschmierte Ölwanne in beide Hände. Alfred bewunderte Annas Geschick, ihre Kompromisslosigkeit Dinge anzugehen. Bereits im ersten Semester auf der Stasi-Universität war sie ihm aufgefallen. Er erinnerte sich an ihre engagierte Sitzposition in der ersten Reihe des Vorlesungsraums. Niemand nach und niemand vor ihr, war je so konzentriert bei der Sache gewesen. Ihre klugen und teils nagenden Fragen konnten so manchen Referenten aus der Fassung bringen. Gepaart mit einer tiefen Liebe und Hingabe zum Sozialismus, war sie die Beste von allen, die je die geheimdienstliche Ausbildung der DDR durchliefen. Davon war Alfred felsenfest überzeugt. Und zugleich spürte er seine eigene Verblendung gegenüber dem hübschen, jungen Gesicht. Sie war die Tochter, die er sich immer gewünscht hatte. Anna war für Alfred wie die leuchtende Ikone eines sozialistischen Propagandaplakats. Wie das perfekte Abbild der emanzipierten Landarbeiterin in einer sowjetischen Kolchose. Ihr Kopf war leicht nach oben gerichtet. Stolz und verantwortungsvoll. Im Blick die kommunistische Zukunft einer besseren Welt. In einer Welt, in der alle Menschen gleich waren und gleich sein wollten.

Der Stich in seinem Herzen tat gar nicht so weh. Seine Hand griff fester um Annas Schulter. Nicht zu fest. Er wollte seinem kleinen Mädchen nicht wehtun. Das blecherne Aufschlagen der Ölwanne drang nur dumpf in seine Gehörgänge. Aus den Augenwinkeln konnte er noch erkennen, wie sie im Schreck das ölige Autoteil fallen ließ. Er sah tief in ihre weit aufgerissenen wunderschönen Augen. Alfred hörte seinen Namen rufen. Laut und verzweifelt. Mit ihrer so wohlklingenden Stimme. Er spürte, wie er aufhörte zu atmen. Der Reflex des Einatmens verließ ihn.

Seine Augen starrten weit aufgerissen unter das Fahrwerk des roten Sportwagens. Unbeweglich. Das pechschwarze, klebrige Öl war über seinen gesamten Oberkörper verteilt. Die Handabdrücke von Annas ölverschmierten Händen auf seiner kompletten Brust abgebildet. Die abstrakte Batik verzweifelter Wiederbelebungsversuche schmückten Alfreds Leichnam. Die Ölpfütze in der er lag, wirkte wie eine schwarze Blutlache. Annas Reflex ihre Tränen abzuwischen, hinterließ auf ihrem zarten Gesicht eine weitere Spur des schwarzen Pechs. Die Zigarette des Mechanikers steckte immer noch zwischen seinen Lippen. Ihre Glut war inzwischen erloschen. Sein Blick immer noch auf den am Boden liegenden Toten gerichtet. Als würden die leblosen Augen ihren letzten Blick auf ein Objekt richten, das sich innerhalb des Motors befand. Der tote Körper des Agenten schien nicht von seiner Bestimmung ablassen zu wollen. Selbst nachdem das Leben aus ihm gewichen war, sollte seine Mission zu Ende geführt werden. Am Ende der Sichtachse der leblosen Augen befand sich ein eigenartiges kleines öl-verschmiertes Plastikpaket. Es war mit zwei Rohrschellen an der Innenseite des Getriebes befestigt. Zuvor noch perfekt verdeckt von der eben noch auf den Betonboden gefallenen Ölwanne. Der Mechaniker begann die beiden Schellen zu lockern, während er den fremdartigen Plastikbehälter sorgsam mit einer Hand festhielt. Langsam löste sich der Sonderling aus seiner Befestigung und der Mann reichte ihn wortlos an Anna. Ihr Blick fiel noch einmal auf Alfreds aufgerissene

Augen. Dann löste sie das Gewebeband, dass das kleine Gefäß sorgsam verschloss und öffnete den Deckel. Darin erschien ein ungewöhnliches, elektronisches Bauteil. Ein kleines rotes Licht blinkte in regelmäßigen Abständen. Die Batterie funktionierte also immer noch. Ein Zeichen dafür, dass der Abhörsender die ganze Zeit aktiv gewesen war.

29. Hohenschönhausen

Der drohende Satz hallte noch durch seinen Kopf: „Pass auf, sonst kommst du nach Hohenschönhausen." Jeder wusste mit diesem Namen etwas zu verbinden. Obwohl dieser Ort noch nicht einmal auf einer Karte verzeichnet war. Bereits in seiner Kindheit war das Berliner Stasigefängnis das drohende Mahnmal für freche Bemerkungen und Renitenz. Und trotzdem blieb dieser Begriff gesichtslos. Für Millionen von Menschen ein abschreckendes Moment „die Klappe zu halten", oder es sich zweimal zu überlegen, einen Ausreiseantrag in das westliche Ausland zu stellen, dachte Karl. Denn hinter diese Mauern würde man erst einmal kommen und genau das Gegenteil von dem erfahren, was man sich eigentlich erhoffte. Freiheit. „Doch wo gehobelt wird, da fallen Späne." „You can't make an omelette without breaking eggs." „Hoch lebe der internationale Sozialismus." Und dafür muss man seine Schäflein schon ein wenig disziplinieren. Oder zumindest einschüchtern. Denn wohin führte die uneingeschränkte Freiheit? Zeigte der kapitalistische Imperialismus nicht deutlich, dass die Menschen mit dieser Freizügigkeit gar nichts anzufangen wussten? Sich lediglich betäubend mit der Droge der freien Marktwirtschaft? Opium für`s (Konsumenten-) Volk? Ohne Visionen einer besseren Welt. Ohne Gemeinschaftlichkeit. Fernab jeglicher Spiritualität.

Die Betonabsperrung war sogar etwas höher als die Berliner Mauer. Obenauf fein säuberlich mit Stacheldraht verziert. Selbst die achteckigen Wachtürme waren exakt vom gleichen

Typ, wie die, die den antiimperialistischen Schutzwall schmückten. Straßenlaternen waren in dichten Abständen an der Mauer befestigt, um selbst der Dunkelheit keine Chance zu geben, dieses Gebäude auszublenden. Das Bollwerk für den sozialistischen Gedanken erhob sich wie ein klares Bekenntnis neben Plattenbauten und Einfamilienhäusern. Wie mochten sich die unmittelbaren Nachbarn dieses Monstrums fühlen? Täglich wurden sie durch dieses Denkmal an die Autorität des kommunistischen Gedankens erinnert.

Karl schaute auf das Tor, das androhte seine Besucher wie ein großes Maul zu verschlingen. Ihm war nicht wohl dabei, nun durch diesen Eingang zu marschieren. Freiwillig. Auf Bestellung des Ministers für Staatssicherheit persönlich. Was trieb Mielke dazu, diesem unangenehmen Quartier einen Besuch abzustatten? Niemand konnte ernsthaft freiwillig durch dieses Tor gehen. Und jetzt tat es sogar Karl selbst.

Der Tonfall der Wachmänner erinnerte ihn an die Grenzstationen der Zonengrenze. Obwohl der Schriftzug des Ministeriums für Staatssicherheit deutlich auf der Vorderseite seines Dienstausweises hervorstach, schien dies für die Uniformierten kein Hinweis zu sein, nur den Hauch einer kollegialen Regung gegenüber Karl zu zeigen. Geduldig ließ er die Kontrollzeremonie über sich ergehen. Die DDR war Weltmeister der Formalitäten. Als hätte die Staatsführung sämtliche bürokratische Systeme dieser Welt studiert, um daraus die unanfechtbar behördliche Festung dieses Planeten zu kreieren. Und dass mit diesen Kameraden, die gerade seine Papiere sezierten nicht zu spaßen war, schwitzte ihnen durch jede Pore ihrer autoritären Uniform. Der Knast von Hohenschönhausen gehörte zu den angsteinflößendsten Momenten des Arbeiter- und Bauernstaates. Sorgfältig wurden die unmenschlichen Episoden dieser

Haftanstalt im Lande verbreitet. Damit jedem braven Bürger gewahr wurde, sich linientreu zu verhalten. Die Frage, wer die Darstellungen unendlich langer Verhöre, Gummizellen im Keller, Schlafentzug, Drohungen und Folter unter der Bevölkerung streute, konnte niemand mehr als der Meister der Angst selbst beantworten. Erich Mielke. Das System der Furcht gipfelte in Gebäuden wie diesen. Denkmälern des Grauens.

Karl verstand nicht, warum ihm zum Zeitpunkt seines Entschlusses überzulaufen, die Abstraktionsfähigkeit gefehlt hatte, sich dieses Mechanismus bewusst zu sein. Er versuchte, sich an den Moment zu erinnern. Wie er an der Flasche hing. Die Verzweiflung und der Selbsthass. Sein geliebter Junge, der wuchs, groß und unabhängig von ihm wurde. So nah und doch so unerreichbar fern lebte. Von seinem eigenen Vater verlassen. In die Einbahnstraße des Eisernen Vorhangs.

Inzwischen war Karl selbst Teil dieses totalitären Systems geworden. Und seine neue Liebe hatte ihm die Augen wieder geöffnet. Marlene. Welch wunderschöner Name. Sie hatte den Gedanken in ihm geweckt, sich mit seiner geheimdienstlichen Position gegen das System zu wenden. Es loderte in ihm. Doch der letzte Impuls, sich gegen seine neue Heimat zu wenden, fehlte noch.

Als er endlich durch die Sicherheitsschleuse gewunken wurde, spürte er, dass diese letzte Offenbarung kurz vor ihm lag.

Im Hof des Gefängnisses erwartete ihn bereits ein weiterer Wärter. Mit der knappen Aufforderung ihm zu folgen, drehte dieser sich zackig um die eigene Achse und starkste mit militärischem Schritt vorneweg. Nach einigen Metern betraten sie das Treppenhaus des Verwaltungsgebäudes. Es waren einzelne kurze befehlsartige Ausrufe, die zwischen den stillen Wänden hallten. Zunächst nicht verständlich, aber auf dem Weg zunehmend deutlich wahrnehmbarer.

„Und rechts … nicht so lasch …"

Karl versuchte sich die Szenerie hinter den Kommandos vorzustellen. Im Geiste sah er Gefangene, die dazu gezwungen wurden, im Gleichschritt zu marschieren. Doch dann drangen weitere Wortfetzen seine Ohren.

„Genossen … und links …"

Der Berliner Akzent kam ihm bekannt vor. Er versuchte, leiser aufzutreten, um die Laute genauer identifizieren zu können. Für einen Befehl gegenüber politischen Häftlingen, klangen die Kommandos viel zu freundlich. Karls eskortierender Wärter hielt vor einer verschlossenen doppelflügeligen Tür an. Auf einem kleinen Schild stand: Kantine. Die dumpfen Rufe und Essensdunst drangen durch die Ritzen. Zugleich waren das kollektive Geraschel und Tritte einer Horde von Menschen deutlich hörbar. Der Uniformierte öffnete die Tür. Karl trat hinter ihm ein. Das Bild, das sich ihm offenbarte, hatte er am wenigsten erwartet. Erich Mielke stand am Kopfende des großen Saals und vollführte Gymnastikübungen. Ihm gegenüber standen Uniformierte hinter ihren Tischen und versuchten die ungelenken Bewegungen ihres Chefs, so gut wie möglich zu imitieren. Karl hätte am liebsten lauthals losgelacht. Es kostete ihn große Anstrengung seine Amüsiertheit zu unterdrücken und so richtete er seinen Blick fortwährend auf den Boden.

„Genossen, kommt rein — hier vorne ist noch Platz."

Ohne weitere Aufforderungen stellte sich sein Eskortierender an das Ende der vorderen Reihe und begann die Gymnastikübungen Mielkes mit auszuführen. Karl stand unbeholfen daneben und schaute sich ungläubig um.

Mit atemlosen Berliner Akzent rief Mielke in den Raum.

„In einem gesunden Körper wohnt ein gesunder Geist." Und dann fügte er grinsend hinzu. „Hat schon Stalin gesagt."

Karl hatte schon einigen absurden Szenarien mit Mielke beigewohnt. Doch dieses Theater übertraf alles bisher Gesehene. So stand er also, seine Arme selbst in die Hüften gestemmt mit Hula-Hoop-kreisenden Hüftbewegungen, im gefürchtetsten Politgefängnis der DDR. Ihr Chef kannte in seiner übersteigerten Dominanz weder Zurückhaltung noch Peinlichkeit. Sein dicker Bauch kreiste in umständlichen Kurven um die eigene untersetzte Gestalt.

Das frisch gestärkte Leinentaschentuch war mit lila Streifen verziert. Dort wo sich die länglichen Muster auf dem weißen Grund kreuzten, entstand ein etwas dunklerer lilafarbener, fast brauner Ton. Die kleinen Wurstfinger hatten das Taschentuch noch einmal in der Mitte gefaltet und tupften die Schweißperlen von der hohen Stirn. Darauf bedacht, die sorgfältig nach hinten gekämmten Haare nicht in Unordnung zu bringen. Karls Größe ließ ihn direkt auf Mielkes Haaransatz blicken.

Nebeneinander herlaufend, wandte sich der Minister Karl zu.

„Genosse Telemann, Sie haben mir eine große Freude bereitet."

Karl erschrak. Nichts lag ihm ferner, als für das emotionale Wohlbefinden dieses unangenehmen Zwerges zu sorgen. Und doch war ihm klar, dass es seinem Vorhaben nützen könnte.

„Die Siebenschläfer."

Mielke richtete während des Gehens ein erwartungsvolles Grinsen an Karl. Doch dieser blieb stumm. Karl wusste nichts mit dem Gesprächsimpuls des Ministers anzufangen.

„Kommen Sie schon. Sie sind doch sonst nicht so begriffsstutzig."

Langsam dämmerte es Karl.

„Sie reden von den kleinen Nagetieren im Hauptquartier des BND in Pullach?"

„Wovon sonst? Dank Ihnen weiß ich nun, dass mein Plan aufging."

Karl kombinierte.

„Es war ihre Idee, die Siebenschläfer auf dem Gelände des Bundesnachrichtendienstes auszusetzen?"

„Genial, nicht wahr?"

Ein selbstzufriedenes Lächeln machte sich auf dem Gesicht des Stabschefs breit.

„Der westdeutsche Geheimdienst ist ein Witz. Die können noch nicht einmal ein Nagetier umbringen. Wie will man so ein Land regieren?"

Vor ihnen wurde ein weiteres Gittertor aufgeschlossen. In dem langen Gang reihten sich die Türen der Häftlingszellen aneinander. In Augenhöhe waren fünfmarkstück-große Türspione angebracht. Zusammen mit den ihnen folgenden Uniformierten erzeugten ihre Schritte ein unangenehmes Dröhnen im Gefängnistrakt.

„Und dank Ihnen konnten wir Einblicke in das geheimdienstliche Kommandozentrum der BRD gewinnen. Großartig Genosse Telemann!"

Karl verkniff sich ein danke.

„Nur zu gern hätte ich auch gewusst, was die beiden im Führerbunker besprochen haben."

„Der Stahlbeton hat unseren Sender einfach zu stark abgeschirmt."

„Schon klar. Ich hätte es eben nur gerne gewusst. Übrigens, tolle Idee von Ihnen den Funksender in dem Sportwagen zu verstecken. Also wir wären auf so etwas nicht reingefallen."

Der Gedanke dem westdeutschen Geheimdienst ein Schnippchen geschlagen zu haben und ihm damit überlegen zu sein, beflügelte Mielke.

„Und jetzt wollen wir doch mal sehen, wie wir bei uns mit unseren ungehörigen Rüpeln fertig werden."

Der Tross blieb vor einer Tür stehen. Es handelte sich offenbar nicht um eine Zelle. Ein Wärter öffnete und zum Vorschein kam ein karger größerer Raum, in dem in der Mitte ein Häftling auf einem Stuhl saß. Seine Hände hatte er unter seinen Oberschenkeln begraben. Als er sich angesichts der Delegation erheben wollte, wurde der Gefangene streng zurückgewiesen.

„Sitzenbleiben, 3577!"

Das Grinsen dominierte weiterhin Mielkes Gesicht.

„Nicht doch. Unser Gast hat uns doch bestimmt etwas Interessantes zu berichten. Dazu wollen wir doch nicht grob werden, oder?"

Ein Uniformierter stellte einen Stuhl hinter Mielke, der offensichtlich darauf vertraute, dass der Sitz perfekt hinter ihm aufgestellt wurde. Er setzte sich ohne einen Blick nach hinten zu richten.

„Na dann erzähl`n se mal."

Der Häftling schaute apathisch vor sich auf den Boden. Seine Knie zitterten. Seine Nackenhaare spreizten sich schweißdurchtränkt von seinem Hals ab. Er begann zu reden. Sein Tonfall hatte keinerlei Modulation. Wie auswendig gelernt, ratterte er den Text herunter, als würde er diesen in großen Buchstaben vom Fußboden ablesen.

„Ich habe am 21. März 1986 in eigennütziger Art und Weise die sozialistischen Ziele der DDR hinterhältig verraten. Dabei habe ich die protokollarischen Pläne des Besuches von Michail Gorbatschow anlässlich des SED-Parteitages in Berlin im Frühjahr 1986 den Medien des imperialistischen Systems der BRD heimlich übermittelt."

Karl traute seinen Ohren nicht. Die Stasi hatte es in ihrer eigens auferlegten Unanfechtbarkeit geschafft, einen Sündenbock für das Nachrichtenleck zu finden. Und dabei war es weniger ein „Finden", als ein Kreieren. Sie drehten einfach die Fakten nach ihrem Dünken um, wohlweislich des Opfers, das hier geschunden vor ihnen saß. Die pure Manipulation. Karl überkam wieder jener Würgereiz, den er bereits damals in Mielkes Büro verspürt hatte. Sein Magen schleuderte einen Brocken seines Frühstücks die Speiseröhre empor. In der Hoffnung, dass dies neben ihm niemand bemerkt hatte, schluckte er sein eigenes Erbrochenes schnell wieder herunter.

Der Gefangene fuhr in seinem leiernden Ton fort.

„Zudem bin ich Teil des Widerstandssystems, das versucht die hehren Ziele des Arbeiter- und Bauernstaates feige zu untergraben. Ich habe zu Demonstrationen gegen unsere selbstlose SED-Führung aufgerufen."

Es reihte sich ein vermeintliches Bekenntnis an das nächste. Die Offensichtlichkeit der Lügen, die ihm durch Schlafentzug, Drohungen und andere Unmenschlichkeiten aus dem Mund flossen, waren haarsträubend.

Als er schlussendlich seinen Monolog beendet hatte, blieb nur eine kurze Sekunde der Stille zwischen den Wänden des

Verhörraumes. Mit einer aufstehenden Bewegung durchbrach Mielke die vermeintliche Ruhe.

„Na, geht doch! Das hättest du auch einfacher haben können. Abführen!"

Zu Karl gewandt sprach er im Vorbeigehen.

„Von wegen Leck bei unseren sowjetischen Freunden. Er ist der Verräter."

Karl begriff schnell, dass es keinen Sinn machte, gegen die Verbohrtheit des Ministers zu argumentieren. In schnellem Schritt liefen sie durch den langen Korridor. Plötzlich stoppte Mielke unvermittelt. Karl konnte gerade noch rechtzeitig abbremsen, um nicht gegen seinen Chef zu rempeln. Als würde die entstandene Nähe zwischen den beiden noch nicht ausreichen, streckte Mielke sein Gesicht noch dichter an Karls Kopf. Der schlechte Atem des kleinen Ministers stieg in seine Nase. Und dann sprach Mielke mit einem Tonfall, den Karl von ihm nicht kannte. Er flüsterte.

„Es werden immer mehr. Bald reicht der Platz in unseren Gefängnissen nicht mehr aus, um die Horden von Verrätern einzusperren. Ich sage Ihnen, wenn wir vermeiden wollen, dass uns das Chaos um die Ohren fliegt, brauchen wir bald riesige Lager, um diese Masse von Chaoten wegzusperren."

30. Hamburg Plaza

Die dicken Vorhänge verdeckten den Blick auf das regnerische Panorama der Stadt. Nur an den Rändern der verdunkelten Fenster drangen dünne Lichtstreifen in das Hotelzimmer. Nicht hell genug, um Michael aus seinem tiefen Schlaf zu wecken. Die einzige künstliche Lichtquelle war die rot leuchtende Anzeige eines Radioweckers. 05:14.

Der schrille Klingelton des Zimmertelefons klang erschreckend laut. Michael konnte das Wecksignal zwischen Schlaf und dem Moment des ersten Augenaufschlages nicht einordnen. Er drehte sich in seinem Bett und versuchte die Richtung der Klangquelle auszumachen. Orientierungslos fingerte er nach dem Telefon auf dem Nachtisch. Der Hörer fiel ihm zunächst aus der Hand, bevor er ihn an dem Spiralkabel wieder zu sich hochzog. Die Stimme der jungen Frau von der Rezeption klang entschuldigend und unsicher.

„Verzeihen Sie bitte die nächtliche Störung Herr Wiesner. Aber hier steht ein Herr, der sagt, er müsse Sie dringend sprechen. Er ist sehr hartnäckig."

Schläfrig raunzte Michael in den Hörer:

„Hat er seinen Namen gesagt?"

„Offengestanden, nein."

Noch schlaftrunken versuchte Michael das eben Gehörte zu verstehen.

„Wie bitte? Sie wecken mich wegen eines Mannes auf, der Ihnen noch nicht einmal seinen Namen nennt?"

„Wie gesagt, er ist sehr hartnäckig."

„Fragen Sie ihn, was er will."

Im Hintergrund hörte Michael die Rezeptionistin die Frage an den Unbekannten richten. Die Antwort des Mannes drang aus dem Hintergrund derart unverständlich durch den Hörer, dass Michael sie nicht verstand. Die Frau übersetzte. Ihr war die Situation offensichtlich zunehmend unangenehmer.

„Er sagt, es sei sehr wichtig."

Michael verdrehte die Augen und wurde lauter.

„Wichtig genug, um mich zu dieser Uhrzeit zu wecken?"

„Er sagt, er erwarte Sie in der Lobby."

Selbst die indirekte Rede dieser Aufforderung versprühte noch ausreichend Autorität von dem Unbekannten, um Michael hellwach werden zu lassen. Michael knallte ohne weiteren Kommentar den Hörer auf das Telefon. Wer besaß die Dreistigkeit, sich in dieser Art und Weise in seine Privatsphäre zu drängen? Er stand auf, ging auf das Fenster zu und schob den Vorhang beiseite. Der Blick aus dem 29. Stockwerk des Hamburg Plaza Hotels zeigte den morgendlich, dunstigen Blick auf die Hamburger Innenstadt. Auf den Hochbahnen transportierten die S-Bahnen bereits die ersten Pendler in die Innenstadt. Die Binnenalster war durch den regnerischen Dunst kaum erkennbar, ihre Fontäne noch ausgeschaltet. Die Ausflugsboote lagen angeleint an ihren Parkpositionen am Steg.

Michael drehte sich um und warf sich den frottierten Bademantel über seinen nackten Oberkörper. Wenn schon jemand die Frechheit besaß, ihn auf diese Weise zu wecken, dann sollte er auch mit ihm in Schlafanzughose und Morgenmantel vorliebnehmen. Im Vorbeigehen griff er nur sein Diktiergerät und steckte es in die tiefe Tasche des Bademantels, bevor er den

Hotelschlüssel aus dem Schloss zog und barfuß den Flur betrat.

Die Lobby war gähnend leer. Das Klingen der Fahrstuhltür schien die Rezeptionistin aufgeschreckt zu haben. Gerade als Michael den Lift verließ, winkte sie bereits aufgeregt in seine Richtung. Michael trat an den Tresen der Rezeption.

„Herr Wiesner, es ist mir furchtbar unangenehm …"

„Schon okay, wo ist denn der Ruhestörer?"

Die junge Frau zeigte in Richtung der Bar. Von hinten war ein Mann zu sehen, der in seinem Trenchcoat in einem hohen Plüschsessel saß. Neben seiner Glatze stachen zwei extrem abstehende Ohren hervor. Michael fuhr mit seinen nackten Fußzehen über den flauschigen Teppich der Lobby und versuchte sich vorzustellen, wer dieser Mann war.

„Und er hat keinen Namen genannt?"

„Nein, Herr Wiesner, er war nur sehr …"

„… sehr hartnäckig. Das habe ich inzwischen verstanden."

Auf leisen Sohlen schlich er sich in Richtung der Bar. Das Bewusstsein über sein unangemessenes Auftreten verwandelte seinen Ärger in eine amüsierte, nahezu schelmische Stimmung.

Wann würde er wohl je wieder in die Situation kommen, nur mit Schlafanzughose und Bademantel bekleidet durch die Lobby eines Luxushotels zu laufen? Als er nur noch wenige Schritte von der wartenden Person entfernt war, fiel ein fast leeres Cognacglas auf dem Tisch vor dem Mann in Michaels Blick. Dieser Herr schien einigermaßen nervös zu sein. Als sich Michael ihm auf zwei Meter genähert hatte, erschrak er und sprang reflexartig auf. Sein Anzug war zerknittert und auch seine Augen deuteten darauf hin, dass er die vergangene Nacht nicht geschlafen hatte. Er reichte Michael die Hand. Sie fühlte sich kalt und feucht an. Michaels Blick fiel nochmals auf die großen abstehenden Ohren. Ohne den Anflug einer weiteren Begrüßung kam der Mann sofort zur Sache.

„Innenminister Bernd Heuser wird in zweieinhalb Stunden seinen Rücktritt einreichen."

Noch während sich Michael in den gegenüberliegenden Sessel setzte, griff er in die Tasche seines Bademantels. Seine Hand fingerte nach dem eckigen Aufnahmeknopf des Diktiergerätes. Zeitgleich mit einem lauten Räuspern drückte er die Taste. Das leichte Vibrieren deutete ihm an, dass der kleine Kassettenrecorder ab jetzt jedes Wort versteckt aufzeichnen würde.

„Und ich bin der erste, der das erfährt? Herr …"

„Mein Name tut nichts zu Sache. Herr Wiesner, ich will Sie nur warnen."

Michael schlug die Beine übereinander.

„Eine Warnung gegenüber einem Journalisten ist nahezu das Gleiche wie eine Drohung. Wollen Sie mir drohen?"

Der Mann nahm den letzten Schluck aus dem Cognacglas.

„Sagen wir es so. Ich komme mit einem Angebot."

„Ich höre."

„Sie sehen davon ab, ihre Unterstellungen bezüglich angeblich schwarzer Kassen in der CDU zu veröffentlichen."

In der Annahme, dass der Mann seine Rede fortsetzen würde, schaute Michael erwartungsvoll sein Gegenüber an. Doch der übernächtigte Herr schien seine Rede abgeschlossen zu haben. Michael legte seinen Arm auf die Armlehne des Sessels.

„Und was ist Ihre Gegenleistung?"

„Nichts."

„Wie bitte?"

„Sie haben richtig gehört. Im Gegenzug werden wir nichts unternehmen. Zum Beispiel werden wir nicht nach der Quelle Ihrer Informationen forschen."

„Ich lege meine Quellen …"

„Hören Sie auf. Dass, was sie Herrn Heuser vorwerfen, muss aus Kreisen kommen, die vor keinem bundesdeutschen Gericht geschweige denn, vor einem Untersuchungsausschuss bestand haben werden."

„Wie kommen Sie darauf?"

„Weil Sie im Zweifelsfall rechtswidrig sind …"

„So wie Ihre Parteienfinanzierung?"

Der Mann ließ sich durch Michaels Einwand nicht irritieren und fuhr fort.

„… und damit als Beweismittel nie zugelassen werden würden."

Michael holte tief Luft. Er vermied den Blick auf die abstehenden Ohren.

„Ich weiß nicht, wie Sie darauf kommen, dass meine Quellen illegal seien. Ich weiß auch nicht, was Ihnen das Selbstbewusstsein gibt, mich in dieser Art anzugehen. Ich weiß nur, und zwar von Ihnen, dass Bernd Heuser in zweieinhalb Stunden zurücktreten wird. Und das muss einen Grund haben. Offensichtlich sind Ihnen andere Köpfe wichtiger und Heuser ist Ihr Bauernopfer."

„Na gut, wenn Sie sich dessen so sicher sind. Dann posaunen Sie das doch in die Welt hinaus. Nur sollten Sie wenigstens wissen, warum Heuser wirklich sein Amt niederlegen wird."

Michael streckte seine Arme mit einer erwartungsvollen Geste in Richtung des Mannes.

„Na, auf diese Begründung bin ich aber mal gespannt."

„Der Minister hat Krebs."

So erschlagend die Aussage des Unbekannten war, umso mehr passten die Worte nicht in Michaels Vorstellung einer plausiblen Erklärung. Zu eindeutig. Viel zu klar erschien dem jungen Journalisten die vermeintliche Wahrheit. Es dauerte nicht lange, bis er zum Gegenangriff überging.

„Wenn das tatsächlich der Grund für seinen Rücktritt wäre, warum fahren sie extra durch die Nacht von Bonn nach Hamburg? Um mich im Schlafanzug zu sehen? Um einen Bericht, für den wir Bernd Heuser seit Wochen vergeblich um eine Stellungnahme bitten, zu stoppen?"

Der Mann holte aus seiner Innentasche sein Portemonnaie heraus. Er fingerte einen Zehnmarkschein hervor und legte ihn unter das Cognacglas. Noch während er seine Geldbörse verstaute, begann er zu sprechen.

„Herr Wiesner, ich verbuche Ihre Respektlosigkeit zunächst einmal unter ihrem jugendlichen Übereifer. Nur glauben Sie nicht, dass sie Ihre derzeitige Popularität ewig schützen wird. Heute mögen Sie das erreicht haben, was sie sich als Ziel gesetzt haben. Nur … Rom wurde auch nicht an einem Tag zerstört."

Dann stand er auf und ging.

32. Der unveröffentlichte Bericht

„...Rom wurde auch nicht an einem Tag zerstört."
Dann hörte man das Knistern des Trenchcoats. Der krächzende Ton aus dem kleinen Lautsprecher des Diktiergerätes ließ im Anschluss an den letzten Satz noch das Aufstehen des Unbekannten erahnen. Michael drückte die Stopptaste und schaute erwartungsvoll in das Gesicht seines Chefredakteurs. Dieser saß mit beiden Armen auf den Schreibtisch gestützt schweigend in seinem Drehstuhl. Sein Blick war unbeweglich auf das kleine silberne Aufzeichnungsgerät gerichtet, das immer noch auf der Mitte der Tischplatte zwischen Papieren und einem Foto von Bernd Heuser lag. Das Schwarz-Weiß-Bild zeigte den Minister beim Händeschütteln mit dem Bundeskanzler. Offensichtlich sollte der gemeinsam lächelnde Blick in die Kamera Einigkeit demonstrieren. Dieter Plank griff sich das Foto und schaute es lange an. Seinen Blick noch auf das Bild gerichtet, sprach er zu Michael.

„Da bist du aber in ein richtiges Wespennetz getreten. Schwarze Kassen, illegale Parteienfinanzierung, ein Minister, der seinen Hut nimmt. Wenn da nur nicht die Sache mit der Krebserkrankung wäre."

Michael winkte ab.

„Das ist doch konstruiert."

Er war sichtlich aufgeregt. Dieter verstand seine Aufregung, trotzdem konterte er.

„Wir können das aber nicht einfach ausblenden. Zudem fußt deine Recherche mehr auf Mutmaßungen, als auf bestätigten Fakten. Zugegeben, das klingt alles plausibel, aber …"

„Was ist mit der Tonbandaufzeichnung?"

„Eine Aufnahme, die du ohne Einverständnis der aufgenommenen Person gemacht hast? Das kannst du als Beweismittel vergessen. Bei solch einer Enthüllungsstory brauchst du schon mehr als das."

„Es wäre schließlich nicht das erste Mal, dass die CDU in schwarze Kassen verwickelt wäre."

„Das reicht im Umkehrschluss aber nicht für eine Berichterstattung zur besten Sendezeit aus."

Michael zog seine Augenbrauen hoch.

„Du willst meinen Bericht heute Abend streichen?"

„Michael, ich muss. Die Rechtsabteilung haut mir die Sache mit Sicherheit um die Ohren."

„Das heißt, wir sitzen hier und warten wie die öffentlich-rechtlichen Juristen entscheiden?"

„So ist es."

„Nicht dein Ernst."

Michael lehnte sich zurück, verschränkte seine Arme und schaute kopfschüttelnd an die Bürodecke. Die trotzige Körpersprache blieb Dieter nicht verborgen. Und doch empfand er tiefe Sympathie für Michaels Reaktion. Die Bewunderung gegenüber der jugendlichen Leidenschaft erinnerte ihn an seine eigenen lang vergangenen Jahre als Journalist sowie die Zeit davor. Die lautstarken Diskussionen in den Hörsälen der Universität, das Aufbegehren, die Prügeleien mit den Einsatzkräften auf den Demos. Dieter spürte die Wehmut über die Umkehr der Renitenz in das bewahrende Element des Konservativen in sich aufsteigen. Wie hatte er sie gehasst. Jene besonnen ruhigen Geister, von denen er sich immer ausgebremst fühlte. Die ersten Zeilen des alten Cat-Stevens-Songs gingen ihm durch den Kopf: „It`s not time to make a change — just relax, take it easy — you`re still young, that`s your fault — There`s so much you have to know."

Und jetzt war er selbst in der Vaterrolle, der den aufmüpfigen Mann auf der anderen Seite seines Schreibtisches zur Vernunft zwingen musste. Wie viele Kompromisse waren noch nötig, um das große liberale Ziel zu verfolgen? Die Öffentlichkeit mittels öffentlich-rechtlicher Beeinflussung zu erziehen. Wie lange würde sich die Öffentlichkeit noch diese intellektuelle Bevormundung gefallen lassen? Was, wenn sie irgendwann aufbegehren und das politische Meinungsmonopol mit ihrer Stammtischmanier in Frage stellen würde? Selbst die GEZ-Millionen, die in die Produktion des Musikantenstadls flossen, würden die Betäubung der Gesellschaft eines Tages nicht mehr rechtfertigen. Und das Publikum der seichten Abendunterhaltung würde voller Wut auf die Straßen gehen und versuchen, alles demokratisch Erreichte mit dummen Parolen weg zuschreien. Und wieder würden Polizisten versuchen, die staatliche Ordnung vor dem Aufbegehren zu schützen, so wie sie es schon damals in den Zeiten der Studentenunruhen taten.

Das Telefon klingelte. Dieter griff zum Hörer, den Blick durchgehend auf sein Gegenüber gerichtet.

„Ja?"

Es folgte eine lange Pause, in der der Chefredakteur nur schweigend dem Anrufer zuhörte. Dieters Aufmerksamkeit schwankte zwischen den juristischen Erklärungen auf der anderen Seite des Telefons und seinen vorigen Gedanken. Der anrufende Jurist langweilte ihn mit Details. Die ausführlichen

Erklärungen ließen genügend Raum für Dieters parallele Gedankenwelt, die Sentimentalitäten, die durch seine Erinnerungen kreisen. Einzelne Wortfetzen drangen durch den Hörer hindurch, so dass sie in der Stille des Raumes selbst für Michael verständlich waren.

„Abmahnung … Beweislast … Spiegelaffäre …"

Seinen Blick immer noch zur Decke gerichtet, hatte er inzwischen seine Arme hinter dem Kopf verschränkt. Dieter fragte sich, was er wohl gerade in diesem Moment dachte. Dann war der Jurist mit seinen Ausführungen tatsächlich am Ende angelangt.

„Ich habe verstanden … ja … alles klar … natürlich … vielen Dank."

Dieter legte den Hörer auf. Er drehte sich mit seinem Stuhl zum Fenster und sagte nichts, während Michael immer noch die Decke fixierte. Schweigen. Die Stille zwischen den beiden Männern entwickelte sich langsam zu einer stillen Übereinkunft. Je länger die Pause währte, umso stärker wuchs der gegenseitige Respekt. Ohne die Notwendigkeit eines Wortes. Beiden war klar, dass die Ruhe in dieser Situation die beste Form der Kommunikation war. Ohne Rhetorik, ohne Schlagabtausch, ohne Streit. Michael senkte seinen Kopf und schaute seinem Chef tief in die Augen. Nahezu zeitgleich zeichnete sich auf beiden Gesichtern ein Lächeln ab. Dann hoben sich leicht seine Wangenknochen. Schlussendlich vollendeten die Mundwinkel das Bekenntnis zur gegenseitigen Sympathie mit einem deutlichen Lächeln. Im selben Moment setzten beide zum Reden an und bremsten ihre Worte, um dem jeweils anderen den Vortritt zu lassen.

„Du zuerst."

„Nein, Du."

Nach der kurzen Verwirrung erteilte endlich Michael seinem Gegenüber das Wort.
„Was machen wir mit dem BND?"

33. Geisterbahnhöfe

Anna folgte der angezeigten Himmelsrichtung und betrachtete die darüber ziehenden Schleierwolken. Das gebogene Monument aus hellem Beton streckte seine drei Spitzen gen Westen in den Himmel. Unbeeindruckt von Grenzen und politischer Herkunft schoben sie sich über den grau-blauen Himmel von West-Berlin. Sie stellte sich die vielen alliierten Propellerflugzeuge vor, die aus dieser Richtung in die damals abgeriegelte Stadt flogen. Wie sie im Drei-Minuten-Takt eintrafen, in Windeseile ihre wertvolle Fracht entluden, um sogleich zurück nach Frankfurt, Wiesbaden, Lübeck und Celle abzuheben. Unterwegs im Dauereinsatz mit neuer Ladung zwischen dem kapitalistischen Festland und der abgeschnittenen Insel innerhalb der damaligen Ostzone.

Anna konnte sich nicht daran erinnern, dass die Isolierung West-Berlins je in ihrem ostdeutschen Schulunterricht thematisiert worden war. Lediglich die diffuse Begründung, dass man die Verkehrswege aufgrund technischer Schwierigkeiten damals vornehmen musste, geisterte in kleinen Nebensätzen durch die Geschichtsbücher der DDR. Erst während ihres Studiums auf der Stasi-Hochschule hörte sie von der sogenannten Berlin-Blockade. Von der unabdingbaren Notwendigkeit, sich gegen den vereinten Imperialismus der westlichen Länder zu wehren. Den westlichen Vorwurf, die Sowjetunion hätte seinerzeit versucht, die West-Berliner auszuhungern, konnte Anna bis heute nicht nachvollziehen. Schließlich boten die Sowjets der amerikanischen, englischen und französischen

Zone der Stadt an, im Ostteil einzukaufen. Insofern war es in ihren Augen nur als westliche Propaganda einzuordnen.

Doch die auffallend gebogene Skulptur auf dem Platz der Luftbrücke stellte Anna viele kleine neue Fragen, die wie Nadelstiche in ihre linientreue Gesinnung stachen. Das allem übergeordnete große Ziel hatte ihr Urteilsvermögen gegenüber den Ungereimtheiten der sozialistischen Geschichtsschreibung verschattet. Und nun schienen immer mehr Risse in dem Staudamm ihrer Gesinnung, gegenüber den bohrenden Fragen aus der westlichen Welt ihre geistige Festung zu bedrohen.

Warum verweigerte man der DDR-Bevölkerung die Hintergründe über diesen und viele andere Teile deutscher Geschichte? Gab es seiner Zeit keine anderen politischen Mittel, um sich mit den westlichen Alliierten zu einigen? Welche weiteren Lügen rechtfertigten eigentlich noch die Verteidigung des sozialistischen Gedankens?

Anna wandte sich dem Eingang der U-Bahn-Station zu.

„Es ist dir untersagt, das Gebiet der DDR zu betreten." Der Satz ihres geliebten Führungsoffiziers hallte durch ihren Kopf. So autoritär Alfred diesen Befehl damals auch formulierte, so sehr schwang in dem Wortlaut etwas Fürsorgliches — etwas Väterliches mit. Mit jedem Schritt auf den Treppenstufen hinab zu den Bahnsteigen stieg die Trauer über seinen Verlust stärker in ihr auf. Ihre Miene schien wie versteinert. Über die Härte ihres Berufes wurde sie in ihrer Ausbildung bestens informiert. Wie man seine Gefühle dem großen Ganzen unterzuordnen hatte. Sogar wie man jemanden möglichst geräuschlos das Leben nahm, hatten sie studiert. Selbst die männlichen Teilnehmer mieden die Nahkampfübungen mit Anna. Ihre schmerzhaften Hiebe und Fesselgriffe waren nicht nur in ihrem Jahrgang gefürchtet. Immer wieder mussten die Trainer ihre Übermotiviertheit dämpfen. Sie war nicht nur die härteste Kämpferin unter den Studierenden. Ihr durchdringender Blick vor dem Angriff lehrte jedem das Fürchten, bevor sie bereits zum Schlag ausholte. Und genauso wie sie in jenen Handgreiflichkeiten ihre Zahnreihen aufeinander biss und die Bewegung ihrer Kaumuskeln dem Gegner ihre Entschlossenheit signalisierten, ebenso bewegte sich ihr Unterkiefer auf dem Weg in die U-Bahn-Station unter dem Platz der Luftbrücke. Verhärtet und vermeintlich unverwundbar floss eine Träne über die sich rhythmisch bewegenden Wangenknochen. Doch die Angespanntheit ihrer Gesichtsmuskeln, ließ sie es nicht spüren. Das Weinen hatte bereits seit langer Zeit nicht mehr zu ihrem emotionalen Repertoire gehört. Doch jetzt war es wiedergekehrt. Just als sie Alfreds letzten Atemzug erlebte, als sie in seine aufgerissenen toten Augen schaute. Mit ihm war etwas in ihr gestorben: Der uneingeschränkte Glaube an die gemeinsame Sache.

„Es ist dir untersagt, das Gebiet der DDR zu betreten." Ein zweites Mal wiederholte sie das Zitat in ihrem Geiste, als sie auf das Hinweisschild am Bahnsteig schaute. „Linie C Richtung Alt-Tegel"

Jeden Blickkontakt mit anderen wartenden Fahrgästen vermeidend, stand sie mit wenigen Zentimetern Abstand von der Bahnsteigkante. Viel zu dicht für den gesunden Menschenverstand verharrte sie bewegungslos in ihrer Position. Und selbst als die U-Bahn mit der üblichen Geschwindigkeit einfuhr, blieb sie wie angewurzelt stehen. Anna spürte den Fahrtwind auf ihrem Gesicht. Ihr Blick blieb regungslos auf das vorbeiziehende Flimmern der beleuchteten Scheiben und der metallenen Oberfläche der Waggons gerichtet. Selbst der Luftstrom der bremsenden Bahn führte zu keinem Zwinkern ihrer Augen. Wie das choreographierte Zusammenspiel von Zufall und Bestimmung öffnete sich genau vor ihrer Nase eine Fahrgasttür. Sie schaute mit ihrem starren Blick in den sich öffnenden Waggon. Annas kompromissloser Blick verschreckte die im Aussteigen begriffenen Reisenden. Instinktiv wichen sie vor ihrem ungewöhnlichen Ausdruck zurück. Mit langsamen Schritten betrat sie die U-Bahn und setzte sich direkt an das Fenster mit einem freien Viererplatz. Als die Bahn sich in Bewegung setzte, entspannte sich ihr Blick. Der feste Biss ihrer Zahnreihen löste sich. Erstmals seit vielen Jahren spürte sie die Feuchtigkeit in ihren Augen und ihr Blick verschwamm.

„Nächster Halt - Mehringdamm."

Anna betrachtete die umherlaufenden Menschen am Bahnsteig. So undeutlich das Bild für sie auch war, umso klarer schien ihr auf einmal die Bewegung der Menschen. Frei und unbeobachtet gingen die Passanten ihrer Wege. Ohne Einschränkung. Ohne Restriktionen. Ohne Schranken.

Die Bahn fuhr weiter.

„Nächster Halt — Hallesches Tor."

Anna konzentrierte sich auf die verschwommenen Farben der nächsten Station. Die bunte Kleidung, die vielfarbigen Werbetafeln. Farben, die in ihrer ostdeutschen Heimat kaum oder zumindest viel weniger vorhanden waren. Aufs Neue schlossen sich die Schiebetüren und der Zug setzte sich mit langsamer Beschleunigung in Bewegung.

Nach einiger Zeit schallte die Ansage ein weiteres Mal durch die Lautsprecher des Waggons. Doch diesmal klang es etwas anders:

„Nächster Halt — Kochstraße — Letzter Bahnhof in Berlin-West."

„Es ist dir untersagt, das Gebiet der DDR zu betreten."

In ihr stieg das Gefühl von Trotz auf. Und ihre Trotzigkeit verwandelte sich zunehmend in Wut. Eine Regung, die ihr nicht unbekannt war. Der westliche Imperialismus, die Feinde des sozialistischen Gedankens. Ihnen galt Annas Wut. Bislang. Und jetzt spürte die junge Frau eine Kehrtwende dieses wütenden Gefühls. Als würde sich ihr innerer Kompass neu ausrichten. Als hätte der magnetische Nordpol seine Lage verschoben und damit sämtliche politische Himmelsrichtungen in Frage gestellt.

Die U-Bahn verließ die Haltestelle Kochstraße. Ruckelnd schoben sich die Waggons durch die dunkle Röhre. Geschützt durch wenige Millimeter Metall und Glas von der unwirtlichen Umgebung des Untergrundes. Die Innenbeleuchtung reflektierte ihr Licht an den vorbei rauschenden Betonwänden. Zu dicht und gleichzeitig zu schnell war die Bahn unterwegs, um die Details der U-Bahnstrecke mit dem bloßen Auge begreifen zu können. Die Details verloren sich in der horizontalen Bewegungsunschärfe der Fahrtgeschwindigkeit. Anna fokussierte ihren Blick abwechselnd auf die Glasscheibe und auf die Betonoberfläche des Tunnels. Bis der Zug abrupt seine Geschwindigkeit drosselte. Der sich verbreiternde U-Bahn-Tunnel kündigte die nächste Station an. Doch die übliche Beleuchtung der Bahnsteige blieb aus. Nur wenige diffuse und verdreckte Lampen beleuchteten ein düsteres Szenario. Wie in Zeitlupe glitt die U-Bahn im Schritttempo an den schemenhaften Stützsäulen vorbei. Menschenleer. Auf dem Boden lagen große Bretter mit nach oben herausragenden messerscharfen Stahlspitzen. In der Mitte der Station offenbarte sich ein improvisiert wirkender Fremdkörper in Form eines kleinen

Wachhäuschens mit kleinen Fenstern in Stehhöhe. Daraus schauten die silhouettenhaften Barette zweier NVA-Soldaten.

Anna hatte das Gefühl, direkt in die Augen ihrer Kollegen zu blicken. Noch nicht einmal ihnen traute der allmächtige Staat. Eingesperrt wie Hasen in ihrem Käfig bewachten sie ihre unheimliche Umgebung. Damit sie ja nicht in die Versuchung gerieten, selbst die Flucht in den Westen durch die U-Bahn-Schächte anzutreten. Die Gelegenheit nutzend, die sie anderen Flüchtlingen mit tödlichen Konsequenzen zu vereiteln hatten. Schlagartig wurde ihr klar, dass sie die Komplizin dieser beiden Grenzsoldaten war. Sie hatte zuvor schon von den sogenannten Geisterbahnhöfen gehört. Jenen Berliner U-Bahn-Stationen, die sich auf ostdeutschem Territorium befanden. Und so wie die Mauer über der Erde die Stadt durchschnitt, so ließ der DDR-Sicherheitsapparat nichts unversucht, jede Fluchtmöglichkeit im Untergrund ebenfalls zu unterbinden.

„Ist es Ihre erste Fahrt durch die Geisterbahnhöfe?"

Anna hatte die alte Dame auf dem gegenüberliegenden Sitz bislang nicht bemerkt. Ihre neugierigen Blicke auf den dunklen Schauplatz hatten sie offenbar verraten. Die Frau hielt eine braune Handtasche und eine Plastiktüte fest umschlungen auf ihren Knien. Die Falten in ihrem Gesicht zeichneten tiefe Furchen. Doch ihre Augen strahlten Anna mit flinken Bewegungen entgegen. Anna nickte.

„Früher liefen die Soldaten noch auf den Bahnsteigen herum. Inzwischen müssen sie in diesen Wachhäuschen sitzen. Anscheinend sind selbst einige Grenzsoldaten während ihres Wachdienstes in den Westen abgehauen."

Die Bahn erreichte das Ende der U-Bahn-Station und beschleunigte ihre Fahrt.

„Besonders schlimm sind die Nagelbretter auf den Böden. Furchtbar. Welcher Mensch kommt nur auf so grausame Ideen?"

Anna war nicht in der Lage, der Frau zu antworten. Noch vor wenigen Sekunden hatte sie sich selbst diese Frage gestellt. Der Gedanke, leibhaftiger Teil dieses Systems zu sein, beschämte sie im Angesicht der alten Dame. Ein Zitat aus der Rede anlässlich ihrer Jugendweihe ging ihr durch den Kopf: „Ihr müsst Euch täglich und stündlich für den Sozialismus entscheiden."

Die funkelnden Augen ließen nicht von Anna ab.

„An der nächsten Station bin ich früher immer ausgestiegen." Die alte Frau ließ sich von Annas Schweigen nicht abschrecken.

„Bis wir mit nur einem Koffer in den Westen geflohen sind. Mein Mann und ich. Unsere Kinder waren schon drüben. Es sollte ja nicht so auffallen. Seitdem wohnen wir in Charlottenburg."

Der Zug bremste wieder ab. Die vorbeiziehende Szenerie glich der vorigen. Lediglich die in den gekachelten Wänden eingelassene Beschriftung verriet den Namen der Station. Stadtmitte.

„Ich habe mich seitdem nicht mehr getraut, in den Osten zu fahren. Bestimmt würden sie uns dort nicht mehr zurückhalten. Angst habe ich dennoch."

Anna kam die Aufdringlichkeit der Dame eigenartig vor. Sie vermied weiterhin den Blickkontakt. Doch das schien die alte Frau nicht zu stören. Unbeirrt fuhr sie fort.

„Seitdem fahre ich ab und zu mit dieser Linie durch meinen alten Kiez. Dann bin ich wenigstens wieder ein bisschen zuhause. Nur das, was ich hier sehen muss, macht mich jedes Mal trauriger."

Inzwischen fuhr die Bahn wie gehabt mit normaler Reisegeschwindigkeit durch die Tunnelröhre.

„Kommen Sie aus Berlin?"

Anna schüttelte den Kopf.

„Das heißt, Sie sind zu Besuch hier?"

„Sozusagen."

„Wie lange?"

„Das kommt drauf an."

„Schön, wenn man sich die Zeit so frei einteilen kann."

Anna musste grinsen.

„Warum haben Sie vorhin geweint?"

Die Indiskretion der Frau erzeugte bei Anna ein tiefes Ein- und Ausatmen. Doch die Dame gegenüber, schien ihre Abwehr nicht zu bemerken.

„Haben Sie jemanden verloren?"

„Ja."

Anna war über ihre Offenheit selbst erstaunt.

„Er muss Ihnen viel bedeutet haben."

Der Zug kroch inzwischen durch den Geisterbahnhof „Französische Straße". Diesmal waren sogar zwei DDR-Soldaten, patrouillierend auf dem Bahnsteig zu sehen. Anna drehte sich nach den beiden Männern um und schaute ihnen ungläubig hinterher. Sie versuchte sich vorzustellen, wie der vorbeifahrende Zug wohl aus dem Blickwinkel der Grenzer wirken musste. Der Dame entging die Beobachtung natürlich nicht.

„Die armen Kerle. Wer hat sie nur so manipuliert, dass sie einer derartig unehrenhaften Aufgabe nachgehen?"

Die alte Frau bemerkte Annas fragenden Blick. Als müsse sie sich für ihre Frage rechtfertigen, sprach sie weiter.

„Die werden dafür belohnt, einen Flüchtling zu erschießen. Ist das nicht furchtbar unmenschlich? Was hat dieser Staat nur mit denen gemacht? Das ist doch nicht anders als im Dritten Reich."

Anna blickte aus dem Fenster.

Kriechend rollte die U-Bahn durch die düsteren Bahnsteige der Station „Unter den Linden".

„Gleich kommt die Station Friedrichstraße. Steigen Sie dort aus?"

Anna war irritiert. Ihr war nicht klar, dass der Zug wenigstens an einem Bahnhof auf DDR-Gebiet anhalten würde. Leise flüsterte sie vor sich hin.

„Es ist dir untersagt, das Gebiet der DDR zu betreten."

„Wie bitte?"

Anna konnte ihre eigene mangelnde Konzentration nicht begreifen.

„Ach nichts. Ich habe nur laut gedacht."

„Sie können hier aussteigen. Entweder gehen Sie über den Grenzübergang nach Ost-Berlin rein oder Sie steigen in eine andere U-Bahn nach West-Berlin um."

„Ich weiß."

Die Lüge ging Anna leicht von der Lippe.

Der erscheinende Bahnsteig der Station Friedrichstraße wirkte wir ein Lichtblick nach den unheimlichen Eindrücken der vorrangegangenen Bahnhöfe. Der Untergrund verlor für den kurzen Moment des Zugstopps seine Unheimlichkeit. Durch die offenen Zugtüren drang das Echo der Schritte der Reisenden bis in den Fahrgastraum. Zugleich schienen die Eindrücke des belebten Bahnsteigs den Redefluss der alten Dame für einen Moment zu dämpfen. Doch kaum nachdem sich die Türen wieder geschlossen hatten und der Zug mit seiner üblichen Beschleunigung Fahrt aufnahm, begann die Frau ihre Rede fortzusetzen. Ohne eine Einzelheit auszulassen, offenbarte sie Anna private Details ihres Lebens. Einblicke in dramatische Lebensumstände, die das Resultat des getrennten Deutschlands waren. Je mehr die Dame sie in die Tiefen ihres Lebens entführte, umso mehr fragte sich Anna, wann sie sich selbst das letzte Mal jemanden anvertraut hatte. Die Perfektion der Lüge war zu einem sie ständig umgebenden Lebensumstand geworden. War ihre Hingabe zu Michael ebenfalls eine Lüge? Alfred hatte sie wie immer durchschaut.

Der Zug fuhr mit gedrosselter Geschwindigkeit durch den nächsten Geisterbahnhof. Oranienburger Tor. Die dicke Staubschicht auf den Wänden ließ die Schrift auf dem Schild nur erahnen. Der Kommentar der alten Dame ließ nicht lange auf sich warten.

„Seit 1961 hat hier kein Reisender auf seinen Zug gewartet. Niemand ist hier ein- und ausgestiegen. Als junges Mädchen …"

Annas abwesender Blick beeindruckte die Frau nicht. Mit unverhohlener Offenheit berichtete sie weiter aus ihrer Vergangenheit. Die düstere Umgebung schien ihre Erinnerungen zu beflügeln. Bis die Fahrt durch den Ost-Berliner Untergrund sich dem Ende neigte. Durch die Lautsprecher der Bahn klang die Stimme des Zugführers: „Nächster Halt — West Berlin — Reinickendorfer Straße."

Die alte Frau atmete tief durch.

„Gleich sind wir wieder im Westen. Jetzt habe ich Sie die ganze Fahrt über mit meinen Geschichten gelangweilt."

Anna schaute die Dame aus Höflichkeit an. Ihr fiel kein passender Kommentar ein.

„Aber wenigstens muss die junge Generation solche Dinge nicht mehr durchmachen. Für sie ist die Teilung Deutschlands wahrscheinlich ganz normal."

Die Frau bekam einen nachdenklichen Gesichtsausdruck.

„Ob Sie je die Wiedervereinigung erleben werden?"

Der Gedanke, dass beide deutsche Staaten wieder zu einem werden würden, ließ Anna frösteln. Ihr Gegenüber schien die Regung genau zu beobachten.

„Tja, die Hoffnung stirbt zuletzt."

Der Zug bremste ab. Anna stand auf. Die Dame blieb mit ihren beiden Taschen auf den Knien sitzen. Lächelnd schaute sie nach oben.

„Was sind sie eigentlich von Beruf?"

Anna trat einen Schritt näher an die Tür. Dann schaute sie der Frau fest in die Augen.

„Ich bin bei der Stasi."

Die Schiebetür öffnete sich und Anna trat über die Schwelle. Auf dem Bahnsteig blieb sie stehen und drehte sich um. Durch die Scheiben schaute sie die Dame lachend an. Langsam setzte sich der Zug in Bewegung und verschwand in der Röhre.

34. Der BND im TV

Das weiße Zellstoffpapier steckte wie ein Kinderlätzchen in Michaels Hemdkragen. Und doch trug er es wie eine Trophäe. Die Visagistin tänzelte mit ihrem Pinsel um ihn herum und nutzte jeden Moment, in dem er stehen blieb, um sein Gesicht zum wiederholten Male zu pudern. Michael tat, als würde ihn dies stören. Zugleich ließ er sie gewähren und erzeugte so eine Aura der Geschäftigkeit und Prominenz. Mit einem Kamm fuhr die Maskenbildnerin am Hinterkopf über sein Haar. Dann versuchte sie, noch eine widerspenstige Locke an seinem linken Ohr zu bändigen. Just als die Frisur in ihren Augen endlich saß, drehte sich Michael nach einem eintreffenden Mann am Eingang des TV-Studios zu. Durch die spontane Kopfbewegung entglitt der Visagistin der Kamm und machte ihre Arbeit zunichte. Mit schnellen Schritten ging Michael auf den Mann zu. Das Papierlätzchen flatterte an seinem Hals durch die Luftbewegung seines schnellen Schrittes. Die Frau mit dem Pinsel in der Hand rannte ihm hinterher. Kurz bevor er sein Ziel erreichte, riss er sich den weißen Zellstoff aus seinem Kragen.

„Herr Kolb, herzlich willkommen in unseren heiligen Hallen."

Der BND-Mann erwiderte freundlich den Händedruck.

Michael glänzte mit seinem stahlblauen maßgeschneiderten Anzug neben dem Geheimdienstler. Kolb wirkte trotz seiner hochgewachsenen Statur neben Michael unterlegen.

„Guten Tag, Herr Wiesner. Ich freue mich auf unsere gemeinsame Sendung."

Mit einer einladenden Handbewegung wies Michael in Richtung des Studioaufbaus. Die beiden Männer gingen auf die Mitte des Studios zu. Angesichts der imponierenden Umgebung mit Studioscheinwerfern, Standkameras und geschäftig umherlaufenden Personal drehte sich Kolbs Kopf während des Gehens um alle Seiten. Auf einem kleinen Podest standen zwei der auffälligen Design-Ledersessel. Sie gehörten zu den Markenzeichen von Michaels Politsendung. Winfried Kolb schaute auf die großformatigen Aufsteller, die um die kleine Sitzgruppe angeordnet waren. Sie zeigten Stillleben der BND-Zentrale in Pullach. Michael bemerkte Kolbs kritischen Blick auf die Poster.

„Keine Sorge, Herr Kolb. Wir haben nur die von Ihnen freigegebenen Fotos hier aufgebaut."

„Ich bin nicht besorgt. Ich bin beeindruckt. Sie haben unsere bescheidene BND-Zentrale enorm in Szene gesetzt."

„Dann warten Sie mal ab, was wir dahinter für Sie inszeniert haben."

Michael führte Winfried Kolb zwischen den Plakaten hindurch. Verdeckt von den Raumteilern standen dahinter zwei Polizisten in Uniform. Vor ihnen auf einem Tisch lag ein schwarzer lederner Koffer. Michael wandte sich an die beiden Beamten.

„Könnten Sie unserem Studiogast einen Blick in den Koffer gewähren?"

Die Polizisten nickten. Mit einem lauten Schnalzen öffnete sich der Kofferdeckel. Darunter wurden zwei Pistolen sichtbar. Es waren die gleichen Modelle aus dem Schießstand des

BND in Pullach. Eine sowjetische Kalaschnikow und eine Walther PPK. Kolb war sichtlich erstaunt.

„Wie sind sie …?"

„Tja, Herr Kolb. Auch wir haben unsere kleinen Geheimnisse."

Dann streckte Michael seinen Kopf nach oben und rief mit lauter Stimme.

„Regie! Können Sie das Bühnenbild herunterlassen?"

Über die Saallautsprecher ertönte die Antwort des Regisseurs.

„Einen Moment, bitte."

Dann veränderte sich schlagartig die Lichtstimmung. Die diffuse Beleuchtung wurde durch gerichtete Spots abgelöst, die lediglich einen schmalen Korridor auf dem Boden vor den Füßen der beiden Männer beleuchteten. Zeitgleich hörte man ein leises Surren von der Studiodecke. An Stahlseilen wurden Bühnenbildelemente heruntergelassen, die den ausgeleuchteten Pfad auf dem Boden wie einen Raum einrahmten. Die Oberfläche zeigte die gleiche Holzvertäfelung wie die des Schießstandes im Führerbunker des BNDs. Winfried Kolb war sichtlich beeindruckt.

„Alle Achtung. Also das hätte ich nicht erwartet."

Michael konnte seine Freude über Kolbs Reaktion nicht verbergen.

„Aber ein Detail fehlt noch."

Zu guter Letzt wurde ein Abbild der Zielscheibe am Ende des Ganges sichtbar. Es zeigte die gleiche Figur, die im BND Schießstand einen feindlichen Agenten darstellen sollte.

„Sie haben uns genauer beobachtet, als ich erwartet hätte."

Michael grinste.

„Auch wir Journalisten können spionieren."

Die Musik des Vorspanns endete gerade in ihrem Schlussakkord, als Michael im Licht der Spotlights mit langsamen Schritten in Richtung der Hauptkamera schlenderte.

„Pullach. Ein kleiner Ort in Bayern. So unbekannt wie so einige bundesdeutsche Kleinstädte, scheint dies der ideale Standort für einen der geheimsten Orte der Bundesrepublik Deutschland zu sein."

Michael drehte sich um 90 Grad. Das rote Aufnahmelicht auf der zweiten Kamera begann zu leuchten und das Objektiv zielte direkt auf sein Gesicht. Sie zeigte ihn nun in der Nahaufnahme. Im Hintergrund waren unscharf die Plakate der BND-Zentrale zu erahnen.

„Hier hat der Bundesnachrichtendienst seine Zentrale. Wir waren die ersten, die hinter die hohen Mauern des BND blicken durften."

Während Michael weiter sprach, schaltete die Regie nun auf Filmmaterial, das in Pullach aufgenommen wurde. Es zeigte eine Überwachungskamera am Eingang der BND-Zentrale in der Großaufnahme.

„Kameras gehören für den BND zum Standardwerkzeug. Doch Fernsehkameras innerhalb des geheimen Geländes zählen nicht dazu."

Das Fernsehbild zeigte nun das eintreffende Kamerateam an der Pforte des BND. In schnell wechselnden Schnitten war die Kontrolle des Fernsehteams einschließlich Michaels, zu sehen. Öffnen der Kamerataschen, Leibesvisitationen, Ausleeren des Tascheninhalts, Blick unter die Motorhaube. Taktgenau auf die begleitende Musik.

„Das bestgesichertste Terrain der Bundesrepublik Deutschland."

Mit einem Zoom auf den Eingangsbereich des Haupthauses endete der Einspieler. Michael war wieder vollformatig im Kamerabild zu sehen.

„Nur, wer arbeitet hinter den Kulissen des bundesdeutschen Geheimdienstes? Wie sehen die verantwortlichen Agenten aus?"

Michael rotierte um die eigene Achse und schaute nach oben in eine am Kran hängende Studiokamera. Die Perspektive offenbarte die Totale des Studioaufbaus aus der Vogelperspektive. Hinter Michael war auf einem der beiden Ledersessel Winfried Kolb zu erkennen, der offenbar die unkonventionelle Sichtweise der Kamera nicht mitbekam. Während Michael weiter sprach, näherte er sich seinem Studiogast.

„Einer der Köpfe des BND ist Winfried Kolb. Einer der wenigen, deren Gesicht wir im Fernsehen zeigen dürfen. Der, der als erster Mitarbeiter des Geheimdienstes für ein Interview zur Verfügung steht. Herzlich willkommen, Herr Kolb!"

Der Musikeinspieler unterstrich einen kurzen Schnittwechsel, den Michael dazu nutzte auf Kolb zuzugehen, ihm die Hand zu schütteln und sich neben ihn zu setzen.

„Herr Kolb, sind Sie bewaffnet?"

Kolb grinste souverän.

„Heute nicht."

„Daraus entnehme ich, dass Sie durchaus mit dem Gebrauch von Schusswaffen vertraut sind."

Kolb zuckte mit den Achseln.

„Wir sind der Geheimdienst. Aber ich kann Sie beruhigen. Unser Job ist unaufregender, als Sie vielleicht annehmen."

„Das glaube ich Ihnen nicht. Darf ich Ihnen etwas zeigen?"
„Gerne."

Die beiden Männer standen auf und gingen ein paar Schritte zu einem Tisch, neben dem zwei hölzerne Stühle standen. Auf dem Tisch stand ein medizinisch aussehender Apparat.

„Herr Kolb, Sie wissen was das ist?"

„Natürlich."

„Darf ich?"

Kolb setzte sich bereitwillig auf einen der beiden Stühle. Michael griff sich die an dem Apparat hängenden Kabel und begann die Enden mit den daran befindlichen Schlaufen an den Fingerspitzen seines Studiogastes anzubringen. Kolb kommentierte das Verkabeln seiner Finger.

„Ich sehe schon die Schlagzeile in den morgigen Zeitungen."

„Geheimdienstler beim Lügen erwischt?"

Michael setzte sich nun auf den anderen Stuhl und schaltete den Lügendetektor an.

„Sind Sie bereit?"

„Allzeit bereit!"

„Sie wissen, dass dieser Ausdruck Teil des Militärschwurs der Nationalen Volksarmee der DDR ist?"

„Nein."

Der Lügendetektor gab einen lauten Ton von sich.

„Herr Kolb, das war wohl nicht ganz wahrheitsgemäß."

Kolb grinste.

„Sie scheinen ihre Gegenspieler gut zu kennen."

„Ja."

Die Maschine blieb still.

„Unsere Zuschauer fragen sich sicherlich, wie zuverlässig ein Lügendetektor tatsächlich ist. Ob man ihn vielleicht austricksen kann. Sind Sie in der Lage, diese Maschine zu beeinflussen?"

„Nein."

Erneut ertönte ein Ton. Kolb lachte.

„Sehn` sie."

„Vielleicht sollte ich auch in Zukunft alle meine Interviewpartner an einen Lügendetektor anschließen."

„Ist das eine Werbesendung für den BND?"

Dieter warf dem Fragenden einen kurzen Blick zu. Dann richtete er seine Aufmerksamkeit auf den Bildschirm und sprach ohne seinen Programmchef anzuschauen.

„Warten Sie mal ab."

„So ein seichter Politscheiß."

Dieter drehte sich empört dem Programmchef zu.

„Dieser seichte Politscheiß wird unserem Abendprogramm vielleicht noch den intellektuellen Arsch retten. Oder wollen Sie das ganze Jahr hindurch eine Faschingssitzung nach der anderen senden?"

Der Programmchef schwieg. Auf dem Bildschirm gingen Michael Wiesner und Winfried Kolb auf den inszenierten Schießstand zu.

„Was wird das jetzt?"

Mielke hob die Augenbrauen.

„Eine Kalaschnikow?"

Karl nickte. Zugleich wurde ihm klar, dass seine Kopfbewegung nicht ausreiche, um seine Zustimmung zu signalisieren. Mielke starrte wie gebannt auf den Fernseher in der Mitte seines Büros. Hinter ihm standen noch weitere Mitarbeiter, die aufmerksam auf die Mattscheibe starrten. Nur Marlene saß, wie der Minister, auf einem der wenigen Stühle. Im Fernsehen hob Winfried Kolb die Waffe und zielte auf den

Pappkameraden. Dann fiel der Schuss. Das darauf folgende Bild zeigte die Zielscheibe. Einige Zentimeter neben dem Kopf war das entstandene Einschussloch zu sehen. Jetzt übernahm Michael die Pistole. Mielke lehnte sich nach vorne, seinen Blick konzentriert auf das Fernsehbild gerichtet. In der Nahaufnahme sah man Michael mit Ohrenschützern und Schutzbrille zielen. Der Umschnitt zeigte den Pappkameraden mit dem Einschussloch des BND-Mannes. Zeitgleich mit dem Knall entstand ein zweites Loch genau zwischen den Augen der stilisierten Figur.

„Donnerwetter."

Mielke konnte seine Anerkennung nicht verbergen.

„Das scheint in der Familie zu liegen."

Karls Gesichtsausdruck blieb unverändert. Nur seine Augen zeigten die Anmutung eines Lächelns.

Mit einer nahezu unmerklichen Bewegung schob Anna die silberne Teleskopantenne nach rechts. Der Empfang des kleinen tragbaren Fernsehers war in ihrem Schlafzimmer nie besonders gut. Doch heute schien ein außergewöhnlicher, kosmischer Einfluss ihr ein klares Bild auf die Mattscheibe verwehren zu wollen. Zwischen den Bildstörungen war das Gesicht von Michael nur stellenweise zu erahnen. Lediglich wenn sie mit ihrer Hand die Antenne fest umfasste, war der Fernsehempfang klar und störungsfrei. Anna fügte sich ihrem Schicksal und hielt den blanken Metallstab mit einer Hand fest. Mit der anderen griff sie nach dem Teller mit der inzwischen kalten Soljanka. Den Blick konzentriert auf den Fernseher gerichtet, schob sie den Teller zwischen ihre Knie und begann zu löffeln. Der Geschmack erinnerte sie an ihre Kindheit. Die Soljanka war eine der sowjetisch-kulinarischen Exportartikel, die in der DDR den Hunger von Heerscharen junger Pioniere, FDJlern und Werktätigen stillte. In der Schulspeisung war sie ein wöchentliches Highlight zwischen den üblichen faden Mittagessen gewesen. Seit ihrer Mission in Westdeutschland gehörte dieser Eintopf zu den wenigen privaten Momenten, den sie mit niemandem teilte. Nur Michael hätte sie gerne ab und zu eine ihrer leckeren Soljankas angeboten. Er hätte das sicherlich gerne gegessen. Doch die Gefahr, dass ihre Tarnung dadurch auffliegen könnte, war ihr zu hoch. Also überließ sie ihm das Kochen und genoss seine mediterranen Kochkünste. Anna hätte gerne soviel mehr mit Michael geteilt. Die vielen Lügen, die ihr Auftrag mit sich brachte, hinterließen zunehmend ein eigenartiges Zittern in ihrer Körpermitte. Eine Unruhe, die sie früher nie in sich gespürt hatte. Alfred hatte sie sofort durchschaut.

Je fester Anna die Antenne umgriff, um so deutlicher war Michael auf dem kleinen Fernseher zu erkennen. Sein strahlendes Lächeln, seine wortgewandte Rede, seine blauen Augen, die durch seinen stahlblauen Anzug noch blauer als sonst schienen.

Im Bonner Innenministerium waren nur noch wenige Fenster erleuchtet. In einem flimmerte das Licht in eigenartig unregelmäßigen Abständen. Das TV-Gerät in dem ansonsten abgedunkelten Raum reflektierte sein Licht an den weißen Wänden von Bernd Heusers Büro. Das Fernsehbild erzeugte nur einen leichten Schatten auf der Wand hinter dem Schreibtisch. Kaum wahrnehmbar. Die Silhouette eines schmächtigen Mannes. Bernd Heuser schaute auf die Bildröhre. Seine Krawatte lag achtlos auf dem Schreibtisch. Das Jackett hing über der Stuhllehne. Es wirkte, als stützte Heuser seine Unterlippe auf seinem Zeigefinger ab. Und vielleicht tat er das auch. Die Gedanken, die ihm durch den Kopf gingen, machten seinen Schädel schwerer als sonst. Auf dem Fernseher kündigte die Musik den Schluss der Politsendung an. Michael Wiesner stand aus seinem Sessel auf und ging auf die Kamera zu. Bernd Heuser hatte den Eindruck, der Moderator würde direkt zu ihm sprechen. Die jungen blauen Augen blickten durch die Kamera über die Mattscheibe hindurch direkt in das Gesicht des Ministers. Die Worte, die Michael Wiesner sprach, schienen nur für ihn bestimmt. Schnitten wie ein Messer in Heusers Selbstbewusstsein.

„Was wir von den Methoden des Bundesdeutschen Geheimdienstes lernen können? Lügen scheinen immer noch kurze Beine zu haben. Und manchmal lange Nasen. Nicht nur wenn wir einen Lügendetektor bemühen. Wer einmal lügt, dem glaubt man nicht, auch wenn er dann die Wahrheit spricht. Lügen sind wie ein Schneeball. Sie werden immer größer, je länger man sie rollt. Doch irgendwann kommen sie ans Licht. Irgendwann holen sie uns ein. Die Politik scheint voll davon. Auf allen Seiten. In allen politischen Lagern. Und dafür scheinen wir einen Geheimdienst zu brauchen. Hoffen wir, dass dieser sich nicht selbst der Lüge bedient. Auf Wiedersehen, schön dass Sie eingeschaltet haben, bis zum nächsten Mal."

35. Direktive 1/67

„Sömmerda: Gebäude am Sportplatz, Pestalozzi-Straße;
Weimar: Jugendherberge am Wilden Graben;
Apolda: Sitz der Gebäudewirtschaft, Jenaer Straße;
Gotha: integriert in das Gefängnis;
Strega: Industriegelände;
Erfurt: Kartause und Zitadelle auf dem Petersberg;
Leinefelde-Worbis: Gebäude der Stadtwirtschaft;
Karl-Marx-Stadt: Augustusburg;
Wolgast: Schulinternat Spitzhörnweg;
Waren: Ferienlager am Feisnecksee;
Bernau: Großgarage der Stasi-Kreisdienststelle;
Cottbus: Erholungsheim zur Seebrücke;
Beichlingen: Schloß, Straße des Friedens;
Tambach-Dietharz: Trainingslager Tambacher Sportverein;
Pokal-Lengefeld: Ferienlager Strobel-Mühle, Marienwerder Str. 36, …"

Karl schaute von dem Papier hoch. Sein Blick war skeptisch. Marlene stand ihm gegenüber. Das tief einfallende Licht hinterließ einen dunklen Schatten auf dem Tresor in Karls Büro.

„Die Liste ist noch länger."

Karl stockte.

„Aber da ist ja Platz für Hunderte."

„Tausende."

Sein tiefes Einatmen war deutlich zu hören. Marlene fuhr unbeirrt fort.

„Den Plan gibt es schon seit 25 Jahren. Innerhalb von 24 Stunden sollen erfasste Systemgegner in die Isolierungslager gebracht werden. Hunderte von MfS-Mitarbeitern sind ständig damit beschäftigt, die Planung aktuell zu halten."

„Seit 25 Jahren?"

„Seit 25 Jahren."

„Ich habe noch nie davon gehört."

Karl hielt inne. Er erinnerte sich an Mielkes flüsternde Bemerkung im Gefängnistrakt von Hohenschönhausen. Sein Bedürfnis, die „Horden von Verrätern" wegzusperren.

Marlene antwortete:

„Weil nur ein ganz ausgewählter Kreis innerhalb des MfS mit diesem Projekt vertraut ist."

„Und du gehörst ebenfalls zu dem erlauchten Club?"

Karl schlug die Papiere in seiner Hand zusammen und schaute auf den Einband.

DIREKTIVE 1/67

„Und das ist die poetische Bezeichnung des Vorhabens?"

Marlene nickte. Instinktiv sah Karl zur Bürotür. Sie war immer noch geschlossen. Deutlich leiser sprach er weiter.

„Und du glaubst, dass diese geheime Kommandosache jetzt zum Einsatz kommen könnte?"

„Alle Anzeichen sprechen dafür. Der Widerstand wächst. Immer mehr gehen auf die Straße. Selbst Bürger, die bislang nicht als Oppositionelle galten. Denk` nur an die vielen Wahlbeobachter zur Kommunalwahl der DDR. Normale Bürger, die die Auszählung der Stimmen kontrollieren. Das hat es so noch nie gegeben. Irgendwann muss die Stasi auf das zunehmende Aufbegehren reagieren."

„Und Mielke hat von den Sowjets eine Abfuhr erhalten."
„Woher …?"

Karl lehnte sich mit dem Rücken an den Tresor während Marlene immer noch auf der Kante seines Schreibtisches saß.

„Er hat es mir erzählt. Seine größte Befürchtung ist die Wiederholung des Aufstandes vom 17. Juni. Nur die Russen sind im Moment mehr mit sich selbst beschäftigt. Und aus Moskau gibt es keine Zusage für ein militärisches Eingreifen im Fall eines neuen Aufstandes wie damals."

„Dann liege ich also richtig."

Diesmal war es Karl, der nickte.

36. Soljanka

Die Stimme im Radio sprach außergewöhnlich monoton. Doch nicht nur der Tonfall der Frau passte so gar nicht zu dem üblich überfreundlichen Timbre, mit dem die Radioanstalten versuchten, ihre Hörer bei der Stange zu halten.

„… 27655 - 44167 - 87002 - 68241 - 01042 …"

Fünfstellige Zahlenfolgen reihten sich mit immer gleichen Pausen aneinander.

Akribisch schrieb Anna die Zahlen auf ein weißes Stück Papier. Ihre Augen folgten konzentriert dem von ihr geführten Bleistift, der die kryptische Übertragung mit ihrer geschwungenen Handschrift sichtbar machte. Die Zeichen mit einer leichten und doch unverkennbaren Neigung nach links. Neben dem Blatt lag ein weiterer, ebenfalls frisch gespitzter Stift bereit. In ihrer Konzentration hörte sie nicht den Schlüssel, der sich in das Schloss der Wohnungstür schob, sich drehte und den Verschluss entriegelte. Die Tür öffnete sich langsam. Kaum hörbar. Überdeckt von dem eintönigen Rezitativ aus dem Radio. Michael stellte seine Tasche neben die Garderobe, zog seine Jacke aus und hing sie auf. Erst jetzt vernahm er die Stimme aus dem Radio. Er erblickte Annas Rücken durch die offene Tür des Flurs an seinem Schreibtisch. Annas Konzentration war ihm nicht fremd. Ihre Fähigkeit sich auf eine Sache zu konzentrieren, ohne ihre Umwelt auszublenden, beeindruckte ihn jedes Mal auf das Neue. Aber diesmal schien es anders zu sein. Michael atmete flach. Vermied jedes weitere

Körpergeräusch. Langsam besann er sich — immerhin war es seine Wohnung. Und seine Neugier erlangte die Oberhand. Mit leisen Schritten näherte er sich Anna von hinten, ohne sie zu grüßen.

„… 17647 - 99776 - 98611 - 01183 - 74022 …"

Die Frauenstimme fuhr in ihrer Monotonie fort. Dann erblickte Michael den Bleistift, den Zettel und die Notizen.

„Anna?"

Sie zuckte zusammen und drehte sich hastig um. Ihre Augen waren von dem Schreck weit aufgerissen.

„Michael!"

Dann atmete sie tief ein und aus. Der Schock schien erstaunlich schnell von ihr abzufallen. Ihr Mund formte sich zu einem breiten Lächeln.

„Hast du mich erschreckt."

„Was hörst du da?"

Ihr Kopf wandte sich dem Radio zu. Die Frauenstimme verlas immer noch die Zahlencodes. Annas Blick auf das Radio erschien Michael für eine Millisekunde zu lang. Mit erstaunlich entspanntem Ausdruck drehte sie sich ihm wieder zu.

„Das muss irgendetwas von einem Geheimdienst sein. Schau hier."

Anna hielt Michael das beschriebene Blatt Papier hin. Dieser nahm es entgegen und schaute ungläubig auf die Zahlenfolgen. Er mochte ihre unverwechselbare Handschrift — selbst den kryptischen Codes verlieh sie etwas Ästhetisches.

„Ein Kommilitone in der Uni hat mir davon erzählt, dass ab und zu solche Botschaften im Radio kommen und als ich vorhin Radio hören wollte …"

„… da kam das?"

„Ja. Mich würde brennend interessieren, was das zu bedeuten hat."

Michael gab das Papier an Anna zurück.

„Na dann viel Spaß beim Dechiffrieren. Solange du nicht die Encodierung kennst, wird das ein ziemlich mühseliges Unterfangen."

Die Dämmerung mischte sich inzwischen mit der Zimmerbeleuchtung. Eine Kerze flackerte auf der Mitte des Esstisches. Aus dem Lautsprecher des Radios klang jetzt leise Musik.

„Gibst Du mir das Baguette?"

Wortlos reichte Anna ein Stück über den Tisch. Michael griff nach der Brotscheibe und umfasste dabei ihre Hand. Die Berührung ließ Anna leicht zusammenzucken. Michaels Blick hatte etwas Besorgtes.

„Alles in Ordnung?"

Anna nickte. Michael umfasste mit seiner anderen Hand ihre Finger. Sie fühlten sich kalt an. Dazwischen war immer noch das abgeschnittene Brotstück. Michael beugte sich nach vorne und küsste ihren Handrücken. Dann biss er in das Baguette. Kauend schaute er über den Tisch. Immer noch ihre Hand festhaltend. Michael griff die Brotscheibe und hielt sie direkt vor ihren Mund. Anna roch die frische Kruste. Wenn Michael kochte, dann war es jedes Mal wie eine Liebeserklärung. Ein Umgarnen ihrer Zuneigung. Und Anna fiel es immer weniger schwer, seiner Verführung zu erliegen. Nicht nur wegen seiner Kochkünste und seines guten Geschmacks. Seine Vergangenheit, seine Rhetorik, seine Augen, sein Körper. So vertraut war ihr dieser Mann geworden, dass sie ihn nicht mehr loslassen konnte. Und wieder hatte Alfred recht behalten. Der Auftrag hatte sie überfordert. Warum gab es bloß Ost und West? Diese absurde Unterteilung der Welt in zwei Blöcke. Anna biss in das Baguette.

Kauend sahen sich die beiden in ihre Augen. Annas Hände wurden fühlbar wärmer.

„Ich möchte auch etwas für dich kochen."

Ein leichtes Erstaunen zeichnete sich in Michaels Augen ab.

„Du kannst kochen?"

„Natürlich."

„Und was wirst du uns servieren?"

Anna rührte sich nicht. Der innere Widerstand gegenüber dem Gefühl, was sie so gerne sagen würde, ergriff die Oberhand. Doch dann schob sie die Bedenken zur Seite.

„Soljanka."

„Soljanka? Den Ostblock-Eintopf?"

Anna hob ihre Schultern zu einem entschuldigenden Ausdruck.

„Warum nicht?"

„Na ja. Vielleicht ist das angesichts der sich veränderten Verhältnisse im Osten das neue Trend-Gericht."

Michael brach sich noch ein Stück Baguette ab.

„Apropos Veränderungen. Ich fliege morgen Abend nach Hamburg. Es geht um einen Beitrag zu den Kommunalwahlen in der DDR."

Anna schaute nach unten.

„Das ist erst der Anfang."

Michael legte sein Brot zur Seite.

„Wie meinst du das?"

„Denk doch `mal nach. In Polen wurde gerade die Gewerkschaft „Solidarnosc" legalisiert. In der Sowjetunion stehen erstmalig mehrere Kandidaten im Volksdeputiertenkongress zur Wahl. Ungarn baut seine Grenzbefestigungen zum Westen ab …"

„… und Egon Krenz verkündigt immer noch eine 98,85-prozentige Zustimmung bei den Regionalwahlen."

„Also entweder gibt es jetzt einen großen Knall oder der Ostblock löst sich langsam aber sicher auf."

37. BND versus CDU

Kolbs lange Statur ließ ihn bequem über die Köpfe der Gesellschaft hinwegblicken. Seine Aufmerksamkeit richtete sich auf Innenminister Heuser. Er stand mit einem Glas Sekt in der Hand umringt von hochkarätigen Bonner Beamten. Suchend wanderte sein Blick über das Gesicht — dann über die Statur des Ministers. Doch er konnte keine äußerlichen Anzeichen einer fortgeschrittenen Krebserkrankung erkennen. Der Bundeskanzler hatte sich bereits kurz nach seiner Rede aus dem Staub gemacht. Kolb spürte, dass sich von hinten jemand näherte.

„Sind Sie zufrieden mit Ihrem Ergebnis?"

Kolb schob die Augenbrauen zusammen und drehte sich in Richtung der Stimme.

„Wie bitte?"

Er schaute in das Gesicht eines Mannes mit großen abstehenden Ohren. Er vermied den Blick auf den Makel. Dann streckte er dem Mann seine Hand aus.

„Kolb — Bundesnachrichtendienst."

Die freie Hand des Mannes verblieb unbeeindruckt in seiner Hosentasche. Die andere hielt ein Glas Rotwein.

„Ich weiß. Ich sehe ja schließlich Fernsehen."

Erst dann erwiderte der Unbekannte den Händedruck. Eine Vorstellung blieb aus. Seine Hand fühlte sich kalt und feucht an. Kolb spürte, dass diese Begegnung alles andere als einen freundlichen Hintergrund hatte. Der Mann blickte in Richtung des Innenministers und sprach weiter.

„Das ist also der neue Einfluss, den Pullach in Bonn einbringen möchte. Ministerstürze."

„Wie kommen Sie darauf?"

„Glauben Sie ernsthaft wir verstehen nicht die Verbindung, die der BND mit diesem Showmaster Wiesner hat?"

Kolb wusste, dass es klüger war, auf diese Frage nicht zu antworten. Die Gesellschaft im Bundeskanzleramt, um sie herum unterhielt sich ausgelassen. Der Mann fuhr fort, ohne Kolb anzuschauen.

„Früher war der BND von Nazis durchsetzt. Heute ist es die Stasi."

Kolb atmete tief durch.

„Gehören Sie zum Verein der Verschwörungstheoretiker?"

Dann nahm er einen Schluck aus seinem Bierglas und drehte sich von dem Mann weg. Doch dieser zeigte sich unbeeindruckt.

„Ich brauche doch nur eins und eins zusammenzuzählen. Wer sonst hat uns in der Schweiz nachspioniert?"

Für einen kurzen Moment begannen Kolbs Pupillen sich flink in seinen Augenhöhlen zu bewegen. Doch schnell begriff er seine Unkontrolliertheit und fiel zurück in einen neutralen Gesichtsausdruck. Kolb dämmerte es. Er selbst hatte die Observierung der Stasi gegenüber dem Treffen der CDU beobachten lassen. Was dahinter steckte, war ihm jedoch bislang noch schleierhaft. Bislang. Langsam wurde das Bild in seinem Kopf immer klarer. Die Stasi war schon eine Weile hinter illegalen Parteispenden der CDU hinterher. Kolb hielt das für ein Stasi-übliches Hirngespinst. Doch offensichtlich steckte weit mehr dahinter. Er schaute auf den scheidenden Innenminister am anderen Ende des Raumes. Angesichts seines Abgangs erschien er ihm erstaunlich ausgelassen. Sein Rücktritt hatte offensichtlich nichts mit seiner vermeintlichen Krankheit zu tun. Er war nur das Bauernopfer für eine Parteienfinanzierung, deren Hintergründe Kolb bislang völlig unbekannt waren. Nur welche Rolle hatte Michael Wiesner in der Sache gespielt? Kolb setzte alles auf eine Karte und holte zum Gegenschlag aus.

„Dafür, dass sie derart viel Dreck am Stecken haben, sind Sie ganz schön frech, Herr …"

Kolb machte eine kurze Pause.

„… Herr Parteienfinancier. Ich habe mich schon die ganze Zeit gefragt, was die Stasi in der Schweiz zu suchen hat? Jetzt weiß ich`s."

Der Mann zeigte keine Regung. Er hob sein Kinn. Dann sprach er mit selbstbewusstem Timbre.

„Wir alle haben unsere Leichen im Keller."

Kolbs Versuch sich selbst unter Kontrolle zu halten, wich zunehmend der aufsteigenden Aggression gegenüber dem Unbekannten. Er drehte sich dem Mann zu, ging einen Schritt vor und trat mit seinem Fuß fest auf den Spann des Mannes. Dieser zuckte unter dem Schmerz zusammen. Kolb intensivierte den Druck und flüsterte dem Mann in sein linkes abstehendes Ohr.

„Es gibt zwei Möglichkeiten: Sie legen sofort Ihre Ohren an und gehen aus meiner Sichtweite. Oder ich breche ihnen im Angesicht Ihrer Parteifreunde sämtliche Knochen."

Mit einem großen Schluck leerte Kolb sein Bierglas und richtete seine Krawatte. Von der Seite kam sein Kollege mit zwei frischen Gläsern Bier.

„Wer war das?"

„Ich glaube, das will hier keiner wissen."

38. Leipzig

Michaels Hose zwickte im Schritt. Seine Schuhe waren mindestens eine halbe Nummer zu klein und sein Hemd roch nach fremdem Schweiß. Er umfasste die Haltestange der Straßenbahn und spürte dabei die schmierige Oberfläche des Kunststoffs. Michael verdrängte den Gedanken, wann wohl diese Stange das letzte Mal gesäubert worden war. Verstohlen blickte er auf den Mann mit der Mütze im vorderen Teil der Bahn. Er saß ihm mit dem Rücken zugewandt in der ersten Reihe, direkt neben der Tür. Die zwischen dem Kopfsteinpflaster verlegten Schienen versetzten die Straßenbahn in ein durchdringendes Rütteln. Schweigend ertrugen die Fahrgäste die ungemütliche Fahrt. Michael stieg schon wieder der fremde Schweißgeruch unter seiner Achsel in die Nase. Er ekelte sich vor sich selbst. Der Stoff seiner Hose klebte an seinen Beinen. Seine Augen wanderten ohne den Kopf zu drehen, über die Köpfe der Mitfahrenden. Die Bahn verlangsamte ihre Geschwindigkeit und hielt an der nächsten Haltestelle. Fahrgäste stiegen aus - neue kamen hinzu. Dann nahm der Mann in der ersten Reihe plötzlich seine Mütze ab. Michaels latente Beunruhigung steigerte sich. Er drängte sich so dicht wie möglich an die noch offene Schiebetür. Der Mann im vorderen Teil stand inzwischen ebenfalls am Ausgang. Die altertümliche Tür deutete mit einem Ruck an, sich im nächsten Augenblick zu schließen. Just in diesem Moment sprang er aus der Straßenbahn. Michael quetschte sich ebenfalls gerade noch rechtzeitig durch den schmalen, sich schließenden Spalt.

Draußen sah er ihn mit schnellen Schritten von der Haltestelle weggehen. Michael blieb auf der Verkehrsinsel stehen und wartete, bis die Bahn sich erneut in Bewegung setzte. Erst dann nahm er die Verfolgung auf. Die zu kleinen Schuhe hemmten seinen Gang. Die ungewohnt rutschigen Sohlen verlangten eine höhere Aufmerksamkeit. Der Mann war weg.

Michael ging weiter in die Richtung, in die er verschwunden war. Blieb an der nächsten Kreuzung stehen und blickte sich suchend um.

„Herr Wiesner."

Obwohl die Stimme leise sprach, nahezu flüsterte, zuckte Michael vor Schreck zusammen. Er drehte sich in die Richtung aus der er seinen Namen gehört hatte.

„Haben Sie mich erschreckt. Sind Sie entdeckt worden?"

„Drei Männer von der Stasi. Sie sind getrennt voneinander in die Straßenbahn gestiegen."

Der Mann mit der Mütze schob etwas unter seiner verschlossenen Jacke zurecht. Auf den ersten Blick wirkte es, als hätte er einen dicken Bauch. Doch bei genauerem Hinsehen wurde Michael klar, dass er etwas verbarg. Michael wurde neugierig.

„Herr Philipp, was haben Sie unter ihrer Jacke?"

„Später. Wir müssen jetzt weiter."

Der Mann setzte sich mit schnellem Gang in Bewegung. Michael versuchte, so gut wie möglich Schritt zu halten.

„Kommen Sie. Wir haben nicht viel Zeit."

„Ihre Schuhe sind mir einfach viel zu klein. Ich kann kaum darin laufen."

Martin Philipp lachte.

„Wenn Sie hier auch mit westdeutschen Designerklamotten aufkreuzen. Selbst schuld. Willkommen im Arbeiter- und Bauernstaat."

Die beiden gingen durch eine leere Nebenstraße. Michael hatte Schwierigkeiten mit seinen zu kleinen Schuhen den Kanten auf dem Bürgersteig auszuweichen. Auf der gewölbten Fahrbahn am Straßenrand parkten einige Trabis in Schieflage.

„Wohin gehen wir jetzt?"

„Wir nehmen eine andere Straßenbahnlinie. Und auch dort achten Sie bitte auf mein Zeichen mit der Mütze."

„Klar."

Am Ende der Straße zeichnete sich eine Kreuzung mit Oberleitung ab. Martin Philipp wies mit dem Finger nach vorne.

„Da ist unsere Haltestelle. Dort trennen wir uns wieder. Sie steigen nach mir in den hinteren Teil der Bahn. Linie 8. Diesmal hoffentlich ohne Stasi. Nach fünf Stationen steigen Sie hinter mir aus. Station Reichsstraße. Dann muss alles sehr schnell gehen. Verstanden?"

„In Ordnung."

Martin Philipp hob seine Augenbrauen. Sein Gesichtsausdruck unterstrich seine Besorgnis. Dann drehte er sich um und ging über die Fahrbahn auf die Haltestelle zu. Michael wartete bis er einige Schritte vor ihm war, erst dann folgte er.

Die nächste Straßenbahn bog um die Ecke. Martin Philipp stieg über die vordere Tür ein. Michael quetschte sich durch den hinteren Eingang zwischen die stehenden Fahrgäste. Dabei versuchte er so unauffällig wie möglich zu wirken. Doch wie unauffällig auffällig sollte man sich in einem solchen Moment verhalten? Jedes der ihn umgebenen Augenpaare könnte ihn im Visier haben. Suchend wanderte sein Blick nach vorne. Doch in der vollbesetzten Bahn war Martin Philipp nicht mehr auszumachen. Nach vier Stationen leerte sie sich ein wenig. Endlich konnte Michael wieder die Mütze zwischen den Fahrgästen im vorderen Teil der Bahn entdecken. Martin Philipp saß auf einem Einzelplatz, die Arme sorgsam vor seinem dicken Bauch verschränkt. Sein Blick war nach außen gerichtet und schien dort etwas zu entdecken. Michael schaute in die gleiche Richtung. Durch das Fenster konnte auch er jetzt den Kleintransporter seines Fernsehsenders erkennen. Das Kamerateam stand bereits mit seiner Ausrüstung in den Händen vor dem Wagen. Der vertraute Anblick beruhigte ihn ein wenig. Den Reflex seinen Kollegen zu zuwinken, konnte Michael gerade noch rechtzeitig unterdrücken.

Nach einigen Hundert Metern hielt die Bahn an. Nahezu zeitgleich stiegen sie aus. Es war nur ein kurzer Blick, mit dem sich beide über die Distanz auf der Haltestelle wortlos verständigten. Während Martin Philipp mit schnellem Gang in Richtung Nikolaikirche ging, rannte Michael an den Schienen zurück.

Die entspannte Pose des Kamerateams löste sich schlagartig, als die Männer Michael heraneilen sahen.

„Zur Nikolaikirche. Schnell."

Ohne weitere Kommentare rannten sie hinter ihm her. Abermals entlang an den Straßenbahnschienen. Dann abbiegend in Richtung des Kirchplatzes. Bereits von der Ferne war das offene Tor der Nikolaikirche zu sehen. Die Menschen strömten gerade aus dem Gottesdienst und sammelten sich auf dem Platz. Michael suchte in der Menge die Mütze von Martin Philipp. Noch im Laufen rief er zu seinem Kameramann.

„Auf Aufnahme!"

Das rote Licht über dem Objektiv begann zu leuchten. Der Tonassistent reichte Michael das Mikrophon. Doch entgegen seiner Gewohnheit, selbst in das Mikrophon zu sprechen, hielt er es den Demonstranten entgegen. Dann endlich erblickte er die Mütze von Martin Philipp. Michael deutete auf ihn. Instinktiv drehte sich der Kameramann in die angewiesene Richtung. Martin Philipp öffnete gerade seine Jacke und holte ein dickes Bündel Stoff hervor. Geistesgegenwärtig halfen ihm die Menschen um ihn herum, das Transparent zu entfalten. Dann hielten sie es deutlich sichtbar vor ihre Körper. Darauf stand:

„Für ein offenes Land mit freien Menschen."

Je mehr Protestierende das Transparent erblickten, umso mehr schwoll ihr Applaus an.

Michael spürte, dass dieser Moment nicht mehr lange so sein würde. Er erinnerte sich an die Hand des Stasi-Mannes auf seiner Schulter beim Fußballspiel in Erfurt. Wo mögen sie wohl sein? Die Zivil-Fahnder der Stasi. Michael schaute an den Rand der Menge, während der Kameramann direkt auf die Protestanten hielt. Dann erblickte er die jungen Männer. Rauchend an die Wand gelehnt beäugten sie eigenartig unbeteiligt die Szenerie. Dann kam ein Pfiff. Sie sprangen aus ihren Wartepositionen direkt auf die erste Reihe der Demonstranten zu, griffen nach dem Banner, um es sogleich wegzureißen. Die Reaktion der Erschrockenen ließ nicht lange auf sich warten.

„Was soll das?"

„Hey!"

„Schweine!"

Der Kameramann hielt direkt auf die Rangelei zwischen den Fronten. Langsam formte sich der Sprechchor:

„Wir wollen raus! Wir wollen raus! Wir wollen raus!"

Inzwischen trugen andere Demonstranten ihre Transparente über den vollen Kirchplatz. Es dauerte nur wenige

Sekunden, als auch hier die jungen Stasi-Männer diese wegrissen. Doch die Menge wurde zunehmend mutiger.

„Haut ab, ey!"

„Stasi raus!"

Aus dem Ausruf des Einzelnen entwickelte sich schnell ein neuer Schlachtruf:

„Stasi raus! Stasi raus! Stasi raus …!"

In dem Getümmel hielt der Kameramann seine Kamera nur noch mit ausgestreckten Armen in die Luft – drauf vertrauend, dass das Gerät die spektakulären Bilder aufzeichnen würde. Inzwischen hatte die Stasi alle Plakate konfisziert. Michael fragte sich, wann die Zivilfahnder es wohl auf ihre Kameraausrüstung absehen würden. Er tippte seinem Kameramann auf die Schulter:

„Wir verziehen uns."

Die Segelboote auf der Außenalster zogen bei leichter Brise ihre Kreise. Die Sonne senkte sich am Horizont hinter dem Hamburger Fernsehturm. Dieter nippte an seinem Weißweinglas – gefolgt von seiner Angewohnheit, den Rest des Schluckes von seinen Lippen zu lecken.

„Das war wohl die letzte Akkreditierung, die wir als westdeutsche Sender für die Leipziger Messe bekommen haben."

Michael zuckte mit den Achseln. Das Holz unter ihren Füßen knarrte durch die leichten Wellenbewegungen.

„Michael, versteh` mich nicht falsch. Ich muss halt auch die andere Seite der Medaille sehen."

„Du verstehst nicht die Tragweite. Wir sind das Sprachrohr für die Menschen im Osten. Diese Aufnahmen werden vielleicht etwas ganz Großes bewegen."

„Beruhige dich. Deshalb haben wir es ja auch gleich in der Tagesschau als erste Meldung gebracht. Und die Bilder gingen um die Welt. Doch wenn das so weitergeht, brauchen wir neue Quellen, um die Bewegung darzustellen."

„Wie meinst du das?"

„Michael, deine Aktion in Leipzig in allen Ehren, doch wir werden nach diesen Veröffentlichungen mit unseren Kameras nicht mehr so dicht an das Geschehen kommen."

Dieter fuhr ein Grinsen über sein Gesicht bevor er weiter redete.

„Da nützt es auch nichts, sich als DDR-Oppositioneller zu verkleiden."

„Und?"

„Und deshalb müssen wir drüben Oppositionelle ausfindig machen, die für uns drehen. Undercover."

Michael blickte auf die vorbeiziehenden Segelboote im Sonnenuntergang. Die Idee, die er spann, behielt er jedoch für sich.

39. Auf dem Hochstand

"Kommen `se ruhig hoch. Oder haben Sie Höhenangst?" Karl schaute auf die breiten Holzbohlen, die die Treppe zu dem Hochstand bildeten. Noch nie hatte er eine derartig absurde Konstruktion für einen Hochsitz gesehen. Anstatt einer gewohnten, nahezu senkrechten Leiter, führte eine breite Treppe mit seichtem Anstieg auf die Plattform. Hier von Höhenangst zu sprechen, führte den Begriff ad absurdum. Oben saß Mielke bereits mit seinem Gewehr im Anschlag. Karl schaute sich um. Mielkes Begleiter standen gut 100 Meter von ihm entfernt. Die Gruppe schien mit sich selbst beschäftigt. Rauchschwaden stiegen zwischen den Männern auf. Das Schussfeld auf Mielke war frei. Karls Gewehr hätte genügend Durchschlagskraft den kleinen Mann auf dem Hochstand mit nur einem einzigen Schuss niederzustrecken. Vielleicht hätte er danach sogar noch Zeit sich umzudrehen, um einige der Zigarette rauchenden Stasi-Offiziere zu töten. Vielleicht drei oder vier, bis einer von ihnen ihn selbst zu Fall gebracht hätte. Dann würde er hier liegen, wahrscheinlich mit den Augen gen Himmel gerichtet. Hätte noch zwei oder drei Sekunden bevor er endgültig sein Leben verlor. Und was würde das ändern? Niemals mehr würde auch nur der Hauch einer Chance bestehen, seinem Sohn in die Augen zu blicken. Ihn zu umarmen. Ihn um Verzeihung zu bitten. Das wieder gut zu machen, was er in seiner leidvollen Geschichte verspielt hatte. Und Marlene? Hatten sie eine gemeinsame Zukunft?

„Nun kommen Sie schon!"

Mielke blickte immer noch durch sein Zielfernrohr. Offensichtlich hatte er etwas im Visier, was er nur unter der Beobachtung eines Zeugen abschießen wollte. Dieser Zeuge sollte Karl sein. Ihn davon überzeugen, dass auch sein Vorgesetzter ein vortrefflicher Schütze sei. Doch angesichts der lächerlichen Inszenierung — eine Farce. Die Futterplätze waren in unmittelbarer Schussnähe des Hochstands aufgebaut. Das Rotwild kaute in aller Seelenruhe an seiner Henkersmahlzeit. Eine Schießbude für die Obrigkeit.

Erst jetzt bemerkte Karl den Labrador, der zu seinen Füßen saß. Es war einer der Jagdhunde, der anscheinend an ihm Gefallen gefunden hatte. Der treue Blick des Vierbeiners verlangte nach Streicheleinheiten. Und Karl wäre zu gerne der Aufforderung gefolgt. Doch sein Plan hatte Vorrang.

Wortlos ging Karl die Stufen hinauf und nahm neben Mielke Platz. Dann fiel der Schuss. Die drei Rehe rannten davon. Der stolze Hirsch fiel zu Boden.

„Mit einem Schuss!"

Mielke nahm das Gewehr runter und schaute Karl erwartungsvoll an. Angesichts der geringen Distanz wahrlich keine Meisterleistung. Trotzdem nickte Karl anerkennend. Zufrieden stellte Mielke sein Gewehr zwischen seinen Füßen ab und stützte sich auf den Lauf.

„So müssen wir das auch mit den Krawallmachern machen. Effektiv und mit kurzem Prozess."

Karl fiel keine geeignete Erwiderung ein. Das einzige was ihm in den Sinn kam, war ein neutrales: „Genosse Minister."

Mielke drehte sich mit einem kurzen Blick zu der Gruppe seiner entfernten Begleiter. Dann beugte er sich dichter zu Karl.

„Genosse Telemann, ich brauche Sie für eine vertrauliche Angelegenheit."

„Ja, Genosse Minister?"

„Die Berichte des Westfernsehens über die Montagsdemonstrationen machen uns zu schaffen. So viele Stasi-Mitarbeiter habe ich gar nicht, um alle Fernsehantennen auf den Dächern der DDR-Bevölkerung vom Westen wegzudrehen. Selbst treue Genossen werden zunehmend aufmüpfig."

Karl atmete tief. Glücklicherweise hatte Mielke nicht verstanden, wer tatsächlich hinter den Filmaufnahmen der Montagsdemonstrationen steckte. Das machte die Sache für Karl einfacher.

Mielkes Blick streifte kurz die Gruppe der rauchenden Stasi-Offiziere. Dann sprach er noch leiser weiter.

„Wissen Sie, was letztens passiert ist?"

Karl schüttelte den Kopf.

„Bei einer Übung der Kampfgruppe der KG-Hundertschaft des Chemieanlagenbaus Leipzig-Grimma für die Herstellung von Ordnung und Sicherheit widersetzten sich die Kampfgruppenleute."

Mielkes Tonfall wurde zunehmend aufgeregter.

„Als Knüppelgarde seien sie nicht gegründet worden. Solche Ausreden muss ich mir anhören. Diese Hornochsen!"

Mielke schaute Karl erwartungsvoll an, bevor er fortfuhr.

„So etwas hätte es vor wenigen Monaten nie gegeben."

Seine Stimme wurde leiser.

„Sagt Ihnen die Direktive 1/67 etwas?"

Karl schluckte.

„Nein."

Ihm war klar, was nun folgen würde. Und Mielke erfüllte seine Erwartungen bis in das letzte Detail. Erklärte haarklein, was die Stasi seit einem Vierteljahrhundert als Notfallplan in der Hinterhand hatte. Doch Mielkes Finale überraschte Karl dann doch.

„Unsere Direktive ist in Gefahr. Selbst ich weiß nicht, ob ich mich auf die Aussagen über den Status Quo verlassen kann."

Mielke holte tief Luft.

„Genosse Telemann, jetzt zu Ihrer Aufgabe."

„Ja, Genosse Minister?"

„Ich will von Ihnen wissen, wie es tatsächlich bei uns vor Ort aussieht. Klar und deutlich. Am besten mit Fotos. Sie waren doch Journalist — damals im Westen."

Karl nickte. Dann fiel sein Blick auf den erschossenen Hirsch. Er lag immer noch unangetastet an dem Futterplatz. Aus dem Einschussloch lief das Blut. Seine Gedanken kombinierten blitzschnell. Dann drehte sich Karl Mielke wieder zu.

„Sollte ich nicht besser für Sie filmen? Dann bekommen Sie noch einen genaueren Eindruck."

„Hervorragende Idee. Dass ich nicht selbst darauf gekommen bin. Ich will alles sehen. Wo die NVA positioniert ist, die Lager rund um Leipzig. Alles, was dazu gehört."

Nach einem kurzen verstohlenen Blick auf die Gruppe der Offiziere beendete Mielke seine Anweisungen.

„Genosse Telemann, das bleibt absolut unter uns."

„Genosse Minister."

40. Das Lager

Karl konnte sich einfach nicht an das Geknatter des Zweitaktmotors gewöhnen. Die Schlaglöcher versetzten die Karosserie des Wartburgs in ein beunruhigendes Knarren. Selbst das frische Grün des Waldes vertrieb nicht das mulmige Gefühl, das ihn seit der gesamten Autofahrt begleitete. Doch die Klarheit seiner Gedanken, die Klarheit seiner Einstellung schufen eine neue, ihm fremde Ausgeglichenheit in seinem Kopf. Als wäre er bislang in einem Nebel gewandelt, hatte nunmehr die brutale Wahrheit der Staatssicherheit seine Irrtümer weggefegt — ihm eine neue Mission verordnet. Die neue Sinnhaftigkeit beflügelte ihn. War er noch vor wenigen Jahren hierhergekommen, um dem System zu dienen, so wollte er wenigstens jetzt zu seinem Niedergang beitragen.

Die holprige Straße verbreiterte sich. In der Mitte stand ein Wachhaus. Dahinter ein Tor, das den einzigen Eingang durch den engmaschigen Zaun bildete. Oben auf — vier Lagen Stacheldraht. Bereits aus der Ferne konnte Karl zwei Armisten durch die Scheibe erkennen. Kaum hatten sie den heranfahrenden Wagen entdeckt, kam einer der beiden Soldaten mit umgehängtem Gewehr auf ihn zugelaufen. Karl stoppte und hielt seinen Dienstausweis aus dem offenen Fenster. Der Soldat salutierte und wies seinen Kollegen mit einer Handbewegung in dem Häuschen an, das Tor zu öffnen.

Die Schritte hallten in der leerstehenden Industriehalle. Der

Boden war sauber gefegt. Das einfallende Licht warf lange Schatten.

„Genosse Telemann, willst du die Liste sehen?"

Karl blieb stehen.

„Liste?"

„Na ja — die Liste der von uns erfassten Oppositionellen. Aus unserem Bezirk."

Karl nickte. Eifrig reichte ihm der Stasi-Mann einen zusammengehefteten Stapel Papiere.

„Hab` ich gestern noch aktualisiert. Alphabetisch."

Karl überflog das erste Papier. Links oben stand in großen Lettern „Personalkarte", dann der Name mit Adresse. Doch die Gründlichkeit der Überwachung hatte noch weitere Details parat: „Klingel an der Haustür", „Klingel an der Wohnungstür" und darunter „Weitere Ausgänge aus dem Haus". Selbst die möglichen Fluchtwege hatte die Stasi genau erfasst. Darunter stand die Personenbeschreibung inklusive Foto, Arbeitsstelle und Tätigkeit. Der Mann auf dem Foto blickte sanftmütig in die Kamera.

Der Stasi-Mann beobachtete Karl beim Durchblättern des Stapels.

„Du kommst direkt vom Genossen Minister?"

„Ja."

„Und wie ist er so?"

Ungläubig schaute Karl auf. Er deutet auf die Papiere in seiner Hand.

„Sind das alle?"

„Ja, Genosse Telemann."

„Kann ich die mitnehmen?"

„Selbstverständlich — wir haben noch Durchschläge. Zweifach."

„Sehr gut."

Karl steckte die Papiere in seine Tasche.

„Wo sind die Waffen?"

Ein Grinsen breitet sich auf dem Gesicht des Stasi Mannes aus.

„Hier entlang."

Der Mann schaltete das Licht ein, während Karl seine Videokamera aus der Tasche nahm. Der Schlüsselbund klimperte in der Hand. Kurz darauf steckte einer der Schlüssel in dem Schloss des Waffenschranks.

„Und der Genosse Minister will das selbst sehen? Persönlich?"

„So ist es."

Stolz positionierte sich der Stasi-Mann neben den aufgereihten Gewehren. Karl hatte die Kamera im Anschlag.

„Sie sind im Bild."

„Macht das was?"

Der Mann zupfte sich den Kragen seiner Uniform zurecht. Karl grinste, dann drückte er auf Aufnahme.

41. Marlene übernimmt

„Flug 110 heute Abend nach Hamburg. Abflug 20:10 von Berlin Tempelhof."
Anna hängte den Hörer auf. Das Restgeld fiel nach unten in die Klappe. Erstmals hatte sie das Gefühl, Michael zu verraten. Sie blieb in der Telefonzelle stehen und schaute unbewegt auf die Wählscheibe. Warum sollte sie diesmal nicht selbst die Dokumente an ihn übergeben? Was passierte gerade innerhalb ihrer Leitzentrale in Ost-Berlin? Was war das für eine ihr unbekannte Ost-Berliner Telefonnummer, die sie soeben angerufen hatte? Wurde sie von dem Fall abgezogen? Anna drehte sich um und stemmte sich gegen die Tür. Der laue Spätsommerwind blies ihr ins Gesicht.

Marlene hielt immer noch die Hand auf dem Hörer, obwohl das kurze Telefonat bereits beendet war. Ihr Blick ruhte auf der Reflexion des Fernsehers. Die schwarze Bildröhre reflektierte den Berliner Fernsehturm durch die Fensterscheibe. Karl kannte diesen Ausdruck. Den Moment, wenn Marlene mit eingefrorener Miene zwischen unzähligen Parametern abwog. Wie eine Schachmeisterin sämtlich mögliche Züge im Geiste durchspielte. Karl bewunderte sie dafür. Langsam ließ sie ihre Hand vom Telefonhörer zurück gleiten. Legte ihre Hände gefaltet in ihren Schoß.
„Hoffentlich hält sie die Füße still."
Karl strich Marlene über ihren Rücken.
„Was meinst du?"

„Sie klang irritiert. Sie spürt etwas. Wir müssen sie loswerden. So eine wie sie wird bis zum Tod eine überzeugte Kommunistin bleiben."

Ihm war klar, dass hinter Marlenes Ahnung eine ernstzunehmende Befürchtung steckte.

„Selbst wenn. Wir können das jetzt nicht mehr ändern. Wichtiger ist im Moment, dass die Grenzposten keinen Verdacht schöpfen."

Marlene stand auf und zog sich ihre Jacke über.

„Ich habe eine Freigabe auf höchster Ebene. Mein Passierschein hat kein Haltbarkeitsdatum."

Marlenes Versuch des gespielten Lächelns war für Karl offenkundig. Besorgt streichelte er ihre Wange.

„Und doch hast du ihn seit Jahren nicht benutzt und du fährst ohne offizielle Anweisung. Bitte sei vorsichtig."

Marlene stand vom Wohnzimmertisch auf und ging zum Flur. Karl folgte ihr. Vor der Wohnungstür drehte sie sich um und schaute Karl mit ernstem Blick an. Er hielt in seinen Händen ein in Papier eingeschlagenes Päckchen. Kaum größer als eine Videokassette.

„Und denk` dran — er wird die mittlere Tür nehmen."

Anna lehnte im Türrahmen. Ihre Hände hinter ihrem Rücken gekreuzt, begann sie die Holzverzierungen der Türeinfassung zu ertasten. Mit dem Fingernagel ein Stück Lack aus einem Spalt abkratzen. Sie beobachtete ihre eigene unbedachte Marotte und schaute gleichzeitig Michael beim Packen seiner Tasche zu. Anna war überrascht über ihre fehlende Selbstbeherrschung. Als würde Kontrolle plötzlich keine Rolle mehr spielen. Dabei war sie doch die Meisterin der Besonnenheit. Zumindest früher.

„So wenig?"

Michael blickte auf und grinste.

„Ist ja nur für zwei Tage."

„Bitte sei vorsichtig."

Michael blickte auf. Seine Augen kniffen sich leicht zusammen. Auf seiner Stirn bildeten sich fragende Falten.

„Wie kommst du darauf?"

„Ach, nur so. Ich vermisse dich einfach."

Michael ging auf Anna zu und griff nach ihren Händen.

„Hey, nur zwei Tage. Sonst stört dich das doch auch nicht."

„Schon … aber … ach nichts."

Michaels Besorgnis mischte sich für einen kurzen Moment mit dem ungewohnten Gefühl der Skepsis. Ihre Hände fühlten sich kalt und feucht an. Michael legte seine Handflächen wärmend um ihre. Dann umschlang er ihren Körper. Näherte sich ihren Lippen. Annas Bereitschaft für einen Kuss war unmissverständlich. Ihre Zunge fühlte sich weicher und weniger offensiv an, als die vielen Küsse zuvor. Zugleich steckte in dieser tiefen Begegnung etwas Neues. Eine andere Anna. So neu und verlockend für beide, dass das Intervall der Wohnungsklingel zu einem Dauerton anschwellen musste, um ihre Aufmerksamkeit zu erregen. Kaum fähig sich voneinander zu lösen, haftete ihr Blick aufeinander.

„Dein Taxi."

„Ja, mein Taxi."

Die Klingel dröhnte weiter im Dauerton.

Behutsam schob Anna Michael von sich weg.

„Nun geh schon."

Durch die Fensterscheibe des dritten Stocks warf Anna ihm noch einen letzten Luftkuss zu. Dann schloss sich die Taxitür und der Wagen bog um die Ecke. Für einen kurzen Moment blieb ihr Blick auf die Straßenkreuzung gerichtet hinter der das Taxi verschwand. Als würde sie hoffen, es würde jeden Moment zurückkehren. Sorgsam schloss sie den Vorhang, ging in das Schlafzimmer und öffnete ihren Schrank. Es bedurfte nur weniger routinierter Handgriffe, um die kleine Reisetasche mit den notwendigen Kleinigkeiten zu füllen. Dann fingerte Anna aus der Innentasche ihrer Jacke einen Briefumschlag. Sie öffnete das Kuvert und zog ein hochglanz bedrucktes Papier heraus. Prüfend streifte ihr Blick über die Zeilen: „Hamburg LH 116, Abflug 21:30, Berlin Tegel. Economy Class."

42. Tempelhof

ZENTRALFLUGHAFEN. Obwohl es immer noch taghell war, erstrahlte der Schriftzug bereits in seiner weißen Neonbeleuchtung. Die Architektur des Portals schien den dominanten Großbuchstaben sklavisch Folge zu leisten. Und ebenso ordneten sich die fünf Eingangstüren zentral unter der Nomenklatur des Tempelhofer Flughafens an. Michael hörte, wie das Taxi bereits hinter ihm wegfuhr, als er immer noch mit dem Kopf im Nacken, das in seinen Augen so typisch deutsche zusammengesetzte Substantiv bewunderte. Zentralflughafen. Trotz seiner inzwischen regelmäßigen Flüge von hier, faszinierte ihn dieser Ort jedes Mal aufs Neue. Er spürte die leichte Aufregung, die in ihm aufstieg, bevor er die Abflughalle betreten würde. Michaels Kopf senkte sich. Der Taxifahrer hatte ihn genau in der Mitte des Portals rausgelassen. Die Symmetrie seines Sichtfeldes war unübersehbar. Nahezu vorbestimmt schien seine Position im Angesicht des geschichtsträchtigen Gebäudes. Prüfend griff seine Hand an die lederne Aktentasche. Der dicke Umschlag war bereits von außen deutlich spürbar. Wer würde ihm die Sache mit der Direktive 1/67 wohl glauben? So brisant die Unterlagen auch waren. So wenig beweiskräftig waren sie. Und Michael hörte im Geiste bereits die Einwände seines Chefredakteurs. Zu riskant. Zu wenig stichhaltig. Zu wenig Bildmaterial. Sein Blick richtete sich auf die Eingangstüren des Flughafens. Im Geiste zählte er sie durch, obwohl ihm die Anzahl doch schon so lange bewusst war. Er fokussierte von der mittleren auf die linke Tür. Ein Mann mit Hut hatte sie gerade aufgestoßen, während die Türflügel immer noch nachschwangen. Dann ging Michael auf den Eingang zu.

Die Aussicht aus der Abflughalle nach außen war übersichtlicher, als es Marlene zu hoffen gewagt hatte. Schon seit seiner Ankunft hatte sie Michael im Visier. Nur was ihn so lange auf dem Vorplatz aufhielt, war ihr völlig unerklärlich. Sie bewegte sich auf die kleine Treppe vor dem Eingang zu und stellte sich genau in gleicher Entfernung von der mittleren Tür entfernt, wie es Michael gerade von außen tat. Würde er losgehen, würden sie gleichzeitig an der Tür aufeinandertreffen. Vorausgesetzt sie könnte genau genug Michaels Schritttempo folgen. In ihrer Jackentasche griff sie fest um das Päckchen. Marlene gab sich nur einen Versuch. Zu groß war das Risiko, dass selbst hier einer ihrer Kollegen sie beobachten würde. Doch Michael stand immer noch außen und schaute nach oben auf die Außenfassade des Flughafens. Dann senkte sich sein Blick und folgte einem Mann mit Hut, der die von ihr aus gesehene rechte Tür mit einem heftigen Ruck aufstieß.

Michael gab sich dem unwillkürlichen Sog in Richtung der mittleren Tür hin. Als könne er nicht anders, schritt er auf sie zu. Seine rechte Hand war bereits in Richtung des Türgriffes ausgestreckt. Doch der vorbereitete Schwung seines Körpers stieß gegen einen harten Widerstand. Die Tür war verschlossen. Noch ungläubig an dem Griff rüttelnd, fiel sein Blick auf eine Frau hinter der Glasscheibe. Sie schien ebenso überrascht von der zugesperrten Tür wie er. Michael lächelte sie durch das Glas hindurch an. Ihre dezent geschminkten Augen waren von kleinen Krähenfältchen umgeben. Das erwiderte Lächeln ließ etwas auf sich warten. Die Ernsthaftigkeit ihres Ausdrucks vermischte sich mit offensichtlicher Klugheit. Nur ihre Lippen waren etwas zu grell geschminkt. Ähnlich wie es Anna immer tat. Michael ging nach rechts auf die benachbarte Tür zu. Die Frau schien die gleiche Idee zu haben. Aber als Michael ihr die Tür aufhalten wollte, hatte sie bereits den Türflügel in seine Richtung aufgestoßen und quetschte sich mit schnellem Schritt an ihm vorbei. Sie stolperte. Noch bevor sie hinfallen konnte, griff Michael geistesgegenwärtig unter ihren linken Arm. Zugleich stützte sie sich auf seiner Schulter ab. Es war nur ein kurzer Körperkontakt bis beide wieder sicher auf ihren Füßen standen. Trotz des Missgeschicks war Michael die Begegnung nicht unangenehm. Er hätte sie gerne kennengelernt. Zumindest auf einen Kaffee. Doch mit einem kurzen „Entschuldigung", war sie auch schon in die entgegengesetzte Richtung verschwunden.

Der große Zeiger der Uhr in der Abflughalle rückte um eine Minute nach vorne und blieb vibrierend in seiner neuen Position. Bis zum Start seines Fliegers hatte Michael noch über eine Stunde Zeit. Sein Blick wanderte auf den Zeitungskiosk. Sämtliche Schlagzeilen thematisierten das Aufbegehren in der DDR. Jede Zeitung in ihrer urtypischen Art und Weise. Mal in großen plumpen Lettern. Mal in längeren und differenzierteren Überschriften. Und so unterschiedlich die Formulierungen auch waren, umso gleicher war doch ihr gemeinsamer Tenor: Da passierte gerade etwas ganz Besonderes. Etwas womit hier im Westen schon keiner mehr gerechnet hatte. Die Unvorstellbarkeit der Veränderung eines Systems, das sich selbst die Unveränderbarkeit verordnet hatte. Die deutsche Enklave der Stagnation begann von innen heraus zu beben. Und Michael spürte diese Erschütterung bis tief in sich drinnen. Der Plan in seiner Tasche könnte dem allem ein abruptes Ende bereiten. So schnell und so grausam, wie die Male zuvor. Mit der professionellen Routine der Unterdrückung. Und doch war der Papierstapel in der ledernen Tasche seines Vaters angesichts fehlender Beweise wertlos. Zugleich kreiste die Frage durch seinen Kopf, was ausgerechnet ihm das Recht gab, sich dieser Informationen zu bedienen. Würde sein Vater doch noch leben und diese sich anbahnende Revolution mitbekommen. Michael sehnte sich nach seinen klugen und uneitlen Worten. Er wüsste mit Sicherheit, was jetzt zu tun wäre.

Die Schlange vor dem Abflugschalter war nicht lang. Er ging auf seinen Counter zu und ließ den Blick über die Marmorwände wandern. Reihte sich hinter einem Pärchen ein und wartete, bis er an die Reihe kommen sollte. Erst jetzt bemerkte er das Ungleichgewicht seiner Jackentaschen. Er zupfte sich die Schultern seiner Jacke zurecht, doch die linke Seite zog immer noch hartnäckig nach unten. Michael stutzte. Automatisch fuhr seine Hand in seine Jackentasche. Er spürte die raue Papieroberfläche eines kleinen Päckchens, das er zuvor nicht darin gehabt hatte. Gleichzeitig drehte er seinen Kopf in Richtung der Eingangstüren. Noch im selben Moment wurde ihm klar, wie er in den Besitz dieses Päckchens gekommen war. Natürlich war die Frau längst weg. Trotzdem drehte sich sein Kopf suchend in alle Richtungen. Vorsichtig zog er das Paket hervor. Seine Finger fuhren über das Papier. Ertasteten die Konturen eines rechteckigen Gegenstandes. Die Größe — das Gewicht. Ohne in den Umschlag hinein sehen zu müssen, wurde Michael klar — das war eine Videokassette.

43. Die Offenbarung

„Spulen Sie bitte noch einmal zurück … und stop." Routiniert folgte der Cutter Michaels Anweisung. Das Zwitschern der Bandmaschine verstummte abrupt. Auf dem Vorschaumonitor waren lange Reihen stehender Schützenpanzer zu erkennen. Um sie herum saßen Soldaten der Nationalen Volksarmee — offensichtlich die Zeit totschlagend.

„Und das wurde dir zugesteckt?"

„Ja, am Eingang des Flughafens. Von einer Frau."

Dieter stemmte seine Hände in die Hüften. Die Monitore und Kontrolllampen in dem dunklen Schneideraum verliehen den Falten dunkle Schatten auf seiner Stirn. Seine Augen reflektierten in den Farben der technischen Beleuchtung.

„Und du glaubst, dahinter steckt diese geheime Kommandosache …"

„… Direktive 1/67. Ja."

Michael schaute verstohlen auf seine lederne Aktentasche. Doch schnell verwarf er den Gedanken, Dieter die geheimen Papiere zu zeigen. Zu groß schien ihm die Gefahr, sich dadurch zu entlarven.

„Spulen Sie bitte noch mal weiter nach vorne. Dort kann man die geplanten Internierungslager sehen."

Der Cutter folgte der Anweisung und drückte die grün blinkende Taste auf seinem Pult. Auf dem Bildschirm flimmerten Bilder leerer Hallen, eingezäunter Gelände, in Bereitschaft stehender Soldaten und schlussendlich ein vor dem Waffenschrank grinsend posierender Uniformierter.

Dieter schüttelte konsterniert den Kopf.

„Mit deutscher Gründlichkeit bis ins letzte Detail geplant. So etwas hatten wir doch schon einmal. Nur mit anderen politischen Vorzeichen. Ist das das Ende des Widerstands?"

Michael zuckte mit den Achseln.

„Ich habe keine Ahnung."

„Beeilt euch mit dem Schnitt, damit wir das noch in den Abendnachrichten unterkriegen."

Seinen Blick immer noch auf die Monitore gerichtet, entdeckte Dieter in der Spiegelung der Mattscheiben ein bekanntes Gesicht hinter ihnen. Er brauchte einen kurzen Moment, um zu begreifen, dass diese Person sie bereits einige Zeit durch die verglaste Studiotür hinter ihnen beobachtete.

„Du hast Besuch."

Michael folgte Dieters Blickrichtung und begriff. Es war Anna. Dieter war inzwischen schon mit schnellen Schritten auf dem Weg zur Tür, begrüßte sie im Vorbeigehen, als er durch den Flur des Senders verschwand.

Langsam ging Michael auf sie zu.

„Anna?"

Doch seine überraschte Reaktion fand keine Erwiderung. Sie fixierte mit eingefrorenem Blick das Bild auf dem Monitor. Michael fragte nach.

„Was machst du denn hier?"

Versteinert blieb sie stehen — ohne den Ansatz der üblichen Umarmung. Michael fasste sie an den Armen.

„Hey. Was ist?"

Der Cutter spürte schnell die Angespanntheit der Situation. Mit einer genuschelten Ausrede ging er an dem Paar vorbei und verschwand ebenfalls im Korridor. Ihm flüchtig hinterher schauend wandte sich Michael Anna wieder zu.

„Komm rein."

Bedächtig setzte sie sich auf den Stuhl — ihren Blick immer noch auf den Fernseher gerichtet.

„Woher hast du die Aufnahmen?"

Ihre Worte hatten einen eigenartigen Klang. Tonlos. Ohne Emotionen. Ein Klang, den Michael von Anna nicht kannte.

„Warum willst du das wissen?"

„Sag` schon."

„Sie wurden mir zugesteckt. In Berlin. Kurz vor meinem Abflug. Von einer Frau."

Anna faltete die Hände.

„Du musst das löschen."

„Wie bitte?"

„Du darfst das nicht senden."

Michael schüttelte ungläubig den Kopf. Immer noch konsterniert von Annas ungewohntem Auftritt.

„Anna, was soll das?"

„Michael, du hast keine Ahnung …"

Mit angespanntem Blick erwartete Michael die Fortsetzung des Satzes.

„Keine Ahnung von was?"

Anna bebte.

„… wer dahinter steckt."

„Ich denke schon."

Langsam schien sich Anna etwas zu beruhigen. Mit deutlich ruhigerer Stimme fuhr sie fort.

„Denk doch an die Konsequenzen, wenn dieses Material öffentlich wird. Die Demonstranten werden von den Bildern derart verschreckt, dass sie entmutigt ihre Aktionen abbrechen."

Michael hob die Augenbrauen: „Anna, ich bin Journalist. Ich kann derartige Hinweise nicht einfach unter den Tisch kehren. Was, wenn es wie in Peking zu einer brutalen Niederschlagung — zu einer „chinesischen" Lösung kommt?"

Anna stand auf und ging auf Michael zu.

„Genau hier liegt die nächste Gefahr. Beim Anblick dieser Bedrohung könnte es erst recht zu einem Massaker kommen, weil die Menschen nicht mehr weiter friedlich demonstrieren würden, sondern sich bedroht fühlten. Und die Stasi hätte ihr Ziel erreicht."

„Das ist doch Quatsch!"

Anna wurde lauter.

„Willst du für die Konsequenzen verantwortlich sein?"

„Anna, du überschätzt die Wirkung des Westfernsehens auf die Menschen in der DDR."

Anna geriet außer sich.

„Du hast keine Ahnung. Für uns ist das die einzig verlässliche Quelle!"

Fragend schaute Michael in ihr Gesicht. Ihr Blick senkte sich. Mit leiser Stimme fragte er:

„Für uns? Was meinst du mit „für uns"?"

Sie drehte sich weg. Ihre Stimme zitterte.

„Ich habe Angst um dich."

„Was redest du da?"

„Mit der Stasi ist nicht zu spaßen. Denk` doch nach. Jemand Unbekanntes steckt dir dieses Material zu. Dahinter steckt ein Plan ... über all die Jahre."

Michael fuhr der Schreck tief in seinen Körper. Er fühlte sich durchschaut. Anna wusste mehr, als ihm bislang bewusst war. Und seine gespielte Souveränität schien ihm angesichts Annas besorgtem Gesichts inzwischen völlig unangebracht. Auf dem

Monitor flimmerte immer noch das Standbild des posierenden Uniformierten. Anna legte nach.

„Du musst damit aufhören."

Michael wusste genau was sie damit meinte. Doch noch war er nicht bereit für die Wahrheit. Tief einatmend sammelte er seine gesamte Konzentration, um in seiner Lüge so glaubwürdig wie möglich zu wirken.

„Ich weiß nicht, wovon du redest."

„Doch. Das weißt du."

Sein Herz begann zu rasen und Anna sprach mit ihrem tiefen Timbre weiter. Unmöglich, ihr nicht zu glauben.

„Weil ich es war, die dir immer die geheimen Papiere zugesteckt hat."

Anna machte eine kurze Pause.

„Und trotzdem …"

Michael zitterte.

„Du bist von der Stasi?"

„Ja. Aber genau genommen *war* ich bei der Stasi."

„Was erzählst du? Heißt das …?"

„Nein!"

„Was heißt nein? Du hast mir alles vorgespielt?"

„Michael, bitte lass mich dir erklären …"

Er schüttelt den Kopf. Sein Blick war auf den Boden gerichtet.

„Was gibt es da zu erklären. Ich dachte, wir wären …"

Anna näherte sich mit ihrer Hand Michaels Gesicht.

„Das sind wir. Wir haben unsere eigene Geschichte."

Michael schlug ihre Hand weg.

„Blödsinn. Das ist doch alles eine …"

Das letzte Wort ging ihm nicht über die Lippen. Ihm wurde klar, dass Anna nicht die einzige Person in diesem Raum war, die gelogen hatte. Über die ganze Zeit. Nur konnte er in ihren Augen keine Vorwurfshaltung erkennen. Während er hier stand und sie der Lüge bezichtigte. Er hasste sich für seine eigene Selbstherrlichkeit. Und doch saß der Schmerz, die Kränkung, die Demütigung so tief in seiner Seele, dass er am ganzen Körper bebte. Er faltete seine Hände, um seine zitternden Finger zu verstecken.

Wie konnte sie jetzt weinen? Noch nie hatte er Anna so gesehen. War er es doch, dem hier die Ungerechtigkeit widerfuhr. Doch sein Mund und seine Augen waren trocken wie nie zuvor. Unfähig seine Traurigkeit auszuspülen und loszulassen. Seine Finger griffen noch fester umeinander. Er drückte so stark, dass ihm die Handknochen schmerzten. Dann hob Michael seinen Kopf und schaute Anna mit durchdringendem Blick an.

„Geh!"

Auf dem Bildschirm flackerte immer noch das Videostandbild des Uniformierten vor dem Waffenschrank. Mit aufgestützten Ellenbogen saß Michael schweigend an dem Studiomischpult. Hinter ihm öffnete sich die Studiotür. Mit leisen Schritten näherte sich der Cutter von hinten.

„Machen wir weiter?"

Ohne seine Position zu verändern, verharrte Michael weiter an dem Pult. Das Flackern des Bildschirms reflektierte auf seiner eingefrorenen Miene. Dann drehte Michael sich um die eigene Achse und stand auf.

„Löschen Sie das Band."

44. Sitzung der Bezirkseinsatzleitung

„Vor allem in Dresden, Plauen und Leipzig trugen sie den Charakter rowdyhafter Zusammenrottungen und gewalttätiger Ausschreitungen, die unsere Bürger in höchstem Maße beunruhigen. Es ist damit zu rechnen, dass es zu weiteren Krawallen kommt. Sie sind von vornherein zu unterbinden."

Helmut Hackenberg nahm seine Lesebrille ab und senkte das Papier. Es war still in dem kleinen Versammlungsraum der Leipziger Bezirkseinsatzleitung. Die Anwesenden vermieden den Blickkontakt untereinander. Der frühmorgendliche Herbstnebel verschleierte den Blick über die Stadt durch das einzige Fenster des Raumes. Generalmajor Gerhard Straßenburg — Chef der Volkspolizei, Generalleutnant Manfred Hummitzsch — Leiter der Stasi-Bezirksbehörde, NVA-Generalmajor Günther Diederich und Helmut Hackenberg — erster Sekretär der SED-Bezirksleitung. Sie alle saßen aufgereiht an dem Tisch des Verhandlungszimmers. Den fünf Männern stand die Schlaflosigkeit in ihre Gesichter geschrieben. Der Chef der Volkspolizei meldete sich als erster zu Wort.

„Nun denn. Wenn Genosse Honecker es so anordnet. Wir sind darauf vorbereitet."

Stille.

Die vom Kettenrauchen gezeichnete Reibeisenstimme des NVA-Generalmajors begann zunächst mit einem tiefen Räuspern.

„50.000 Menschen. Genosse Hackenberg, ist dir klar, mit was für einer Menschenmenge wir es hier zu tun haben?"
Gerhard Straßenburgs Reaktion erfolgte prompt.
„Genossen ..."
Bevor er weitersprach, zupfte er sich die Ärmel seiner Uniform zurecht. Dann stand er auf und drehte sich der Stadtkarte hinter sich zu. Sein Tonfall hatte den Klang eigenwilliger Unengagiertheit. Und doch trafen seine Worte mit klarer Stimme auf seine Zuhörer.
„... die Anweisung unseres Genossen Generalsekretärs ist eindeutig. Wir haben alle Provokationen von vornherein zu unterbinden."
Die Männer im Raum lehnten sich zurück. Offenkundig waren sie froh darüber, dass wenigstens einer von ihnen noch mit dem Geiste der politischen Kompromisslosigkeit gesegnet war. Aufmerksam folgten sie Straßenburgs Rede.
„Zwischen Karl-Marx-Platz und Hauptbahnhof werden unsere Hundertschaften die Provokateure an der Spitze des Protestzuges mit Schlagstöcken angreifen."
Akribisch mit seinem Kugelschreiber auf die Karte zeigend, unterstrich Straßenburg seine Erklärungen.
„Mit Hilfe der Schützenpanzerwagen drängen wir sie in die Seitenstraßen. Am Bahnhof werden unsere LKWs mit Räumgittern zusammen mit zwei Wasserwerfern den Randalierern den Weg abschneiden. Das Wasser der Tanklöschfahrzeuge wird mit Farbe versetzt, um die Getroffenen zu markieren."
Ein anerkennendes Raunen erfüllte den Raum. Unbeeindruckt von der Reaktion sprach der Chef der Volkspolizei weiter.
„Die knapp 800 Rädelsführer werden zu ausgewiesenen Zuführungspunkten gebracht. Hier, hier und hier."

Dabei tippte er mit präzisen Bewegungen auf die jeweils vorgesehenen Orte der Karte.

„Dafür haben wir weiter 3.100 Volkspolizisten sowie acht Kampfgruppen Hundertschaften vorgesehen."

Jetzt wandte sich Straßenburg auf der Karte dem Bereich um die Kirche zu.

„Zusätzlich werden 5.000 zuverlässige Genossen aus der SED und FDJ mobilisiert, um den Provokateuren den Platz um die Kirche und den Vorplätzen streitig zu machen."

Dann holte Straßenburg zu einer großen Armbewegung aus und malte einen Kreis um Leipzig herum in die Luft.

„Außerdem halten wir 1.500 NVA-Soldaten im Randgebiet der Stadt in Reserve, um weitere konterrevolutionäre Aktionen zu unterbinden."

Der Chef der Volkspolizei steckte seinen Kugelschreiber zurück in sein Revers und setzte sich mit einer bedachten Bewegung zurück auf seinen Stuhl. Der Blick der Zuhörer haftete noch auf der Karte. Seinen Ellenbogen aufgestützt, rieb sich NVA-Generalmajor Diederich mit seiner Hand sein glatt rasiertes Kinn.

„Das wird mit dem Einsatz von Knüppeln alleine nicht funktionieren. Zumal meine Soldaten für den Umgang mit Schlagstöcken nicht ausgebildet sind. Abgesehen davon, dass sie auf eine Aktion gegen die eigene Bevölkerung gar nicht vorbereitet sind."

Eine bedachtsame Körperbewegung des Leiters der Stasi-Bezirksbehörde Hummitsch zog die Aufmerksamkeit auf ihn. Dann brummelte er in seinen Bart — den Blick auf die Tischplatte gerichtet.

„Dieser Plan funktioniert noch nicht einmal mit dem Einsatz von Schusswaffen."

Generalmajor Straßenburg zupfte sich nochmalig an den Ärmeln seiner Uniform. Spätestens jetzt wurde den anderen klar, dass er nervöser war, als er nach außen hin zu gab. Noch bevor Straßenburg antworten konnte, fuhr Hummitsch fort. Diesmal war sein Blick in die Runde gerichtet.

„Ich habe allen meinen Mitarbeitern verboten, die ihren Dienst auf der Straße ausführen, Waffen zu tragen …"

Die gesamte Aufmerksamkeit der Gruppe lag auf Hummitsch. Seine Stimme wurde leiser.

„… gegen die Dienstvorschrift des Ministers."

45. Held wider Willen

Die Fensterscheibe des Kasinos im obersten Stock des Senders reichte bis zum Boden. Michaels Blick streifte über die flimmernden Lichter der Hamburger Nacht. Das Fenster schien frisch geputzt. Deutlich spiegelte das Glas die Szenerie in bunten Reflexionen hinter ihm. Seine Kollegen standen in gelöster Atmosphäre herum und diskutierten wieder und wieder über das, was heute geschehen war. Im Hintergrund lief ein Fernseher, der in nachrichtlicher Dauerschleife die Bilder der Demonstration in Leipzig abspielte. Nur Michael konnte sich an dem friedlichen Ausgang nicht so erfreuen, wie seine Kollegen. Er hoffte in der Spiegelung der Scheibe unter den Feiernden ihr Gesicht zu entdecken. Zugleich war ihm klar, dass diese Hoffnung vergebens war. Er fokussierte von dem Spiegelbild zurück auf den dunklen Horizont der Stadt. Dort draußen würde sie irgendwo sein. Wahrscheinlich würde sie weinen. Auch ihm war zum Heulen zumute. Doch sein Blick war wie versteinert, während er auf seinem Stuhl sitzend der Party den Rücken zu wand. Seine Füße hatte er auf die Heizung hochgestellt. Eine Bierflasche hielt er eingeklemmt zwischen seinen Beinen.

„Darf ich mit unserem Helden anstoßen?"

Dieters Stimme klang entspannt und wohlwollend. Das Tönen der zusammenstoßenden Flaschen löste Michael für einen kurzen Moment aus seiner Traurigkeit. Das ehrliche Lächeln von Dieter tat ihm gut.

„Michael, dass du deinen Bericht im letzten Moment zurückgezogen hast, obwohl das journalistisch eine absolut überzeugende Arbeit war, kann man dir nicht hoch genug anrechnen. Das zeugt von Größe."

Michael zwang sich zu einem Lächeln. Dann hoben beide zeitgleich ihre Flaschen und nahmen einen Schluck. Dieter presste seine Lippen aufeinander.

„70.000 Menschen auf der Straße. Ist das zu fassen?"
„Und kein Eingreifen der Staatsmacht. Einfach den Apparat überrannt."

Dieter folgte Michaels Blick durch die Glasscheibe auf das beleuchtete Hamburg.

„Wo ist Anna?"

46. Butter

„Du musst die Butter nicht so dünn auf dein Brot kratzen."

„Ist das dünn?"

„Dünner als Honeckers seidener Faden, an dem er hängt."

„Aber ich mag es so."

Karl hatte seine Hände neben seinem Teller abgelegt und schaute auf die Brotscheibe vor sich. Marlene hatte Recht. Obwohl die Butter feinsäuberlich die gesamte Oberfläche überzog, bildete sie nur eine hauchdünne Schicht.

„Du schaffst jeden Morgen ein kleines physikalisches Wunder."

„Weißt du, wann ich angefangen habe, die Butter so dünn auf mein Brot aufzutragen?"

Marlene stützte die Ellenbogen ab und beugte sich nach vorne.

„Erzähl!"

„Heil Hitler!"

Meine hohe Stimme erfüllte den kleinen Laden. Ich drehte mich der Tür zu und drückte die Klinke hinunter.

„Das sagen wir jetzt nicht mehr!"

Die strenge Stimme hinter mir ließ mich in meiner Bewegung verharren. Die Reaktion entstammte dem Mund einer der Kundinnen. Sie hatte bereits ungeduldig in der Schlange hinter mir gewartet. Ihr Blick war nicht minder streng. Die Türglocke bimmelte immer noch ermahnend in der halb geöffneten Tür. Ich war mir unsicher. Am liebsten hätte ich mich einfach umgedreht und wäre die Stufen hinausgetreten. Wäre über den Marktplatz nach Hause gerannt. Doch die bösen Blicke der Frauen hielten mich fest. Unbarmherzig trafen ihre Augen in die meinen. Mir wurde klar, dass dies nicht der richtige Moment für Widerspruch war. Ich nickte demütig und setzte meinen Gang durch die Ladentür fort. Als die Tür hinter mir in das Schloss fiel, erklang noch einmal die Ladenglocke. Sie klang genauso wie immer. Doch irgendetwas war anders.

Es war noch nicht lange her, als das Dröhnen der Ketten der russischen Panzer auf dem Kopfsteinpflaster die Gläser in unserem Esszimmer gegeneinanderschlagen ließen. Es war eine merkwürdige Mischung des hohen kristallenen Tones und eines tief wummernden bedrohlichen Klanges, der noch vor kurzer Zeit den gesamten kleinen Ort zu erfassen schien.

Inzwischen standen die Gläser in der Vitrine wieder still an ihrem Ort. Unsere kleine Familie saß am Esstisch. Es gab für jeden ein Brötchen. Nur die Butter kratzte ich diesmal so dünn wie möglich auf meine aufgeschnittene Seite. Verschämt schaute ich auf meinen Teller und spürte den strengen Blick meiner Mutter in meinem Nacken. Selbst in diesen Zeiten wurde bei uns normalerweise nie gespart. Es gab immer genug zu essen. Dafür hatte meine Mutter „ein Händchen". Zumindest sagte das meine Tante so. Nur diesmal war etwas dazwischengekommen. Und es war meine Schuld. Ich war einfach nicht schnell genug gewesen. Dabei war ich so schnell ich konnte gerannt. Und ich gehörte zu den Schnellsten. Nicht nur in der Schule. Zudem kannte sich kaum jemand in dieser Gegend so gut aus wie ich. Jede Lichtung. Jeder Baum. Kein Pfad, den ich nicht schon als kleiner Junge in meiner Umgebung kannte. An der grünen Grenze. Und trotzdem hatten sie mich erwischt. Sie hatten mir aufgelauert. Vielleicht hatte mich auch jemand verpfiffen. Wer weiß. Aber das war jetzt auch egal. Tatsache war — ich hatte versagt. Und das ließ mich meine Mutter spüren. Selbst Waltraud, meine kleine Schwester, spürte die angespannte Stimmung am Esstisch. Sie legte ihr Besteck besonders vorsichtig auf den Tellerrand, um jedes unnötig laute Geräusch zu vermeiden. Um jeden weiteren Reiz zu mindern, den strengen Blick unsere Mutter noch strenger werden zu lassen. Nur die tickende Wanduhr schien unbeeindruckt ihrer immer währenden Bestimmung zu folgen. Zu gerne hätte ich erzählt, was mir widerfahren war. Doch das tat ich nicht. Irgendwie spielte es auch keine Rolle. Es spielte keine Rolle, dass mir die dicken selbst gestrickten Socken in meinen zu großen Schuhen über die Fersen gerutscht waren, als ich durch das hohe Gras gerannt war. Es spielte keine Rolle, dass der Rucksack vollbeladen gegen meinen Rücken geschlagen und mein Laufen gebremst hatte. Es spielte keine Rolle, dass die beiden Grenzsoldaten ihre Kalaschnikows auf mich gerichtet hatten, als sie mir von hinten ein Bein stellten und sich breit grinsend über mich beugten. Das einzige was zählte war, dass die beiden Grenzer mir nur eins der fünf Butterpakete gelassen hatten. Und deshalb schmeckte mir die Butter heute nicht. Deshalb war meine Mutter böse auf mich. Zu Recht.

Marlene schaute Karl mit feuchten Augen an. Dann umfasste sie seine Hände. Sie waren wie immer so viel wärmer als ihre eigenen. Seinen Blick auf ihre Finger gerichtet, formte Karls Mund ein Lächeln.

„Weißt du wer seine Butter ebenfalls so dünn auf sein Brot kratzt?"

„Wer?"

„Mielke."
„Musst du jetzt mit dem anfangen?
„Ich frage mich, wie er sich wohl gerade in diesem Moment fühlt."
„Das ist nicht dein Ernst?"
„So verschroben seine Ansichten auch sein mögen. Und so grausam die Auswirkungen seines Handelns sind — er glaubt felsenfest an seine Mission. Und jetzt sitzt er ohne Kompetenzen zwischen den Stühlen von Krenz und Honecker und wartet auf sein Ende."

Marlene fasste Karls Arm.

„Dann lass uns zumindest sein Ende beschleunigen."

47. Momper

„Noch einen Schluck?"
Michael nickte. Der Grauburgunder floss in sein Glas. Danach goss sich Winfried Kolb selbst ein.
„Sie sind häufiger hier?"
Michael war sich nicht sicher, ob er den Satz als Frage oder Feststellung interpretieren sollte.
„Als Geheimdienstler kann das ja wohl nur rhetorisch gemeint sein. Immerhin haben Sie mich hier damals aufgespürt."
Kolb lächelte milde. Seine aufrechte Sitzposition ließ ihn unter den Gästen besonders groß wirken. An seinem Kiefer zeichnete sich eine kurze Bewegung ab. Michael erkannte das Signal. Das Aufeinanderpressen der Zahnreihen war jedes Mal die Ankündigung eines besonderen Gedankens. Sein Blick schweifte für einen kurzen Moment über die leeren Nachbartische des Café Einsteins. Dann wurde sein Gesichtsausdruck ernster.
„Warum hört man so wenig von Ihnen?"
„Wie meinen Sie das?"
„Na ja, ich kenne niemanden, der so versiert in Sachen Ostpolitik ist. Und gerade jetzt ... Honecker wird gestürzt, die Ereignisse überschlagen sich ... höre ich nichts von Ihnen. Was ist los?"
Michael lächelte entschuldigend.
„Das liegt vielleicht daran, dass die Geschichte gerade die Nachrichten überholt."
Kolb lehnte sich zurück.

„Da haben Sie allerdings recht."

Nahezu zeitgleich nahmen die beiden einen weiteren Schluck aus ihren Gläsern. Kolb beugte sich wieder nach vorne. Sein Tonfall wurde leiser.

„Selbst Bonn verschläft die Geschichte."

Michael schaute ungläubig.

„Dass unsere geheimdienstlichen Informationen in Bonn seit Jahren ignoriert werden, sind wir ja inzwischen gewohnt. Doch eindeutige Informationen zur bevorstehenden Grenzöffnung zu ignorieren …"

Michael richtete sich auf.

„Die Grenze wird geöffnet?"

„Herr Wiesner, das ist doch sonnenklar. Meinen Sie die demonstrierenden Menschen auf der Straße lassen sich mit ein paar Bananen aus der Kaufhalle beruhigen? Die Frage ist vielmehr wann."

„Wann?"

Kolb Stimme wurde noch leiser.

„Noch vor Weihnachten."

„Vor Weihnachten?"

„Der Berliner Senat bereitet sich bereits auf die Menschenmassen vor. Angeblich hortet man sogar Kondome."

Winfried Kolb stockte. Michael bohrte weiter.

„Sie sind gerade gut in Fahrt. Jetzt erzählen Sie schon."

Kolb vergewisserte sich mit einem Blick, dass niemand zuhörte. Dann sprach er weiter.

„Oberbürgermeister Momper hat vergangene Woche Schabowski im Palasthotel in Ost-Berlin getroffen."

„Jetzt wird`s interessant."

„Dabei hat Schabowski ihn bereits über die kommende Grenzöffnung informiert."

„Und das noch vor Weihnachten?"
„Richtig. Momper hat dies in einem Brief an Kohl weitergegeben."
„Und?"
„Ohne Reaktion."
Kolb nippte an seinem Glas.
„Keine Reaktion? Gar nichts?", fragte Michael.
„Wahrscheinlich liegt der Brief auf dem Stapel unbeantworteter Fanpost des Kanzlers."
„Oder er reagiert nicht, weil er eine grundsätzliche Abneigung gegen Berlins SPD-Oberbürgermeister hat."
Winfried Kolb lehnte sich nach vorne.
„Das Problem liegt jedoch unseres Erachtens ganz woanders..."
Michael unterbrach Kolb.
„Die Alliierten?"
„Genau. Nach unserem Kenntnisstand wissen die noch gar nichts von unserem Glück. Um die Franzosen, Briten und Amerikaner mache ich mir weniger Sorgen. Wenn die das spitzkriegen, sind sie vielleicht etwas beleidigt. Aber..."
Kolb verstummte. Michael spürte seinen Herzschlag, als er den Satz in seinem Kopf vollendete. Dann schaute Kolb ihm direkt in die Augen.
„Wenn ich etwas von dem, was ich Ihnen eben gesagt habe in den Nachrichten höre, lasse ich sie persönlich in unserem Führer-Bunker in Pullach verhungern."
„Ja", sagte Michael.
„Ja, was?"

48. Die Nacht

Der Satz kam von einem Journalisten aus den hinteren Reihen. Der Fragende selbst war nicht zu sehen. Die Kamera ruhte beharrlich auf Günther Schabowski. Dieser lehnte in erstaunlich entspannter Haltung hinter seinem Podium. Als sei diese Frage die einfachste Frage der Welt.
„Gilt das auch in Berlin-West?"
Und dann war doch so etwas wie Unsicherheit in Schabowskis zurückgelehnter Sitzposition erkennbar.
„Also doch, doch ... Die ständige Ausreise kann über alle Grenzübergangsstellen der DDR zur BRD beziehungsweise zu Berlin-West erfolgen."
Mielke starrte mit aufgerissenen Augen auf den Fernseher. Sein schneller Atem versetzte seinen gesamten Oberkörper in eine rhythmische Bewegung. Die rechte Faust umfasste seinen Kugelschreiber, als wolle er ihn zerquetschen. Es klopfte an seiner Bürotür. Der kleine untersetzte Mann, dessen Haarschnitt sich offensichtlich an dem seines Chefs orientierte, trat atemlos durch die Tür.
„Genosse Minister!"
Es war ein undifferenziertes Raunzen, das Mielke seinem Untergebenen entgegen warf. Der kleine dicke Mann ließ sich heute jedoch nicht abschrecken.
„Genosse Minister, auf West-Berliner Seite wurde direkt am Brandenburger Tor ein riesiger Sendemast von den Amerikanern errichtet."
Mielke verdrehte die Augen.

„Dann frag doch unsere sowjetischen Genossen, ob sie vielleicht noch ein paar Panzer übrighaben. Raus."

Oberstleutnant Harald Hübner tauchte seine Bockwurst in den Senf. Auf dem Fernseher in der Kantine des Grenzübergangs der Bornholmer Straße lief der Fernseher. Kauend schweifte Hübners Blick auf die gewohnt langweiligen Bilder der Pressekonferenz zur Tagung des Zentralkomitees der SED.

„Wann tritt das in Kraft?"

Harald Hübner hörte auf zu kauen. Die Frage des westdeutschen Journalisten aus der ersten Reihe löste bei Schabowski ein Blättern in den vor sich liegenden Papieren aus. Dann hob er einen der Zettel.

„Das tritt nach meiner Kenntnis … ist das sofort … unverzüglich."

Oberstleutnant Hübner sprang auf. Die Journalisten im Fernsehen erhoben sich weit weniger hektisch. Ihnen standen die Fragezeichen im Gesicht. Aus dem Hintergrund war noch Schabowski zu hören.

„Herzlichen Dank." Harald Hübner griff noch nach seiner Schildmütze und rannte los. Die Nachrichtenstimme aus dem Off übernahm mit tonlosem Duktus.

„Damit, verehrte Zuschauer, geht die zweite Pressekonferenz zur Tagung des Zentralkomitees der SED zu Ende."

Doch da war Oberstleutnant Hübner bereits aus der Kantine gerannt. Erschrocken schaute sein Kollege auf, als die Tür des Grenzbüros mit Wucht aufflog und gegen die Wand schlug. Hübner war außer Atem.

„Verbinden Sie mich sofort mit Oberst Sandner."

Hinter dem Schreibtisch starrte der Soldat seinem Vorgesetzten mit offenem Mund verdutzt entgegen. Ohne Widerworte reichte er seinem Vorgesetzten den Telefonhörer.

„… Schabowski … Pressekonferenz … Reisefreiheit … sofort."

Doch der Oberst auf der anderen Seite der Leitung reagierte auf Hübners Fragen eigenartig:

„Rufst du auch wegen diesem Quatsch an?"

„Habt Ihr es durchgezogen?"

Die Frage mit dem russischen Akzent am anderen Ende der Leitung hätte auch eine Aussage sein können. Erich Mielke war froh, in diesem Moment die vertraute Stimme von Igor Pasewitsch zu hören.

„Nichts haben wir durchgezogen. Ich habe keine Ahnung, von wem dieser Schwachsinn kommt. Das Zentralkomitee tagt noch. Da ist niemand zu erreichen."

„Das heißt, mein alter Genosse ist auf kaltem Fuß erwischt worden?"

Mielke wischte sich mit dem Ärmel über die Stirn. Die Fingernägel der anderen Hand, begannen unkontrolliert auf der Schreibtischoberfläche zu klopfen.

Der alte Führer der polnischen Arbeiterbewegung genoss sichtlich das Privileg, heute als politische Prominenz dem deutschen Bundeskanzler gegenüber zu sitzen. Dann funkelten auf einmal seine spitzbübischen Augen. In dem folgenden polnischen Satz stach deutlich das Wort „Berlin" hervor. Der

Dolmetscher schaffte bei den deutschen Gästen mit seiner Übersetzung mehr Klarheit.

„Sind Sie darauf vorbereitet, dass in Kürze die Berliner Mauer fallen wird?"

Bundeskanzler Helmut Kohl schaute Lech Walesa mit breitem Grinsen an. Das Protokoll seines Staatsbesuchs sah dieses Treffen vor. Seine Idee war es nicht gewesen. Kohl reagierte mit einem chauvialen Lacher.

„Diese Probleme möchten wir haben."

Walesas ließ sich von der staatsmännischen Übermacht nicht ablenken. Auffordernd hob er seine Augenbrauen und wiederholte damit wortlos seine Frage. Kohl beugte sich lachend in Richtung seiner Delegation.

„Bevor das passiert, wird Gras auf unseren Gräbern wachsen."

Kohls Stab folgte wie gewohnt dem Lachen ihres Chefs.

„Es ist nicht möglich, Ihnen hier und jetzt die Ausreise zu gewähren."

Das Krächzen aus dem Megaphon des Polizeiwagens klang wie das letzte Aufbegehren des ostdeutschen Bürokratismus. Die Augen des Volkspolizisten in seinem weiß-grünen Lada zwinkerten nervös. Vor dem Schlagbaum traten einige Dutzend DDR-Bürger von einem Bein auf das andere. Die Hände steckten in ihren Jackentaschen.

Oberstleutnant Hübner saß hinter der Scheibe des Grenzpostens und beobachtete die Szenerie. Seine Hände wurden zunehmend feuchter. Die ersten Menschen begannen, laut zu rufen. Seine Rechte griff hilfesuchend zum Hörer. Doch die

Antwort auf das, was an diesem Grenzübergang weiter geschehen sollte, machte ihn noch wütender:

„Sind Sie überhaupt noch in der Lage, die Situation realistisch einzuschätzen?"

Das war zu viel.

„Dann hören Sie doch `mal selbst!"

Hübner hielt den Hörer aus seinem Grenzhäuschen in Richtung der Menschenmenge. Der Sprechchor drang in die Sprechmuschel. Im Hintergrund das penetrante Hupen wütender Trabis.

„Tor auf! Tor auf! ..."

Dann legt Hübner den Telefonhörer wieder an sein Ohr und wartete auf die Reaktion. Aufgelegt.

In der kleinen Kneipe wollte Michael seinem Kamerateam am Prenzlauer Berg nur eine kurze Pause gönnen. Doch inzwischen tanzten die Gäste zwischen den Tischen. Aus Bier wurde Sekt. Der Kameramann hielt auf die gelösten Gesichter. Die Menschen umarmten sich. Michael saß abseits. Vor ihm ein Teller mit Soljanka. Er schob ihn zurück und richtete seinen Blick auf den voll gedrängten Gastraum. Angeführt von einem großen jungen Mann schob sich eine Polonaise zwischen den Stühlen hindurch. So ein Tag, so wunderschön wie heute. So befremdend für Michael derartige Tanzeinlagen waren, so sehr verstand er die überschäumende Freude. Ein leichtes Lächeln legte sich auf sein Gesicht. Der Anführer der Menschenschlange stellte sich auf einen Stuhl und reckte die Hände in die Luft.

„Woll`n wir `mal nachschauen wie`s an der Grenze ausschaut?"

Ein zustimmendes Grölen erfüllte den Raum.
„Woll`n wir zur Bornholmer Straße zieh`n?"
Der Kameramann nahm sein Auge vom Sucher und schaute fragend zu Michael herüber. Michael nickte.

Der Volkspolizist war bemüht, die richtigen Formulierungen zu finden. Nur der hohle Klang des Lautsprechers auf dem Dach des Polizeiautos verlieh seinen Worten noch den restlichen Hauch real existierender Autorität.
„Ich bitte Sie, im Interesse der Ordnung und Sicherheit … den Platz im Vorraum der Grenzübergangsstelle zu verlassen … und sich an die zuständigen von mir eben bekanntgegebenen Meldestellen zu begeben."
Aber die Leute hörten nicht auf ihn.

Mielke schaute auf die Uhr. 21:20. Er griff erneut zum Telefonhörer.
„Was sollen wir machen?"
Die Stimme von Generalsekretär Egon Krenz klang wie immer erstaunlich ruhig durch die Ohrmuschel.
„Ich rufe gleich zurück."
Krenz hatte aufgelegt.
Abermals wählte Mielke die gleiche Nummer.
„Egon, wenn wir nicht sofort entscheiden, was zu tun ist, dann verlieren wir die Kontrolle."
In den Worten von Krenz war inzwischen ein deutliches Zittern zu hören.
„Was schlägst du vor?"
„Generalsekretär bist du."

Dann war es still in der Leitung.

Das Spiel wurde bereits mit Verspätung angepfiffen. VFB Stuttgart gegen Bayern München. Null zu eins für die Stuttgarter. Dieter Plancks Aufmerksamkeit schwankte zwischen dem Unvermögen der Bayern und dem, was die Nachrichten noch kurz vor Anpfiff meldeten. Zugleich wurde ihm klar, dass nie wieder ein Bundesligaspiel derart belanglos im Angesicht der sich veränderten Geschehnisse sein würde. Selbst wenn Stuttgart erstmals gegen Bayern gewinnen würde.
Die Nachrichtenticker klopften unaufhörlich im penetranten Staccato sekündlich neue widersprüchliche Meldungen. Das amerikanische Fernsehen hatte bereits am Tage einen eigenen Fernsehmast vor dem Brandenburger Tor aufgestellt. In Australien hieß es, die Mauer sei bereits gefallen. Und Plank konnte seinen Blick dennoch nicht von dem Fußballspiel lösen. Dann drehte er sich um und rief in das Großraumbüro.
„Wo steckt Wiesner?"

Die Menschenmenge stand dicht gedrängt vor dem Grenzübergang der Bornholmer Straße. Der Kameramann war auf das Dach des Sendewagens geklettert, um einen besseren Blickwinkel zu erhaschen. Die Mikrophonangel des Toningenieurs schwebte hoch in der Luft, um die entfernten Rufe aufzufangen.
„Wir kommen wieder! Wir kommen wieder!"
Trotz der unübersehbaren Absicht, nur in die eine von ihnen gewählte Richtung zu wollen, standen sie friedlich

wartend hintereinander. Im Schlangestehen war der DDR-Bürger geübt.

Michael schaute abwechselnd auf die Kamera und auf die Grenzkontrollstelle. Dann rief er nach oben.

„Lasst uns fahren."

Sein Kameramann schaute verwundert nach unten.

„Aber hier geht`s bald richtig los."

„Das werden unsere Kollegen von der Westberliner Seite schon `draufkriegen. Für diese Nacht brauchen wir ein besseres Motiv. Auf geht's."

„Die Krawallmacher dürfen raus. Aber nicht wieder zurück."

Oberstleutnant Hübner runzelte die Stirn. Er spürte das Pochen seines Pulses am Hörer des Telefons. Das Rufen der Menschenmenge drang durch die Glasscheibe.

„Und wie soll`n wir das machen?"

Die Antwort seines Vorgesetzten kam mit etwas Verzögerung.

„Die Pässe werden auf dem Lichtbild des Ausreisenden gestempelt. Diejenigen dürfen nicht zurück in die DDR. Machen Sie schon!"

Es war bereits spät im Bonner Bundestag. Die Reihen des Plenarsaals waren gelichtet. Annemarie Renners Föhnfrisur thronte über den Köpfen der Abgeordneten. Sie sprach mit der gewohnten Ruhe und Eindringlichkeit.

„Das Wort hat der Abgeordnete Spilker."

Der CSU-Parlamentarier Karl-Heinz Spilker stand bereits hinter dem Podium und rückte das Mikrophon in die richtige Position. Die Opposition würdigte ihn zunächst keines Blickes.

„Meine sehr verehrten Damen und Herren. Bevor ich zu meinem Thema komme, möchte ich Ihnen eine Meldung vorlesen, die ich im Moment erhalten habe ... ich kannte sie nicht."

Die Abgeordneten schauten müde auf.

Sein Blick senkte sich auf ein Blatt Papier in seiner Linken. Seine rechte Hand steckte locker in der Hosentasche. „Von sofort an können DDR-Bürger direkt über alle Grenzstellen zwischen der DDR und Bundesrepublik ausreisen." Dann hob Spilker seinen Blick. Spätestens jetzt hatte er die volle Aufmerksamkeit des Hauses. Der Bundestag war wieder aufgewacht.

Der Pariser Platz vor dem Brandenburger Tor war leer.

„Tor auf, Tor auf, ..."

Michael brauchte einen Moment, um die entfernten Rufe hinter der Mauer zu verstehen. Er schaute gerade zwischen den beleuchteten Säulen hindurch, als ein Mann von der Westseite auf die panzer-absperrende Mauer stieg. Der Kameramann war bereits damit beschäftigt, das Teleobjektiv auf die Kamera zu montieren.

Die Truppe der DDR-Soldaten auf dem Platz wurde unruhig. Mit heiserer Stimme rief ein Soldat seinen Kameraden zu.

„Grenzverletzer, Grenzverletzer!"

Der gleiche Soldat löste sich aus der Patrouille vor der Mauer und verschwand hinter einer Tür. Wenig später zogen einige Grenzer einen roten Feuerwehrschlauch über den

Asphalt. Der Wasserstrahl traf den ersten auf die Mauer gekletterten West-Berliner. Michaels Kameramann hielt auf den durchnässten Mann.

Es war das kürzeste Staatsbankett, das je in Warschau abgehalten wurde. Mit schnellen Schritten trat die Delegation hinter dem Kanzler durch den Torbogen. Helmut Kohl verließ seine geplante Route und trat vor das ihm entgegengestreckte Mikrophon. Die Antworten waren wie gewohnt professionell und staatsmännisch. Keine Spur von Überraschung und Begeisterung über den historischen Moment. Doch der letzte Satz überraschte dann doch.

„… Unser Interesse muss sein, dass die Landsleute zu Hause in ihrer Heimat bleiben." Dann drehte sich Kohl von den Journalisten weg.

Es war die höflichste Bitte, die seit dem Mauerbau aus den Lautsprechern der Nationalen Volksarmee drang:

„Achtung, Achtung! Hier spricht die Grenztruppe der Deutschen Demokratischen Republik. Bürger Berlins: Wir bitten Sie umgehend den Pariser Platz zu verlassen."

Ost- wie Westberliner ignorierten die Aufforderung. Liefen weiter im Freudentaumel über den ummauerten Asphalt. Hauptsache hier sein. Die Richtung in die sie gingen, spielte keine Rolle. Denn sie waren ja schon da. Im Epizentrum der deutsch-deutschen Teilung.

Michael spürte den sanften aber bestimmten Druck einer Handfläche auf seinem Rücken. Es war ein Offizier, der ihn mit strengem Blick anschaute, um der Durchsage Nachdruck zu verleihen. Instinktiv suchte Michael nach weiteren Soldaten zwischen der Menschenmenge, die das gleiche wie der Offizier vorhaben könnten. Doch da war niemand. Der Mann war alleine. Mit militärischen Schritten stapfte er über den Platz, sprach auf jeden der Zivilisten ein, gestikulierte mit bedächtig routinierten Handbewegungen und glaubte tatsächlich auf diese Weise die alte Ordnung wieder herstellen zu können. Im Alleingang. Doch die Angst vor der Grenze — die Angst vor den Grenzern war gewichen.

Inzwischen schoben sich die ersten Trabis durch die geöffneten Schlagbäume der Bornholmer Straße. Harald Hübner saß immer noch geschützt hinter der Scheibe seines Wachhäuschens. Fast 30 Jahre hatte er diese Grenze verteidigt. Jeden Befehl penibel ausgeführt. Hübner hatte nie Widerworte gegeben. Doch heute hatte er die Tore mit seinen eigenen Händen geöffnet. Erleichtert darüber, dass die neun Schuss Munition seiner Pistole noch unverbraucht im Magazin steckten.

Der Blick des Soldaten richtete sich über den Kopf der Frau mit dem Kopftuch hinweg. Unfähig in ihre weit aufgerissenen Augen zu schauen. Sein Ausdruck war voller Scham und Ratlosigkeit. Die DDR-Truppe hatte den Pariser Platz zurückerobert. Friedlich. Und dennoch standen sie aufgereiht, als gälte es ihren sozialistischen Augapfel zu schützen. Die Kräfte hatten sich verschoben. Die Soldaten wussten inzwischen, dass die Angst vor ihnen gewichen war. Und genau das machte ihnen Angst. Die Frau mit dem Kopftuch ließ sich von der gespielten Passivität der Männer nicht beeindrucken. Michael konnte ihr Gesicht nicht sehen. Doch die Augen der Soldaten spiegelten unübersehbar die Gefühle der Frau wider. Ihre Stimme überschlug sich.

„Ich bleibe hier! Ich wollte aufrichtig da durchgehen und genauso auch wieder zurück."

Dabei zeigte ihr Finger auf das geräumte Brandenburger Tor. Gespenstig leer stand es da, wie in den unzähligen Nächten zuvor. Als hätten die letzten Stunden nicht stattgefunden.

„Aber wenn ihr alle so weiter macht, dann kommen wir nicht dazu. Und zwar überhaupt nicht."

Dann begann die Frau zu weinen. Die noch Mächtigen schauten ohnmächtig auf die fordernden Gesichter um sie herum. Die jungen Männer in ihren Uniformen waren immer noch nicht in der Lage, der kleinen Frau in die Augen zu schauen. Nur einer der Soldaten hielt den fordernden Blicken nicht mehr stand. Wortlos griff er ihre Hand und zog sie zu sich. Sein Arm legte sich fürsorglich um ihre Schultern und führte sie zwischen dem aufgereihten Militär hindurch. So lief das ungleiche Paar alleine und mit bedächtigen Schritten auf das beleuchtete Monument zu.

Michael musste schlucken. Die Macht des Einzelnen. Eben verteidigte ein einzelner Mann noch das Unrechtssystem und jetzt dies.

„Gehn` wir zum Kudamm?"

Marlene lehnte am Türrahmen von Karls Büro. Ihre Lippen waren frisch geschminkt. Ihre braunen Haare fielen in Locken auf ihren Mantelkragen. Karl lächelte von seinem Schreibtisch zurück.

„Shoppen? Die Geschäfte sind bereits zu."

„Aber die Grenze ist offen."

Karl stand auf und ging auf Marlene zu.

„Zumindest solltest du Schabowski noch nach Einkaufsgutscheinen für das Kaufhaus des Westens fragen."

Er umfasste ihre Hände und sein Ausdruck wurde ernst.

„Bevor wir gehen und dieses Ministerium gestürmt wird, möchte ich dir noch etwas zeigen."

Marlene schaute Karl erwartungsvoll an. Dann drehte er sich in Richtung des Tresors in seinem Büro und begann am Zahlenschloss zu drehen. Während Karl die schwere Tür aufzog, fuhr er fort.

„Du hast dich doch gewundert, warum Honecker so schnell seinen Platz geräumt hat?"

Marlene nickte. Karl zog einen roten Koffer aus dem untersten Fach und legte ihn auf seinen Schreibtisch. Dann blieb er kurz in seiner Position stehen.

„Deshalb."

Marlene trat etwas näher.

„Mielke hat ihn mir zur Aufbewahrung gegeben."

Die sich öffnenden Schnallen erzeugten nahezu zeitgleich ein schnalzendes Geräusch. Die Augen auf den Inhalt des Koffers gerichtet, sprach Karl mit leiser Stimme.

„Das wird wohl die letzte Sendung an meinen Sohn werden."

49. Erfurt

Michael hatte an dieser Stelle keinen Schlagbaum erwartet. Genauso wenig die Menschenmenge, die sich um seinen Wagen herum drängte. Der Mauerfall war nun schon Monate her. Doch der Geist des Aufbruchs hatte sich inzwischen über das ganze Land verbreitet. So mussten sich die Trabi- und Wartburgfahrer gefühlt haben, als sie in der Nacht des 9. Novembers über die Grenze gefahren waren. Auf ihrem kurzen Ausflug nach Westberlin mit Freudentränen in den Augen.

Es hätte nicht der Handbewegung des Volkspolizisten bedurft, um Michaels Wagen zum Stehen zu bringen. Hinter dem Polizisten ragte das altehrwürdige Gebäude des Erfurter Hofes in der Dunkelheit hervor. Nach einem kurzen anerkennenden Blick auf Michaels rote Karosse ging er auf seine Autotür zu.

„Wo woll`n se mit ihrem schicken Schlitten hin, junger Mann?"

Michael reckte seinen Kopf aus dem Autofenster. Erst jetzt erkannte der Polizist Michael.

„Ich mach` Ihnen gleich den Schranke auf. Sie können direkt vor dem Hotel parken."

Mit halber Schrittgeschwindigkeit steuerte Michael sein Auto zwischen den Passanten hindurch und parkte direkt neben dem Übertragungswagen seines Senders.

Die Lobby des Erfurter Hofs entsprach so gar nicht dem, wie

man es ansonsten von der DDR gewohnt war. Hier hatte man das Moment des Mondänen liebevoll konserviert. Die Empfangstheke reflektierte in glänzendem Massivholz. Darüber thronte ein opulenter Kronenleuchter. Die Treppe nach oben belegt mit flauschigem Teppich im imperialen Rot. Genauso musste es ausgesehen haben, als hier der erste Besuch eines bundesdeutschen Staatsoberhauptes in der DDR stattfand. Fast zwanzig Jahre war das her. Der damalige Beginn der so genannten Entspannungspolitik. Die Begegnung der beiden Willys. Willy Brand und Willy Stoph. Noch wenige Monate vor dem Kniefall in Warschau.

Michael versuchte sich vorzustellen, wie es wohl gewirkt haben mochte, als Brandt durch dieselbe Tür das Hotel betrat. Nachdem die Staatssicherheit kaum in der Lage war, die begeisterten DDR-Bürger auf seinem Weg vom Erfurter Bahnhof hierher zurückzuhalten. Den Stress, den er durch den Druck und die Erwartungshaltung von allen Seiten empfunden haben musste. Wie häufig hatte sein Vater ihm davon erzählt. Brandt in den Himmel gelobt für seine Besonnenheit und Klugheit. Bis er eines Abends wegen eines DDR-Spions in seinem engsten Umfeld die Verantwortung übernahm. So dumm von der DDR-Staatssicherheit, ausgerechnet den, der für eine neue Ost-Westpolitik stand, derart abzusägen. Sein Vater hatte sich furchtbar darüber aufgeregt.

Aus dem ersten Stock drangen die diffusen Worte sich nähernder Menschen. Michael drehte seinen Kopf in Richtung der Geräuschkulisse und schaute die rote Treppe hinauf. Der Mann, der umringt von einer Gruppe, die Treppe bedächtig herunterkam, sah zwanzig Jahre älter aus. Doch seine hohe Stirn mit den nach hinten gekämmten Haaren war unverkennbar. Ebenso wie die besonnen Kopfbewegungen.

Noch schaute Willy Brandt konzentriert auf die Stufen der Treppe. Darauf bedacht unbeschadet unten anzukommen. Die Jahre hatten ihm die Jugendlichkeit geraubt. Doch seine Augen blitzten angesichts der ihn umgebenen Aufmerksamkeit. Hier an diesem geschichtsträchtigen Ort.

„Willy Brandt an`s Fenster!" So klangen seiner Zeit die Sprechchöre von außen bis in die Räume des Erfurter Hofs. Der Star von damals — heute wieder im Mittelpunkt des ersten demokratischen Wahlkampfs der DDR.

Michael schaute wie gebannt auf den sich nähernden Altkanzler. Vielen Politikern hatte er inzwischen die Hand geschüttelt — mit ihnen geplaudert oder sie interviewt. Willy Brandt war er noch nie begegnet. Umgekehrt schien Brandt Michaels Gesicht nicht einordnen zu können. Und doch fiel sein Blick als erstes auf ihn. Die Augen Brandts kniffen sich kurz zu einem begrüßenden Lächeln zusammen. Dann ging er an Michael vorbei. Michaels Herz raste.

Das Zimmer im ersten Stock glich inzwischen mehr einem Fernsehstudio als einer Hotelsuite. Michael ging auf das offenstehende Fenster zu und schaute hinaus. Auf dem Vorplatz des Erfurter Hofs drängten sich bereits die Menschen. Offiziell als SPD-Wahlkampfveranstaltung ins Leben gerufen, war diese Inszenierung weitaus mehr als das Ringen um Wählerstimmen. Die Menschen schauten erwartungsvoll nach oben auf jenes Fenster, an dem sich damals Willy Brandt mit weiser Zurückhaltung der Öffentlichkeit gezeigt hatte. Dass dies heute anders sein würde, konnte Michael in den erwartungsvollen Gesichtern selbst von hier aus dem ersten Stock erkennen.

Neben dem offenen Fenster standen Monitore, die die verschiedenen Kameraperspektiven abbildeten. Der Blick auf das besagte Fenster, auf die Menschenmenge in der Totalen und die Nahaufnahme auf einzelne Teilnehmer innerhalb der Kundgebung.

„Willy Brandt an`s Fenster! Willy Brandt an`s Fenster!" Aus zunächst einzelnen Stimmen summierte sich zunehmend der lautstarke Chor vieler. Michael bekam über seinen Kopfhörer im Ohr die Freigabe von der Regie. Unmittelbar begann er mit seiner Moderation.

„Geschichte wiederholt sich nicht. Geschichte schreitet voran. Vor nahezu zwanzig Jahren war das Bild ein ähnliches, doch die politische Situation eine völlig andere. Die Menschen rufen nach dem Mann, der das Synonym für die deutsch-deutsche Entspannungspolitik ist. Ohne Angst vor einem Staatsapparat, der sie dafür gängeln, verfolgen oder bestrafen könnte."

Auf dem ersten Vorschaumonitor war zu sehen, wie sich das Fenster öffnete und Willy Brandt an den Fenstersims trat. Zugleich verwandelten sich die fordernden Rufe in einen lauten Applaus und in einen neuen Sprechchor.

„Willy, Willy, ..."

Mit dem Blick weiterhin zwischendurch auf die Monitore schielend, moderierte Michael weiter.

„Sie rufen nach dem Hoffnungsträger von damals. Sie rufen ..."

Michael machte eine dramaturgische Pause.

„... nach Willy Brandt."

Die Kamera hielt auf Michael, während dieser mit dem Mikrophon in der Hand ebenso vor dem offenen Fenster stand, wie es Willy Brandt tat. Michael war gut in Fahrt. Seine positive Aufgeregtheit beflügelte ihn. Ließ die Worte ungebremst in die Kamera fließen. Sein Vater wäre stolz auf ihn gewesen. Sein Sohn im Angesicht deutscher — sich verändernder —

Geschichte. Moderierend am offenen Fenster. Nur wenige Meter deutlich sichtbar neben dem gemeinsamen politischen Leitbild.

Ein weiteres Mal wanderte seine Aufmerksamkeit für einen kurzen Moment auf einen der Vorschaumonitore neben ihm. Eine der Kameras hielt mit langem Teleobjektiv direkt in die zuhörende Menschenmenge. Hielt auf das Gesicht eines älteren Mannes. Weiße Haare. Tiefliegende Augen. Der Bart fehlte. Doch die Ähnlichkeit war verblüffend. Michaels Redefluss stockte. Sein Blick haftete auf dem Abbild des Mannes. Hinter der Kamera, die auf Michael gerichtet war, löste sich das Auge des Mannes vom Okular und schaute Michael fragend an. Dieser hatte inzwischen sein Mikrophon gesenkt und starrte weiterhin unbewegt auf den Fernseher. Michaels Körperspannung war komplett gewichen. Seine Schultern hingen schlaff herunter. Fragend wanderte der Blick des Kameramanns auf den Regisseur, den Tonassistenten, den Techniker hinter dem Videomischpult. Doch dort begegnete er den gleichen ratlosen Gesichtern.

Michael hatte das Gefühl, seiner eigenen Wahrnehmung nicht trauen zu können. Sein Wunschdenken mischte sich mit seinen Erinnerungen. Doch sein Gedächtnis kollidierte mit dem, was er gerade vor sich sah. Er war doch tot. Mit seinen eigenen Augen hatte er ihn im Krankenhaus auf dem Sterbebett gesehen. Zumindest hatten ihn die Ärzte für einen kurzen Moment auf den Leichnam blicken lassen. Friedlich lag er da — umringt von hektischem Krankenhauspersonal. Er müsse schnellstmöglich zur Obduktion. Wegen der Organspende. Das wäre sein letzter Wunsch gewesen. Deshalb dürfe er nicht an sein Sterbebett. Das leuchtete Michael damals ein. Doch jetzt sah er das gealterte Gesicht seines Vaters vor sich auf dem Bildschirm. Lebendig.

Immer noch leuchtete das rote Aufnahmelicht der Videokamera. Das Mikrophon fiel auf den Boden. Aus dem Stand sprintete Michael los. Wortlos drängte er sich zwischen dem Kamerateam zur Tür hindurch, rannte den Korridor entlang. Der rote Teppich dämpfte seine schnellen Schritte auf der Treppe. Die Hotelbediensteten hinter dem Empfang schauten Michael fragend hinterher, als dieser einen durch die Eingangstür hereintretenden Gast einfach zur Seite drückte. Auf der obersten Stufe des Hotelportals schaute Michael kurz über die Köpfe der Versammlung. Dann entdeckte er die Kamera mit dem Teleobjektiv auf dem Gerüst, das den weißhaarigen Mann im Visier haben musste. Er folgte der Sichtachse des Objektivs, orientierte sich kurz und drängte sich in die Menschenmenge. Mit hektischen Handbewegungen schob er sich zwischen den Zuhörern hindurch. Er drängelte. Man schimpfte. Immer tiefer schob er sich zwischen die Zuschauer. Er hielt nach dem Mann ohne Bart Ausschau, dessen Gesicht er so eindeutig auf dem Bildschirm hatte erkennen können. Die Stimme Willy Brandts erzählte von Einigung, Zusammenführung, von dem was zusammen gehörte und vom historischen Moment über die Lautsprecher. Nur Michael war immer noch auf der Suche in der Hoffnung, dass die Hoffnung dessen, was er sah mehr als eine Einbildung war. Vergeblich.

50. Das Archiv

Die Tische waren neu und die Wände frisch gestrichen. Und doch durchdrang der alte Geruch der DDR den Raum. Die Neonbeleuchtung warf von oben ein helles und zugleich diffuses Licht. Ideal zum Lesen. Michael hob prüfend seine Hand. Sie warf keinen Schatten auf die Arbeitsfläche. Die Anordnung der Tische erinnerte Michael an seine Schulzeit. Mit unbewegten Mienen waren die Menschen um ihn herum in ihre Papiere vertieft. Ab und an durchfuhr ein einzelnes Raunen den kleinen Saal. Kurze emotionale Ausbrüche, die die Stille des Raumes schnell wieder erstickte.

Noch war der Tisch vor ihm leer. Ein knapper Quadratmeter weißer Kunststoffbeschichtung. Es würde noch einen Moment dauern. Mit diesen Worten hatte ihn die Frau am Empfang mit professioneller Freundlichkeit begrüßt. Seit einer halben Stunde saß er bereits hier. Es würde viel zu lesen geben. Dessen war er sich sicher. Doch das erste Mal empfand Michael keine Ablehnung gegenüber den vielen Buchstaben, die auf ihn warteten. Und wenn es Tage dauern würde. Michael wollte alles wissen. Warum ausgerechnet ihm die vertraulichen Dokumente zugestellt wurden. Wie sein Vater ihn einfach verlassen konnte. Wer Anna wirklich war. Die letzten Belege ewig währender Lügen würden auf der weißen Tischoberfläche vor ihm liegen.

Er reckte seinen Hals, um einen Blick auf die Dokumente der anderen zu erhaschen. Wie damals in der Schule, als man von den Nachbarn abschauen wollte. Doch die Tische standen zu weit auseinander, um die kleinen, zumeist mit Schreibmaschine beschriebenen Papiere zu entziffern. Jeder saß alleine in seine eigenen Geheimnisse, seine eigene Geschichte vertieft — aufgeschrieben von Fremden, deren Bestimmung es schien, sich mehr um andere, als um sich selbst zu kümmern. Sich hemmungslos in das Leben fremder Menschen einzumischen, um es in gefühlloses Amtsdeutsch zu übersetzen. Das ganze fein sortiert in kilometerlangen Regalen. Der wahrscheinlich umfangreichsten Sammlung persönlicher Geschichten. Mit einem System, das in seinem perfekten Ablauf kein Unrechtsbewusstsein der Ausführenden vorsah.

War Anna wirklich aus diesem System ausgebrochen? Waren ihre Beteuerungen doch nur wieder eine List? Vielleicht auch nur eine Strategie ihrer Liebe? Und wäre selbst das nicht legitim? Wenn Anna ihn wirklich lieben würde — wäre dann nicht jedes Mittel recht?

„Herr Wiesner?"

Die Frau hielt einen Stapel blass roter Papphefter in ihren Armen.

„Ja?"

„Ich muss Sie enttäuschen. Sie sind leer."

Michaels Blick wanderte von ihrem Gesicht auf den Stapel vor ihrem Bauch. Die Umschläge sahen anderes aus als die seiner Tischnachbarn. Flach. Leer. Ohne die gestapelten Papiere, die an den Rändern hervorschauten. Und trotzdem waren es viele Ordner. Er wandte sich dem Gesicht der Frau zu.

„Wie?"

„Es wurden viele Akten vernichtet, bevor die oppositionelle Bewegung das Stasiarchiv besetzte. Wir haben viele solcher Fälle. Es tut mir leid."

Michaels Wangen senkten sich.

„Darf ich ... trotzdem?"
Die Frau schaute irritiert auf den Stapel in ihren Armen. Dann legte sich ein wohlwollendes Lächeln auf ihr Gesicht.
„Natürlich."
Die leeren Hefter lagen verloren auf der weißen Tischoberfläche. Die Archivarin zog sich zurück.
Michael öffnete den oberen Pappeinband. Der latente Papiergeruch des Raumes intensivierte sich im Moment des Aufschlagens. Michael roch den Muff deutscher Gründlichkeit. Blickte auf das leere Innenleben. Schlug den Pappeinband zu und griff den nächsten Ordner. Obwohl Michael klar war, dass sich der Anblick leerer Hefter wiederholen würde, fuhr er fort. Öffnete jeden der Umschläge und blickte in ihn hinein. Eintauchend in sinnlose Routine. Ordner für Ordner. Auf einmal stockte er. Der Stapel war schon fast abgearbeitet, als ein paar handschriftliche Buchstaben seine Aufmerksamkeit einforderten. Michael drehte die Pappe im Uhrzeigersinn und dann war es klar und deutlich lesbar. Es war nur ein Wort. In Schreibschrift mit leichter Neigung nach links. Michael erkannte die Schrift. Zu auffällig waren die geschwungenen Bögen. Weiblich, versiert, unverstellt. Auf der blass roten Pappe stand in den auffälligen Buchstaben „Grenzgänger."

51. Zurück

Das Klopfen an der Wohnungstür im dritten Stock der Dresdner Straße Nr. 24 in Berlin-Kreuzberg war zaghaft. Früher hatte sie nie geklopft. Das war auch nicht nötig. Als Michael die Tür öffnete, hatte er Schwierigkeiten ihr direkt in die Augen zu sehen. Anna ging es nicht anders. Schüchtern trafen sich dennoch ihre Blicke. In ihrer rechten Hand hielt sie ihre kleine Reisetasche. Sie schien so schwer zu sein, dass es selbst der starken Anna schwerfiel, sie gerade zu halten. Der Anblick löste bei Michael nur ein innerliches Lächeln aus.

„Komm` rein."

„Danke."

Mit langsamen Schritten ging Michael voran in die Küche.

„Magst du was trinken?"

Anna schüttelte den Kopf. Dann stellte sie ihre Tasche auf dem Küchenstuhl ab. Michael spürte, dass er dabei war, die Kontrolle zu verlieren. Denn er ahnte, was nun passieren würde. Ungefragt öffnete sie den Reißverschluss und griff hinein. Zum Vorschein kamen Stapel von Papieren. Alle sorgsam zusammengeheftet. Es waren so viele, dass Anna mehrere Anläufe brauchte, um den gesamten Inhalt der Tasche auf den Tisch zu legen. Michael trat näher. Sein Tonfall klang ungläubig.

„Sind das alle?"

Anna nickte.

„Sie gehören dir."

Michael beugte sich über die Tischplatte und nahm einen der Stapel in die Hand. Obenauf titelte ein Blatt „Motive für meine Zusammenarbeit mit dem MfS"

Michaels Blick fiel auf die nächsten Worte.

„Das Verlassen der BRD geschah aus rein persönlichen und gesellschaftlichen Motiven …"

Sein Blick huschte über die folgenden Zeilen und klebte auf der ihm so bekannten Unterschrift.

„L. Wiesner"

Eine der nächsten Seiten trug die Überschrift „Treffbericht — Treff mit dem Überläufer Ludwig Wiesner — neue DDR-Identität: Karl Telemann." Nicht nur die Formulierungen befremdeten Michael. Er überflog die nächsten Seiten. Akribische Aneinanderreihungen bürokratischer Protokolle. Indiskrete Schnüffelei im Gewand nüchterner Formulierungen. Ab und an tauchte sein Name auf. Michael Wiesner - Codename „Nachrichtenmann". Nur kurz verblieb seine Aufmerksamkeit auf den Charakterisierungen seiner Person. Erschreckend treffsicher erzählten die Schreibmaschinenbuchstaben aus seiner Vergangenheit.

Michaels Gesicht war unbewegt. Annas Handfläche berührte seinen Rücken. Er wehrte sich nicht.

Michael blätterte weiter.

„Karl Telemann: Maßnahmen zum Abbau der Selbstschussanlagen", „Anweisung zur Observation von Michael Wiesner", „Plan zur Operation Nachrichtenmann", „Abhörprotokoll Michael Wiesner/Winfried Kolb in der Zentrale des Bundesnachrichtendienstes in Pullach"

Michael schaute erstaunt auf. Der Hauch eines entschuldigenden Lächelns huschte über Annas Gesicht. Doch schnell senkte sie ihren Blick wieder. Michaels Augen blieben auf sie gerichtet. Er atmete tief durch und legte die Papiere zurück auf den Tisch.

„Danke."

Anna hob den Kopf. Darauf folgend ein erleichternder Augenaufschlag. Die Ernsthaftigkeit ihres Ausdrucks verlieh ihrem Gesicht einen Glanz, den Michael bislang noch nie wahrgenommen hatte.

„Michael, du musst dir keine Sorgen machen. Niemand wird von den Aufzeichnungen je erfahren."

Sein Blick blieb auf sie gerichtet.

„Und selbst ... wenn es öffentlich werden würde. Dann wäre es eben so."

Annas Augen weiteten sich.

„Nein. Das darf nicht geschehen. Das würde alles von dir kaputt machen ... alles, was du erreicht hast."

„Ich ... erreicht habe?"

Der wolkenlose Himmel stand strahlend blau über dem Alexanderplatz. Die Reflexion der Sonne bildete immer noch ein Kreuz auf der stählernen Kugel des Fernsehturms. Die Menschen hatten ihre Jacken ausgezogen, saßen auf den Bänken und flanierten über den Asphalt. Das Gestotter von Zweitaktmotoren mischte sich mit dem Klang der Viertakter. Aus der Ferne plätscherte der Neptunbrunnen.

Anna und Michael aßen bereits ihr zweites Eis.

- Ende -

Printed in Poland
by Amazon Fulfillment
Poland Sp. z o.o., Wrocław